教育部人文社会科学规划项目（项目编号13YJAZH064）
国家社会科学基金重大项目（项目编号13&ZD088）
安徽省学术和技术带头人及后备人选学术科研活动资助项目（项目编号2015D050）
2016年安徽省高校学科（专业）拔尖人才学术资助重点项目（项目编号gxbjZD2016080）

近代徽州布商研究
—— 以商业账簿为中心

马勇虎 ◎ 著

安徽师范大学出版社
·芜湖·

图书在版编目(CIP)数据

近代徽州布商研究:以商业账簿为中心 / 马勇虎著. — 芜湖: 安徽师范大学出版社,
2017.12

ISBN 978-7-5676-3176-2

Ⅰ.①近… Ⅱ.①马… Ⅲ.①徽商－研究 Ⅳ.①F729

中国版本图书馆CIP数据核字(2017)第234667号

近代徽州布商研究:以商业账簿为中心　　　　马勇虎◎著

责任编辑:孙新文　崔龙健

装帧设计:王　彤

出版发行:安徽师范大学出版社

　　　　　芜湖市九华南路189号安徽师范大学花津校区

网　　址:http://www.ahnupress.com/

发 行 部:0553-3883578　5910327　5910310(传真)

印　　刷:虎彩印艺股份有限公司

版　　次:2017年12月第1版

印　　次:2017年12月第1次印刷

规　　格:710 mm×1000 mm　1/16

印　　张:14.75

字　　数:228千字

书　　号:ISBN 978-7-5676-3176-2

定　　价:45.00元

如发现印装质量问题,影响阅读,请与发行部联系调换。

序

李琳琦

　　众所周知，棉布是民生用品，与民众的日常生活联系紧密。然而，宋代以前的中国，既不植棉，也不织布，约在宋末元初时期，植棉与织布技术才开始传入中国。经过一百多年的发展，棉花的种植在明朝得到大力推广，但农民织布还不普遍，棉布生产主要集中于江南的松江、嘉定、常熟一带。到了明朝中期，松江、嘉定、常熟三地，作为中国棉纺织中心地区，已开始了棉布商品的批量化生产，棉布开始代替麻葛成为民众衣着的主要原料。中国虽然地域辽阔，但农户多不织布，故而多数地区仍属于缺布、少布地区，棉布需求量较大，尤其是东北等气温较低地区，由于棉布的御寒效果强于麻葛，市场的需求量更大。缺布、少布地区的棉布需求与棉布的江南集中生产，这对供需矛盾的存在，为商人从事棉布贩运销售提供了巨大的商业机会。

　　明代中期崛起的徽州商人，敏锐地抓住了这个商机，如"鸷鸟之击"，奔赴江南棉布产地，从事棉布收购、加工和贩卖经营。由于棉布生意的规模可大可小，可以量力而行，对于大多数徽商而言，是个最便于经营的行当，故而明代歙县吴良儒云，"吾乡贾者首鱼盐，次布帛。"①可见在徽商心目中，行盐之外，棉布贸易就是他们最看中的一个行业了。为此，张海鹏、王廷元主编的《徽商研究》②，王廷元、王世华所著的《徽商》③，均专辟章节，具体研究了明清徽商的棉布贸易活动，进而论述了

---

① 汪道昆：《太函集》卷五十四《明故处士溪阳吴长公墓志铭》，明万历刻本。
② 安徽人民出版社1995年版。
③ 安徽人民出版社2005年版。

明清徽州棉布商人的经营对江南棉纺织业发展带来的深远影响。

1840年鸦片战争及之后的五口通商，国门洞开，中国棉布市场也同样出现了"千年未有之变局"。近代中国棉布市场的变化，主要表现为棉布商品市场地位的变化。晚清之后的人口骤增，西方"洋布"的大量进口、洋务纺织企业的开工生产，以及中国"土布"生产加工技术的改进等因素，使得棉布产、销更为旺盛，诚如著名经济史学家吴承明先生所言，近代以后，棉布市场进一步扩大，棉布从明清市场流通量第二位的商品，一跃成为近代市场流通量第一位的商品。毫无疑问，棉布流通量的扩大及市场地位的提升，离不开商人的棉布经销与市场开拓。20世纪以来，学术界虽然出版了不少中国近代棉纺织史的研究成果，如严中平的《中国棉纺织史稿》，日本学者森时彦的《中国近代棉纺织史研究》等，但是这些成果大多侧重于近代棉纺织行业发展史的研究，近代商人的棉布经营与贸易的成果不多，近代徽州布商作为近代棉布市场的一支劲旅，其经营活动的历史研究亦鲜见成果。

近代棉布行业，是近代徽州商人经营的众多行业之一。因此，对近代徽州布商进行专门的研究，可以丰富和完善近代徽商研究的内容，对于推动近代徽商研究的深入，乃至于科学地、系统地去认识整个徽商的发展史，都具有十分积极的意义。正是基于这样的考虑，我一直渴望能有学者投身于近代徽州布商的研究。勇虎在博士论文选题时，即向我表达了要研究近代徽州布商的意愿，这与我内心的想法不谋而合。我不仅同意，还鼓励他要不囿成见，敢于创新，努力发掘商业文书等新资料，在文书资料与文献资料结合的基础上，提出自己对近代徽州布商的认识和看法。

摆在读者面前的这本《近代徽州布商研究——以商业账簿为中心》一书，即是勇虎在其博士论文的基础上修改补充而成。以商业账簿文书资料为基础和出发点来研究近代徽州布商，这是本书的显著特色。商业账簿是商人在商业经营过程中，记录钱物收进、支出等事宜的原始档案文书，具有原始性、凭证性及文物性质。遗存的近代徽州布商账簿数量众多，类型多样，内容丰富、具体，且时间连续，系统、完整，有助于展开对商业经营的微观研究。作者在尽其可能的条件下，搜集、抄录了已公开出版和馆藏尚未公布的徽州布商账簿资料，具体研究了徽州布商账簿记账方法和账簿体系的演进历程，分析了账簿资料的社会经济史研究价值。在此基础上，依据所搜集的近代徽州布商账簿资料，作者分别研究了近代徽州布商的资本组合方式及利润分配制度、棉布批发贸易和零售经营业务，以及近代徽商纺织实业的经营等内容，较为具体地呈现了近代徽州布商棉布经营的实际形态，揭示了近代徽州布商经营的变化与近代棉布市场变迁的内在关系。从中可以看出，近代以后，徽商活跃于近代棉布市场，经营着进口的"洋布"和中国传统的"土布"及绸缎等商品。他们以上海为中心，在长江中下游和东北等地区，形成了遍及城乡市镇的棉布市场销售网络，惠及了缺布、少布地区的民众消费者，推动了近代棉布市场的发展。

近代徽商研究尚处于起步阶段，需要对近代徽商经营的行业进行分门别类的具体研究，在此基础上才能对近代徽商的历史发展形成总体的认识。因此，本书还只是近代徽商研究的一种基础性工作，阶段性成果。尤其是从商业账簿等文书资料公布的现状来说，书中所利用的账簿资料也可能仅是其中的一个部分。从这个意义上来说，本书虽然是目前学术界第一部研究近代徽州布商的专著，但只是初具规模，完全之功，尚待将来。

学无止境。在此，我衷心地祝愿勇虎能在徽学研究，特别是近代徽商研究领域再做新贡献！

是为序。

2017年11月18日

目　录

绪 论

第一节 近代徽州布商商业账簿的演进

一、从"帐"到"账"：账簿名称的由来

商业账簿是商人在商业经营中记录收进、支付钱物等事宜的簿册，属于原始凭证，具有法律效用。中国古代商业经济虽然颇为繁盛，"账簿"名称的正式确立却是在近代。据初步检索，1936年编撰的《辞海》首次出现了"账簿"词条："商人备置之账簿，所以记载日常交易及关于财产出入之各种事项者也。"[①]事实上，"账簿"名称在正式确立之前，经历了从"帐"到"账"漫长的历史演进过程。

据郭道扬研究，在"帐"字未出现与应用之前，历代称谓不一，如商之"册""籍"，春秋至秦之"籍"和"籍书"，汉之"籍""簿"和"簿书"等[②]。《说文》称："籍，簿书也。""籍"从竹，其出现于"簿"之前，字形如多篇竹简卷束成捆，叠置搁放之状态，故"籍"之称既最早直接与简册相关联，而其后又与"簿书"之称相关联。西汉时，"籍"与"簿"之应用既有联系，也有一定区别。一般而言，凡文献典册称之为"籍"，如与国家财政经济有关的户籍、名籍等，《史记·平准书》中"贾

---

① 舒新城等主编：《辞海》（据1936年版缩印），中华书局1981年版，第602页。
② 郭道扬：《帐（账）的应用考析》，《会计研究》1998年第11期。

人有市籍者"、《汉书·功臣表》中"以昭元功之侯籍"均指此类籍书。而与账目、账簿相关的记录则称之为"簿"或"簿书",如《汉书·循吏传》记载:"簿书正,以廉称。"《汉书·食货志》所载"多张空簿"及《汉官仪》中"掌县之簿书"等皆是。

"帐"本指日常生活中的一种用具,如帐幕、床帐等。以"帐"字表示账目、账簿约起源于南北朝时期[1]。成书于北齐天宝二年(551)至天宝五年(554)魏收所撰《魏书·释老志》记载:"元象元年秋,诏曰:'……且城中旧寺及宅,并有定帐。'"《周书·苏绰传》又载:周太祖时"绰始制文案程式,朱出墨入,及计帐、户籍之法"。当时还规定:"其牧守令长,非通六条及计帐者,不得居官。"这里所讲"计帐""户籍之法"与税收计算、征纳、会计都密切相关,它对隋及唐宋时代的"计帐""户籍之制"("籍帐")产生了直接影响。

唐代"帐"字用于表述账目的会计核算较为普遍。唐代通称官厅会计账册为"簿帐","簿"之所以置于"帐"之前,《新唐书·百官志》解释云:"凡在署为簿,在寺为帐。"署为寺的下属机构,它所做的经济记录是上一级汇总核算的基础,故称之为"簿",而寺的管辖范围大,它的核算以各署账目为依据,故称之为"帐"。在宋代,"帐"已成为一切经济簿籍最普通的称呼,如登记统计资料的"户帐""丁帐""甲帐""图帐""地步帐"等;登记会计事项的"租帐""课利帐""钱帐""粮帐""钱谷帐""库帐""粮草帐"以及各种"出入帐",等等。

明清时期,"簿帐"的说法日渐消失,而"账簿"的称谓则习以为常。经济活动中所用的订本式"账簿"一般是蓝布封面,粘贴红色标签,上用墨笔书写"流水帐""誊清帐"的字样,另外还加上诸如"日积月累""堆金积玉"等吉祥用语。不同的账簿还要求使用不同的账本,如"草帐"一般要求采用全白纸头的"无格条帐";"流水帐"一般采用"腰格通天条帐";"誊清帐"则一般采用"腰格斗方帐"[2]。

明末清初,随着商品货币经济的发展,部分人士认为"巾"字旁的

---

① 郭道扬等编著:《会计大典 第2卷:会计史》,中国财政经济出版社1999年版,第432页。
② 郭道扬:《会计发展史纲》,中央广播电视大学出版社1984年版,第153页。

"帐"字用于会计核算欠妥,因"贝"字自古以来就是财物的代表,故而创造出"账"字取代"帐"。但是,由于商业惯例的影响,"账"字出现之后,"帐"字仍未取消,此后二字通用。

民国时期,随着西式簿记的引进和中式会计的改良,西式账簿格式逐步取代了中式账簿格式,出现了"订本账""活页账"和"卡片账",这些账簿又有一栏式、双栏式、三栏式、专栏式以及多栏式的分别,使我国账簿有了较大的改进。民国商法的颁布,对"账簿"一词做出了明确的界定,并对其法律效用做出了具体规定。

总之,自南北朝至民国,中国"账簿"名称经历了从"帐""簿"到"账簿",最后定名为"账簿"的演进历程。这一过程,既是簿记名称由杂乱称呼到统一规范的过程,也是簿记理论、方法不断丰富与发展的过程。账簿设置与记账方法的改进,对中国商业经济的发展发挥了重要作用。

二、明代徽州布商账簿

中式簿记源远流长,经过两汉唐宋的发展、演进,簿记理论和方法日渐成型。随着明中叶以后商品经济的发展,反映商品交易活动的珠算、数字等出现,"三账"记账方法应运而生[1]。明代成化、弘治到万历中叶的100余年,是徽州商帮的发展阶段,也是徽州布商的发展时期[2]。因此,徽州布商账簿作为明代商业账簿的组成部分之一,不仅在内容上反映了明代中叶商业经营活动,其形制、账簿设置、记账方法等也体现在明代商业账簿演进的一般性规律中。

据郭道扬所编著《中国会计史稿》,明代商业账簿主要有三种类型:第一种账簿是"草账",又名"草流""草批""原流""底账""底簿"以及"花账"等等。由于"草账"产生于经营中,用于赶急暂记,属于原始凭证。"草账"的账页格式,一般采用全白纸头的"无格条帐"。到一定时期为了考核盈亏,才往"总清账"上誊写。

第二种账簿是"流水账"。又名"日流""细流""清流""二流""流

---

① 康均:《中国古代民间会计的发展》,《财会学习》2006年第11期。
② 张海鹏、王廷元主编:《徽商研究》,安徽人民出版社1995年版,第9、301页。

水总登"、"日积月累"、"堆金积玉"以及"铁板流水"等等。"流水账"起整理账目的作用，一般在每日营业终了，由账房主管整理"草账"，然后再转记于细流。"流水账"所用的印格账簿，俗称"腰格通天条账"。账簿的账页居中横贯一线，称之为"腰格"，与"腰格"相垂直，并列有数条红线，称之为"天条"。两线之间称为列，每列记录一笔账目。"腰格"之上称为"收方"，记收入类账目；"腰格"之下称为"付方"，登记支出类账目。旬结、月结和年结数额居中平行摆列，每旬之间和每月之间均留有一定空格或空页，用以分别前后账目。登记"流水账"，要求采用汉字体数码，以时为序，工整书写，不得潦草。对每笔账目的记录，以日月为首，次为会计记录符号，内容摘要居中，数额置于最后。账目之间，上下对比齐整，使一目了然。

第三种账簿是"总清账"。又名"誊清账"、"总簿"、"总账"等等。"总清账"是"三账"之中最重要的一册账簿，对外保密，对内部一般人员也保密，所以，时人称为"财神账"或"看家账"。"总清账"的作用有三个方面：一起分类核算的作用；二起盈亏计算的作用；三是民间会计报告——"红账"编制的依据。"总清账"所用的印格账簿，为"腰格斗方账"式。账页上横天线，下横地线，中贯双轨红线，左右两方垂直立有红栏。从外表看，方方正正，所以称为"斗方账"式。斗方之外，上方称为"天头"，用于书写日、月；下方叫作"地脚"，用于添注账目小数。分类标志以红纸黑字标签贴在"斗方"账页的右上角。登记"总清账"，要求用毛笔工整书写，使用正楷字，数码规定采用会计体。上收下付，以双线为界，不得越轨。"总清账"中各类账目的布局，采用四柱式，旬结、月结和年结运用四柱法结算。

遗存《万历程氏染店查算账簿》①《万历收支银两册》②账簿，是目前所见时间较早、为数不多的明代徽商商业账簿，按其类型，属于"总清账"。郭道扬对《万历收支银两册》进行了具体研究，并将账簿划分为三部分：第一部分是本年收支的分项记录，以上收下支为基本格式；第二部

---

① 原件藏于中国社会科学院历史研究所。
② 原件藏于中国国家图书馆。

分是盈利结算，账簿在结算盈利时，采用了四柱结算法；第三部分是盈利的分配和清算，盈利的分配以各户投入本金的多少作为计算依据，年终结算时，先按投资比重计算出分配率，然后按分配率求得各自应得盈利，各户所得利润明确后，再分户进行年度结算。以上三个部分，第一部分是盈利计算的基础，第二部分反映盈利计算的全过程，第三部分则反映盈利分配和清算的全过程。可见，这三部分比较全面、正确、概括地反映了商号一年来经营活动的全貌。全部记录以营业成本为主线，将整个会计年度结合起来，使整个账目浑然一体，一目了然。

值得指出的是，《万历收支银两册》中各年度账目的构成及其体系，同时展现出民间会计报表——"红账"的基本轮廓。从基本内容和作用方面讲，"收支银两册"是紧紧围绕着盈利（亏损）计算的，它总括地反映了企业的经营过程和成果，当时和后来的"红账"编制的基本意图也是这样。从这一点出发，可以说，民间的"红账"编制，不仅资料来源于"总清账"，而且其编制方法也是从"总清账"的记录法中脱胎、演进而来的，这为中式复式记账方法"四脚账"的产生和发展做出了有益的探索①。

三、清代徽州布商账簿

清初康乾时期，社会经济进入新的发展阶段。康熙中期到嘉庆、道光之际的100多年是徽商的兴盛阶段。在这100多年的兴盛阶段，徽商的经济实力超过了明代②，商业账簿也在明代"三账"体系的基础上，出现改良和发展，最终演变为复式"四脚账"。

"四脚账"是我国古代账簿记账理论和方法的最高成就。我国会计史学界一般认为"四脚账"出现于乾隆时期的18世纪③。之所以取名"四脚账"，是因为按照商品经济交易的表现形式，一切经济活动划分为现金交易和非现金交易两大类，针对每一类经济活动，会计的复式记录都必须同时反映资金的来源和去向两个方面的内容。因此，两类经济活动四个方面

---

① 郭道扬编著：《中国会计史稿》下册，中国财政经济出版社1988年版，第93、97、98页。

② 张海鹏、王廷元主编：《徽商研究》，安徽人民出版社1995年版，第12页。

③ 刘常青：《中国会计思想发展史》，西南财经大学出版社2005年版，第130页。

的记录内容，就构成了支撑整个复式账法的四根支柱，古人把这四个方面形象地称之为"四脚"，"四脚账"因之得名。

"四脚账"的账簿组织由"流水账""总簿"和会计报告（"红账""红册""彩册"和"彩账"）三个部分组成，具有证、账、表三结合的特点。账簿组织体系如图1。

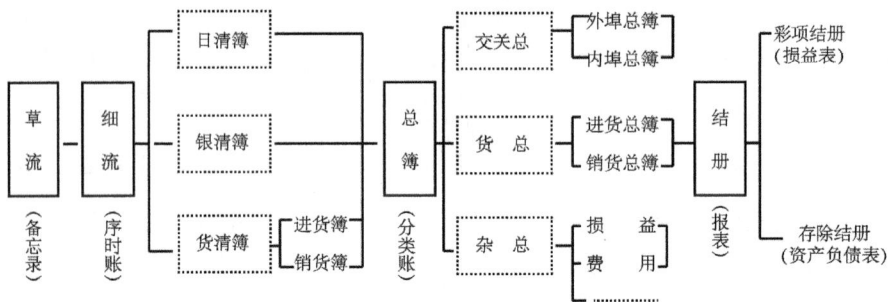

```
草流          细流          日清簿              交关总       外埠总簿              彩项结册
（备忘录）    （序时账）                                      内埠总簿              （损益表）
                            银清簿     总簿     货  总      进货总簿     结册
                                       （分类账）            销货总簿     （报表）
                            货清簿              杂  总      损   益       存除结册
                            进货簿                          费   用       （资产负债表）
                            销货簿
```

图1　"四脚账"账簿组织体系①

"流水账"是整个账簿组织的基础，分为"草流"和"细流"两个部分。"草流"是最原始的会计记录，属于原始凭证。"细流"是按照"草流"整理转记的序时日记账。根据业务经营的需要，在"四脚账"中又将其分割为以下三种账簿：

（1）"日清簿"。为普通序时日记账，是归类登记总簿的依据。

（2）"银清簿"。此簿专门用于登记现金收付事项，通过定期结算现金账面余额，并与现金盘存实际金额相核对，达到管理现金的目的。

（3）"货清簿"。专门用于反映商品的购销活动，是计算商品销售成本和毛利的基础账簿。在经营情况比较复杂的商号，记账人员又将"货清簿"进一步细分为"进货簿"和"销货簿"，分别反映各类商品的购进和销售事项。"进货簿"主要用于已销商品成本的计算和结转，而"销货簿"则主要用于计算各大类商品的销售毛利。

"四脚账"的"总簿"承担着分类核算的任务，因此在整个账簿组织中处于中枢地位。在经营范围比较小、业务活动比较简单的企业，通常仅设置一本"总清簿"，通过"总清簿"的分户核算，反映各类经济事项；

---

① 郭道扬：《会计发展史纲》，中央广播电视大学出版社1984年版，第362页。

而在经营规模较大、业务活动较为复杂的企业，为了便于分类核算和管理，则把一册"总清簿"分割为三册"分清账簿"，即"交关总""货总"和"杂项总簿"。

（1）"交关总"。即往来总账，它以"日清簿"为转记依据，其中设置人名账户，反映企业所发生的经济往来事项。有的商号或按交易的地区，如同城、异地，分设"内埠总簿"和"外埠总簿"。"内埠总簿"专门记录同城发生的经济往来事项，而"外埠总簿"则用于登记在外地发生的"人欠"，以及欠人的债权、债务经济事项。"四脚账"的设计者特别注重对外转拨账项，因此在整个"分清账"记录中，尤其重视"交关总簿"的记录。

（2）"货总簿"。在仅设"货总"这一册账簿的企业，又称其为"进销总簿"。在经营活动比较复杂的企业，通常和前述"货清簿"的分割相对应，分别设置商品"进货总簿"和"销货总簿"，前者以"进货簿"为转记依据，专门反映库存商品的动态；后者则以"销货簿"为依据，专门反映商品的销售状况及其销售毛利。

（3）"杂项总簿"。又称为其他总簿，记录"交关总"和"货总"之外的经营事项。因其内容庞杂，所以称之为"杂项总簿"。具体来讲，"杂项总簿"中所记事项包括下列内容：商业经营中所发生的各项费用、各种损失、应缴各种赋税、财产物资、利润及红利等等。可见，"杂项总簿"的设置不仅囊括了对外往来、购销活动以外的全部账项，而且集中了损益计算的重要资料。

通过对费用子目的设置，便于控制各项费用的支出；同时，通过资本、股份，以及盈利分配资料的集中反映，又便于红利的分割和清算。

"四脚账"把会计报告称为"红账""红册""彩册"和"彩账"等等。根据盈亏计算的要求及平衡账目的需要，"四脚账"的会计报告编制有"彩项结册"和"存除结册"两种。结册编制作为一定时期企业经营活动过程及其结果的集中反映和系统总结，是"四脚账"账务处理的落脚点。

如上所述，"总簿"是"四脚账"体系中最为核心的账簿。遗存徽商

《乾隆广丰布店账簿》恰好为"总清簿"，较为具体地呈现了"总清簿"的账簿设置。《乾隆广丰布店账簿》1册，原件165毫米×210毫米，现藏于中国社会科学院历史研究所，收录于《徽州千年契约文书：清·民国编》第九卷。据账簿内容记载，徽商广丰布店开设于浙江遂安，经营布匹业务。历年新立账簿时，记有"总账"等字样，如乾隆四十四年（1779）"广丰裕记布钱出入总账"、乾隆四十五年（1780）"广丰裕记布钱总"等①，进一步证实了该账簿的"总簿"属性。

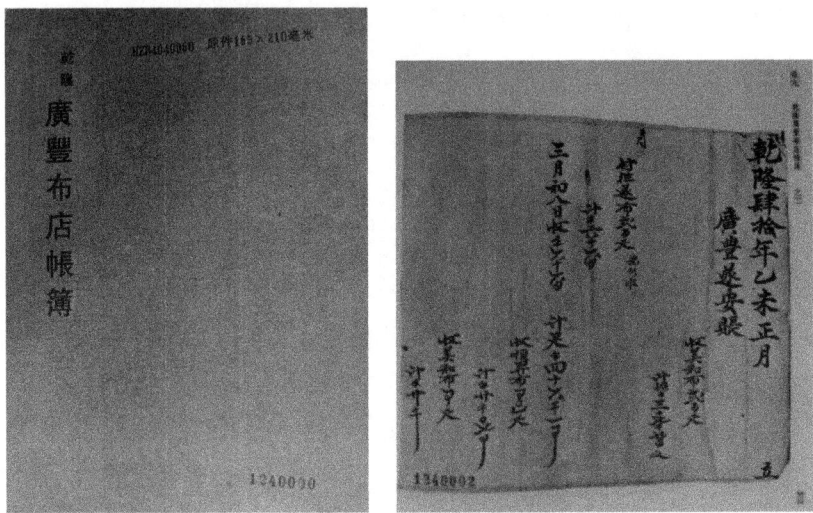

图2　《乾隆广丰布店账簿》封面及内页

　　从账簿具体内容来看，可划分为三个部分：第一部分是本年布匹收进和售卖的分项记录。账簿对每一笔布匹买进和出售的处理，既要在来账方登记一笔，也要在去账方登记一笔，以体现"有来必有去，来去必相等"的规则。第二部分是本年发售、收购布匹及利润的结算。第三部分是本年利润的核算。账簿首先登录全年发售布匹数量及应收钱款，次记购进布匹数量和成本，在二项记录的基础上，最后核算出本年的经营利润，如乾隆四十年（1775）账簿记载：

---

　　① 中国社会科学院历史研究所编：《徽州千年契约文书：清·民国编》第九卷，花山文艺出版社1993年版，第436、440页。

总结　　　　　　　　　　　　收买布账

通共付布六百八十四，　　　总共收布六百八十四，

总计钱二百二十三两六钱，　计钱一百二十九千七百三十三。

共收钱一百三十二两。　　　收本钱三十七千五百，

又收水脚钱十七两。　　　　收布价钱九十二千四百，

除收净欠钱七十四两六钱。　除支买布钱该存一百六十七文。

又存递布钱七十四两六钱，计五十二

千二百二十。

二共存钱五十二千三百八十七文。

除本二十七千二百，

净得利钱十四千八百八十七文①。

上述利润 14 887 文是按照布匹货物户名，按照收进和支出相抵后计算出来的利润。此外，账簿还以现金为户名进行的结算，按照余存现金，减去资本金的计算方法，得出全年利润，如：

查存实在

一存现钱，计钱一百六十七文。

一存遂安欠钱七十四两六钱，计钱五十二千二百二十文。

两共计钱五十二千三百八十七文，

一该正本钱三十七千五百文，

本年得利钱十四千八百八十七文②。

上述现钱和应收款两项合计"实在"52 387 文，其与资本金 37 500 文相抵后，得出年度经营利润 14 887 文，与按照布匹户名计算的结果完全一

① 中国社会科学院历史研究所收藏整理：《徽州千年契约文书：清·民国编》第九卷，花山文艺出版社1993年版，第428页。

② 中国社会科学院历史研究所收藏整理：《徽州千年契约文书：清·民国编》第九卷，花山文艺出版社1993年版，第429页。

致，说明钱、账相符。

四、民国账簿改良与徽州布商账簿

20世纪初的中国，各种社会思潮激烈交锋，就社会变革、民族振兴的途径和方法展开了一系列的讨论和实践。以徐永祚为代表的中式簿记改良派，和以潘序伦为代表的中式会计改革派，围绕中式账簿改良、改革问题进行了广泛的讨论，以实现改进企业管理、振兴中国经济的目的。

双方对于传统中式账簿存在的诸如账簿无一定格式、账目无适当分类、账簿组织无一定系统、记账程序无一定规则等弊端的认识基本一致。以徐永祚为代表的"改良派"，主张保存中式账簿的核算形式，将西方借贷簿记的原理原则融入中式收付账簿中进行改良；而以潘序伦为代表的"改革派"，主张全面引进西方的会计理论，采用西式借贷记账法，取代传统的中式簿记。两大学派依据各自的思想主张在工商企业中进行了推广和实践，对于中国民间账簿的设置及记账方法影响巨大。大量的文献和文书资料显示，民国年间的徽商仍然继续经营活动，并呈现出从传统贸易领域向实业转型的趋势，遗存民国徽商账簿不仅反映了这一趋势，其账簿设置也体现了民国初年改良中式账簿思潮的影响，例如黟县培本有限公司账簿。

培本有限公司账簿现遗存二十六册，分别为《银钱总簿》《批发账簿》《色布和白布账簿》《织工、绕纱工账簿》《日生账簿》《杂支账簿》《各路进货账簿》《各路往来账簿》等类型，既保留了传统"四脚账"部分账簿设置和记账习惯，也基于新的形势增加了新的账簿类型。从账簿内容可以看出，《银钱总簿》按时间顺序记录银钱进出流水，属于"四脚账"中的"银清簿"；《各路进货账簿》和《批发账簿》分别登录购进棉纱和销售产品布匹，为"货总簿"；《各路往来账簿》按照人名账户立账，分类记载与公司的金钱往来，因此属于"四脚账"中的"交关总簿"；《杂支账簿》记录建设工厂及购进机器设备等项开支，属于"杂总账簿"。培本有限公司账簿和"四脚账"账簿的显著不同之处在于，新设了《色布和白布账簿》《织工、绕纱工账簿》和《日生账簿》。《色布和白布账簿》登录公司每年所产花色布和白布的产量；《织工、绕纱工账簿》记载每位织工、绕纱工所织布匹和绕纱数量，以及开支的工资和奖金；《日生账簿》专门记载销售营业额。显然，新设的三种账簿加强了对产量、成本和销售三个环节的控制，有利于了解公司运行和业绩状况。

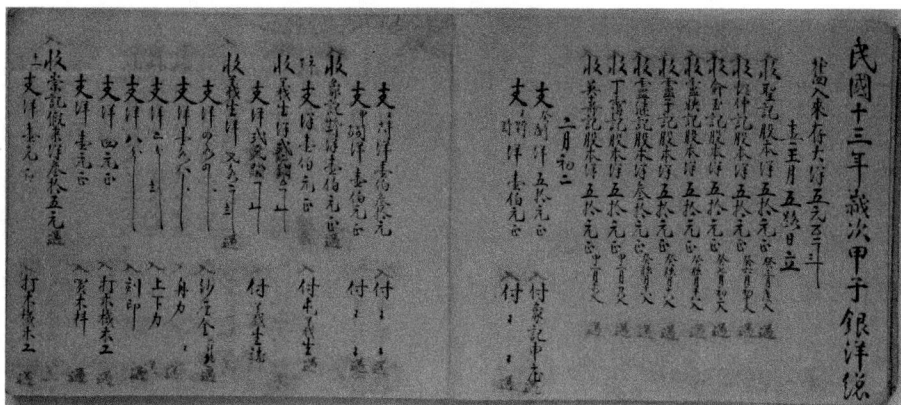

图3　培本有限公司民国十三年（1924）银洋总簿

第二节　近代徽州布商账簿的遗存与研究价值

一、近代徽州布商商业账簿的遗存

徽州文书的大规模面世主要集中于20世纪40年代、50—60年代、80年代三个阶段。据相关报道和研究，徽州文书遗存数量巨大，散藏于海内外一些图书馆、博物馆、高等学校和科研机构及部分私家手里。其中收藏徽州文书较多的机构有中国国家图书馆、中国国家博物馆、中国社会科学院历史研究所、中国社会科学院经济研究所、北京大学图书馆、北京师范大学历史学院、南京大学历史学院、上海图书馆、南京图书馆、安徽省图书馆、安徽省博物馆、安徽省档案馆、安徽师范大学图书馆、安徽大学徽学研究中心、黄山学院图书馆、黄山市及歙县、祁门县博物馆等。

近代徽州布商商业账簿大多收藏于上述机构。管见所及，近代徽州布商商业账簿等商业文书以安徽大学徽学研究中心所藏最为典型，已公布的徽州布商文书，包括簿册、合墨合同、盘单、账单、书信、分家书、遗嘱等多种类型。其中，盘单账簿数量最多，分属同和、兆成、同顺等多家布号，总数约为60件；账单则包括进货、发货账单和股东借贷、开支账单，约百件左右；商业账簿约6册；布商往来书信所记，多为布商之间了解布业市场信息，求购棉布商品，以及处理财务、经济纠纷等内容，其数量较多，约有20通；合墨、分家书、遗嘱数量相对较少，不足10件。

黄山学院图书馆也是徽州文书主要收藏机构之一，所藏咸丰年间志成布号账簿多达76册，为单一商号遗存账簿数量最多的商家。与志成布号账簿同时收购，并与志成布号同一经营地点、相同时间段的还有泰和、万隆号商业账簿7册；民国十三年（1924）至民国十六年（1927）培本有限公司账簿26册；民国七年（1918）、民国二十七年（1938）聚源王记商业账簿2册；民国二十九年（1940）庆丰账簿1册；民国程永和布号书信近50通等。由于黄山学院所藏徽州文书及近代布商账簿尚处于整理阶段，后续会有一定数量的布业文书资料公布。

南京大学历史学院所藏徽商商业账簿共250余册。账簿类型较为多样，既有"实录簿"，又有"誊清簿"；既有"总登簿"，又有"分录簿"。按其内容则有"收支簿""往来簿""盘货簿"等。这些账簿反映的内容涵盖了当时杂货、茶、典当、药铺、布、染坊、冶铁、盐、钱庄、屠牲、船运等各行各业。涉及的范围主要集中在徽商经营的传统区域——长江流域的江浙、皖赣及两湖地区。时限上起于乾隆年间，下迄民国三十八年（1949），尤以同（治）光（绪）时期为多①。据估计，南京大学历史学院所藏近代徽州布商账簿在10册左右。

中国社会科学院历史研究所收藏有《万历程氏染店查算账簿》《乾隆广丰布店账簿》，以及《民国十二年歙县张广芬商业账单》《民国年间歙县□②氏商业流水账簿》等杂货商号账簿。

此外，安徽省图书馆收藏有雍正年间布号盘簿2册、光绪年间盘簿1册，以及《布经》等布业类书；安徽省档案馆收藏有光绪二年（1876）万

---

① 夏维中、王裕明：《南京大学历史系所藏徽州文书评介》，《中国社会经济史研究》2000年第4期。

② "□"指代原文缺少的文字。

铨布店收支账簿、年终盘底账簿，以及光绪二十年（1894）至光绪二十七年（1901）永美布号账簿等，共有10多册①。

总之，各地收藏机构所藏近代徽州布商账簿类型多样，内容丰富，为近代徽州布商研究提供了详实的资料。

二、近代徽州布商账簿的研究价值

如前所述，近代徽州布商账簿是记载其经营活动的原始文书档案，较为详细地登载了进货、销售、开支等经营细节。但是，布业经营并非单一、简单的营销活动，而是涉及商业经济和社会生活的方方面面，诸如厘金税收、银钱兑换、社会往来等。因此，近代徽州布商账簿所蕴藏的社会经济信息十分丰富，不仅较为细致地呈现了徽商布业经营的历史原貌，而且真实地反映了社会经济制度在地方社会运行的实际形态，是近代社会经济史研究的珍贵资料，具有较高的研究价值。

第一，近代徽州布商账簿是近代徽州布商乃至近代棉布商业史研究的第一手资料。棉布为民生用品，与普通民众的生活息息相关。但是，典籍文献多重政治、轻经济，故而棉布贸易等经济活动的记载颇为简略。即使这些简略、有限的经济活动记载，也以一般概括性、宏观性记载居多，可供观测、研究的数据及个案研究资料颇为欠缺。而徽商账簿所载内容丰富、具体，较为详尽地记载了商业经营诸环节，尤其是商号经营数据记载较为系统、完整，且时间连续，有助于展开对商业经营的微观研究。例如，依据账簿资料可以考察徽商的资本构成、经营方式；从合伙经营的资本组合中，可进一步考察主要股东和一般股东的区别，尤其是股东之间社会关系的变迁可以看出徽商融资渠道的变动和资本市场的变化。股东投资自然追求利润回报。账簿详细记载了商号利润收入及其分配，从中可以具体考察商号盈利和市场环境、社会经济制度等内外因素的关系。再如，从徽商经销商品、库存商品的账簿记载中，可以反映出当时商品市场构成的变化和比重。凡此种种商业经营信息和数据，均难以见之于官方文献记

---

① 严桂夫、王国健：《徽州文书档案》，安徽人民出版社2005年版，第301—302页。

载，而商业账簿的记载则详细、完整，必然有利于推动近代徽州布商研究的深入。

近代徽州布商是近代徽商不可分割的组成部分之一，其商业账簿自然也是近代徽商研究的重要资料。徽商研究引人注目，成果丰硕，但近代徽商研究相对较弱，其经营中的诸多问题尚不清晰、具体。近代徽商研究最大的难题是文献资料较为缺乏，与明清徽商研究拥有大量方志、笔记等文献资料的差距甚大。不过，遗存近代徽州布商账簿不仅数量众多，而且内容丰富，这就为近代徽商不同行业的研究，乃至近代徽商内部的比较研究，提供了大量详实的资料，从而拓展、深化了近代徽商研究。

第二，近代徽州布商账簿是社会经济制度在地方实施、运行实态研究的珍贵资料。传统典籍文献重典章制度，轻视社会经济运行，即使朝廷政令和官书、正史所记的政治制度，也只是一种规定，它和这种政治制度运行实态之间有很大距离和区别。同样，朝廷颁布的经济政策和这种经济政策贯彻的实际情况也有很大不同。因此，政治制度、经济政策的研究，不能只以朝廷颁布的有关政令、法律为依据，而要看其在实际贯彻、执行中的实态。鉴于社会经济制度文本与实际运行之间的差异，史学界在官书正史资料之外，积极发掘和利用时人文集、地方志和笔记小说等资料，以弥补正史资料之不足。试图通过扩大资料范围的方式，比较文本记载与实际运行之间的差距，从而实现接近历史事实的目的。

笔记小说的记载和描述虽然具体、生动，然而这些记载和描述并非历史事实本身，只是历史上曾发生的具体事件在笔记小说作者头脑中的反映，难免留有作者个人的偏好、偏见等主观成分。地方志所记地方资料丰富、具体、详细，但总的来说，多是表面的、片面的、缺少个性的，而且往往带有明显的个人倾向。如对于某些事件，只要有关人物或其子孙尚在，并在地方上有某些势力，对其不利的事情，方志中就往往有意回避。特别是对农民的生产活动和社会生活，由于方志编者的不关心，偶有记载，也多是片断的，很少有生动的描述①。族谱之中蕴藏着丰富的历史资

---

① ［日］山本英史：《明清农村社会制度研究的现状与课题》，载1994年"首届国际徽学学术讨论会"会议报告。转引自周绍泉：《徽州文书与徽学》，《历史研究》2000年第1期。

料，20世纪初，梁启超曾说："尽集天下之家谱，俾学者分科研究，实不朽之盛业。"①族谱的重要学术研究价值，还有待于学者的进一步挖掘。但是，家谱仅是一家历史的记载，如陈支平指出："因为族谱毕竟是私家所记，不受任何社会和公众约束，主观随意性很大。"②

棉布生产的品种、规模，以及棉布收购、销售等，均与社会经济政策有关，尤其是近代社会二者的联系更为紧密。徽州布商账簿记载有大量与社会经济运行有关的经济制度、政治制度和法律制度等专题内容。这些记载都是社会经济生活中实际发生的现象，具有原始性、真实性的特点，较为具体地呈现了社会政治经济制度在基层社会运行的实际形态。近代徽州布商经营于江苏、浙江、江西、湖北、安徽等长江中下游地区，因此这些记载既能反映社会经济制度运行的地方性特点，又具有超越地方本身的普遍性一面，对于深入探索晚清民国社会经营运行，乃至中国社会近代转型具有重要价值。

第三，近代徽州布商账簿所揭示的布业经营和社会转型等内容，具有一定的现实意义。近代徽州布商经营棉布民生用品，以中小商人居多，且以中小市镇为经营据点，其经营活动改善了民生，扩大了市场，推动了中小市镇的繁荣发展。从中小徽州布商融资、经营方式、近代转型和历史作用等问题入手，探讨中小商人发展的市场因素、社会环境和制度要素等内容，对于当今社会转型期和中小企业发展具有一定的启迪和借鉴意义。

十多年前，周绍泉先生论及徽州文书价值、地位时指出，徽州文书的发现，是继甲骨文、汉晋木简、敦煌文书、明清内阁大库档案之后中国历史文化的第五大发现。徽州文书内容涉及徽州社会生活的方方面面，是中国历史实态研究的重要资料。徽州文书资料研究将给宋代以后的中国历史研究带来革命性的变化③。近代徽州布商账簿是徽州文书主要类型之一，遗存数量众多，内容丰富，具有较高的学术研究价值。因此，商业账簿的深入研究，对于近代徽州布商乃至于近代徽商的整体研究，均具有十分重

---

① 梁启超：《梁启超论清学史二种》（朱维铮校注），复旦大学出版社1985年版，第480页。
② 陈支平：《福建族谱》，福建人民出版社2009年版，第371页。
③ 周绍泉：《徽州文书与徽学》，《历史研究》2000年第1期。

要的意义。

第三节　商业账簿与社会经济史研究学术回顾

商业账簿是商业经营中产生的原始凭证、文书档案，因记载有大量商业交易活动及社会经济信息，其学术价值逐渐得到社会各界的认可和关注。纵观20世纪以来的商业账簿与社会经济史研究，大体可分为三个阶段。

一、清末民初民商事习惯调查运动中的商业账簿调查（1907—1921）

清末新政时期，清政府为筹备君主立宪和民商法律的编订，自上而下地在全国组织开展大规模的民商事习惯调查。光绪三十一年（1905）十月，清廷设考察政治馆，专司研究各国政治。光绪三十三年（1907）十一月，考察政治馆改为宪政编查馆，"调查中国各省政治"。为使宪政改革及民事立法能够适合中国各地风俗民情，清廷又诏令各省设立调查局，各部院设立统计处，专司调查工作。由此，考察、调查各地风土人情，作为立宪和修订法律的一项重要的前期工作[1]。

自光绪三十三年（1907）九月各省设立调查局始，清末民商事习惯调查运动正式进入启动程序。宣统二年（1910）正月，修订法律大臣正式奏请派员分赴各地展开民商事习惯调查，标志着全国范围的民商事习惯调查运动全面展开。旋因辛亥革命的发生，民商事习惯调查被迫中止。

1918年初，民国北洋政府又重新开始了民商事习惯调查运动，因政权更迭而被中止的民商事习惯调查再一次进入人们的视野之中。民国初年的民商事习惯调查得以重启，直接起因是当时民商事审判实践的需要，这与清末民商事习惯调查的直接起因有所不同。清末的调查更多是为了大清民律"适于中国民情"，而民初的调查虽基于尚未启动的民法颁行的需求，

---

① 故宫博物院明清档案部编：《清末筹备立宪档案史料》上，中华书局1979年版，第51页。

但更实在的原由是民商事纠纷调处和审判的需要。自民国七年（1918）至民国十年（1921）这段时间，是民初民商事习惯调查的高潮时期，现在所见民商事习惯调查资料大多是在此期间调查所得。民国十年（1921）以后，由于时局变换，民商事习惯调查逐渐趋于沉寂。

清末民初民商事习惯调查范围广，几乎遍及大半个中国，收集了大量的各地调查报告。其中，商业账簿作为调查对象之一，各地均就商业账簿的类型、数量、记账方法、体例等进行了调查，如《直隶调查局法制科第一股调查书》第四部《商事习惯调查书》"商事总问题"之"商业账簿"一项中，所调查的问题有店铺行栈所备账簿数量、记账格式、现款卖买和欠账卖买记账方法、账簿保存年限等问题。又如《调查川省商事习惯报告书》上编"商号"第五、六、七款商业账簿的调查，涉及账簿种类、数量、性质、结账及利润分配、管理人员等调查①。清末民初民商事习惯调查运动虽然历时都不算太长，但组织严密、规模巨大，所获资料也极为丰富。所有民商事习惯均由有关官员分门别类，详细归总。但是随着调查机构裁撤、人员遣散，调查资料的整理出版几无进展。民国十五年（1926）之后，北洋政府司法部、南京国民政府司法机关相继对清末民初民商事习惯调查资料进行了初步整理，陆续以《中国民事习惯大全》②《民商事习惯调查录》③《民商事习惯调查报告录》④等形式出版。

二、20世纪二三十年代的社会经济调查与账簿资料的初步利用

20世纪二三十年代的社会调查蔚然成风。经济学、社会学等不同学科的学者，从各自专业出发，搜集账簿资料，并进行了初步研究，形成了一批调查报告。

---

① 眭红明：《清末民初民商事习惯调查之研究》，南京师范大学2004年博士学位论文，第148—149页。

② 施沛生等编：《中国民事习惯大全》，上海广益书局1924年版。

③ 民国北洋政府《司法公报》第232、242期。

④ 前南京国民政府司法行政部编：《民事习惯调查报告录》（胡旭晟等点校），中国政法大学出版社2000年版。

20世纪20年代,李景汉等社会学者所做的社会调查成绩显著,影响巨大。其中一些学者利用了商业账簿资料,调查、研究都市底层民众的生活程度,较为典型者为孟天培、甘博所著《二十五年来北京之物价工资及生活程度》[①]。是著以光绪二十六年(1900)至民国十三年(1924)账簿为调查材料,"这些老账是我们调查物价、工资和兑换等,最好、最确,也许是唯一的材料来源""在这二十五年时期里,不但是可以调查物价的变迁,并且也能发见循环的涨落",其目的是从物价、生活费等角度观察,"使我们看清楚近二十五年中北京工人的经济状况和他们维持生活的真相"[②]。

　　20世纪30年代初,随着世界性资本主义经济危机的到来,以及1931年"九一八"事变的发生,中国农村问题日渐突出,农村经济陷于全面的危机之中。此间的政界、学界人士本着为南京国民政府施政提供科学咨询的目的,纷纷下乡展开实地调查,编制报告,并站在理论高度,提出了克服危机、恢复农村经济的建议和对策。30年代的经济调查中,区季鸾、宓公干分别对广东和江浙地区的典当业进行了调查研究,所著《广东之典当业》[③]和《典当论》[④]作为社会经济调查成果,先后于民国二十三年(1934)、民国二十五年(1936)出版,后被收录于"民国丛书"。两部专著有关典当账簿名称、组织体系等内容的调查较为详尽,成为研究中国典当业最早的著作之二种。区季鸾的《广东之典当业》对广东典当业账簿的分类与宓著大体相同,只是将营业账簿分为"当簿""存架簿""架底簿"等10种。宓公干的《典当论》以江浙典当账簿为主,并参酌广东典当账簿,将典当业账簿分为营业账簿、普通账簿和营业报告三大类,又将营业账簿分为"大账""柜上草账""草赎账"等11种,普通账簿分为"流水簿""股东簿""往来簿""兑换簿"等8种。两部专著的账簿分类方法奠定

---

　　① 孟天培、甘博:《二十五年来北京之物价工资及生活程度》(李景汉译),国立北京大学出版部1926年版。
　　② 孟天培、甘博:《二十五年来北京之物价工资及生活程度》(李景汉译),国立北京大学出版部1926年版,第2、6页。
　　③ 区季鸾编述:《广东之典当业》,上海书店1934年版。
　　④ 宓公干:《典当论》,商务印书馆1936年版。

了我国典当账簿的研究体系。

总之，清末民初的民商事调查，以及20世纪二三十年代的社会经济调查，将商业账簿作为调查和利用的对象，均反映了政、学界对商业账簿价值的关注和认可。但是，大体而言，这两个阶段只是商业账簿研究的起步或雏形阶段，并不是严格意义的史学研究。20世纪下半期，尤其是改革开放以来，商业账簿资料逐渐被纳入学科研究范围，出现了不少利用商业账簿资料进行社会经济史研究的成果。

三、改革开放以来的商业账簿与社会经济史研究

中华人民共和国成立初期，中国近代经济史学界在讨论民族资本主义发展史等热点问题时，对商业账簿有所涉及，出版了《北京瑞蚨祥》[①]《上海钱庄史料》[②]等著作。前者研究了解放前瑞蚨祥的账簿设置和结构，后者汇编了近代上海钱庄金融业账簿资料。此后随着国内形势的变化，商业账簿研究逐渐沉寂。

20世纪80年代改革开放后，市场、商品经济理论兴起，中国商业与市场转型问题又开始引起学者的高度关注。郭道扬对商业账簿进行了系统研究，相继出版了《中国会计史稿》《会计发展史纲》《会计史研究》[③]等著作。其中，《中国会计史稿》下册对清代、民国商业账簿着墨甚多，分设旧式金融业、商业和工业三个专题，结合杭州德馨钱庄、上海福康钱庄、"三善堂吴记"等商号账簿资料，研究了账簿体系、组织系统，以及记账方法。这些成果产生了较大的学术影响，有利于我们深入了解传统中式商业账簿的内部构造、记账方法，以及不同类型账簿之间的关系，为商业账

---

① 中国科学院经济研究所、中央工商行政管理局资本主义经济改造研究室编：《北京瑞蚨祥》，生活·读书·新知三联书店1959年版。

② 中国人民银行上海市分行编：《上海钱庄史料》，上海人民出版社1960年版。

③ 郭道扬编著：《中国会计史稿》上、下册，中国财政经济出版社1982年版、1988年版；《会计发展史纲》，中央广播电视大学出版社1984年版；《会计史研究》第一、二卷，中国财政经济出版社1998年版。此外，论及传统账簿的会计史专著还有高治宇的《中国会计发展简史》（河南人民出版社1985年版）、李宝震和王建忠编著的《中国会计简史》（经济科学出版社1989年版）、赵友良的《中国古代会计审计史》（立信会计图书用品社1992年版）、赵友良的《中国近代会计审计史》（上海财经大学出版社1996年版）、王海民主编的《会计思想史探索》（世界图书出版公司1998年版）、刘常青的《中国会计思想发展史》（西南财经大学出版社2005年版）等。

簿资料的史学研究奠定了较好的基础。

史学界利用商业账簿资料，对晋商、徽商等地域性商帮进行了多角度的经济史研究。

晋商是明清以来我国著名的地域商帮之一，遗存商业账簿较为丰富。张正明的《晋商兴衰史》①专设"账簿制度"一节，专题研究山西票号账簿，将山西票号账簿分为"万金账""流水账""老账""浮账"等类型，并详细开列了大德通票号共32种账簿名称。穆雯瑛认为这些账簿多属于归式簿记、归复式簿记②。行龙的《一个普通商号的账册分析——文水县"昌玉公"商号账册资料介绍》剖析了山西大学中国社会史研究中心收藏的光绪十九年（1893）至民国二十四年（1935）42册"昌玉公"商号账簿，研究了商号名称、经营地点、账簿基本类型和内容，对记账习惯进行了初步的研究③。马文静的《小的却是全面的：一个普通山西商号的账册分析（1893—1935年）》④一文，在前述研究的基础上，对账簿资料进行了系统地整理、统计和分析，研究了商品种类、数量、交易对象及交易范围；分析了货币行用和兑价；统计了商品价格指数，并分析了物价变动的原因等内容，从"昌玉公"商号的变迁中，展示了清末民初山西农村商业经营和地方社会生活的基本面貌。

北京作为清朝都城和民国时期的大都市，历来商号云集，商业经济较为发达，遗存商业账簿资料也十分丰富。袁为鹏、马德斌的《商业账簿与经济史研究——以统泰升号商业账簿为中心（1798—1850）》⑤，详细介绍了1798—1850年经营于北直隶宁津县大柳镇（今山东省德州市宁津县大柳镇）统泰升号商号账簿遗存情况，以及记账方式、账簿结构和分类，从物价、银钱比价及借贷利率等角度，揭示了统泰升号账簿的史

---

① 张正明：《晋商兴衰史》，山西古籍出版社2001年版。

② 穆雯瑛主编：《晋商史料研究》，山西人民出版社2001年版。

③ 行龙：《一个普通商号的账册分析——文水县"昌玉公"商号账册资料介绍》，载《走向田野与社会》，生活·读书·新知三联书店2007年版，第433—442页。

④ 马文静：《小的却是全面的：一个普通山西商号的账册分析（1893—1935年）》，山西大学2006年硕士学位论文。

⑤ 袁为鹏、马德斌：《商业账簿与经济史研究——以统泰升号商业账簿为中心（1798—1850）》，《中国经济史研究》2010年第2期。

料价值，强调了商业账簿史料对于中国经济史研究的意义。彭凯翔的《近代北京货币行用与价格变化管窥——兼读火神会账本（1835—1926）》①，利用火神会账本资料，结合其他直接、间接史料，对近代北京的货币行用状况和价格结构变化进行探讨。卢忠民的《也谈商业账簿与经济史研究——以近代旅京冀州商帮所营之万和成及其联号五金商铺账簿为中心》②一文，具体剖析了万和成及其联号账簿名称、类型、体系和记账方法，从股份合伙与人力股（身股）制度、京津联号经营管理模式、职工生活与消费水平等角度研究了账簿的价值，并就商业账簿与经济史研究进行了理论探讨。

徽商是明清以来中国著名的地域商帮之一，经营足迹遍及海内外，以其雄厚的资本称雄明清市场300多年。徽商研究始于傅衣凌先生，1947年发表的《明代徽州商人》一文，不仅首次提出了"徽商"概念，并就商业经营和商业账簿、商用数字和珠算的关系进行了初步的探讨③。20世纪80年代以来，学术界在徽商经营、徽州商业文书整理和研究等领域，取得丰硕成果，其中即包含了对徽商账簿的整理和研究。

第一，徽商账簿的整理成果。就徽商账簿资料整理成果形式看，主要有目录式整理、提要式整理、专著式整理和汇编式整理四种形式。目录式整理，是将商业账簿以题名目录形式著录出版，标上收藏单位及检索号，有利于读者查找。例如王钰欣等编《徽州文书类目》④、严桂夫主编《徽州历史档案总目提要》⑤等，所录商业账簿系中国社会科学院历史研究所、南京大学历史学院、安徽省图书馆、安徽省博物馆等所藏徽商账簿的题名和检索号。目录式整理对于摸清商业账簿的数量、类型及收藏机构大有裨益，同时为其他形式的整理打下了良好的基础。提要式整理，即将账簿内容加以简单介绍，评判其优劣，指出其主要价值所在，如夏维中、王

① 彭凯翔：《近代北京货币行用与价格变化管窥——兼读火神会账本（1835—1926）》，《中国经济史研究》2010年第3期。
② 卢忠民：《也谈商业账簿与经济史研究——以近代旅京冀州商帮所营之万和成及其联号五金商铺账簿为中心》，《中国经济史研究》2011年第4期。
③ 傅衣凌：《明清时代商人及商业资本》，人民出版社1956年版，第2页。
④ 王钰欣等编：《徽州文书类目》，黄山书社2000年版。
⑤ 严桂夫主编：《徽州历史档案总目提要》，黄山书社1996年版。

裕明的《南京大学历史系所藏徽州文书评介》①。专著式整理，是将包括商业账簿在内的特别具有史学价值的各类文书进行系统地分类，研究其价值，如严桂夫、王国健的《徽州文书档案》②等。汇编式整理，是以文书原件加以遴选，编辑出版，直接为读者提供文书原始材料。例如，中国社会科学院历史研究所周绍泉等主编的《徽州千年契约文书：清·民国卷》③，影印了中国社会科学院历史研究所所藏乾隆、光绪年间徽商账簿多部；广西师范大学出版社自2005年始，相继影印出版了由安徽大学徽学研究中心编、刘伯山主编的《徽州文书》第一、二、三、四辑，其中晚清、民国徽商账簿的数量较为可观。

第二，徽商账簿与明清徽商研究成果。利用账簿资料对徽商及社会经济史的研究也取得了积极的进展。阮明道的《吴氏经商账簿研究》一文依据乾隆年间吴氏商业账簿，研究了店业经营形式、盈亏消长、店业性质，以及账簿所见芜湖物价的变化④。范金民利用《徽州千年契约文书》所收《万历程氏染店查算账簿》资料，研究了徽商合伙开设染店的经营状况，作者特别指出，由账簿所载可知，"余利"至迟在万历中期已经出现⑤。王裕明利用《万历程氏染店查算账簿》《万历收支银两册》，以及《天启渭南朱世荣分家簿》《崇祯二年休宁程虚宇立分书》等文书资料，研究了明代商业经营中的官利制，认为"官利"一词的出现不迟于清雍正年间，官利制的出现不迟于明中叶，万历年间已相当普遍；官利制是两权分离的产物，为明代商业经营激励机制创新之一⑥。刘秋根依据万历程氏染店账簿资料，从股东债主和非股东债主、金融机构债主和一般私人债主、商业店铺债主、一般私人家庭等角度，研究了明代徽商合伙制店铺融资手段、资金供求和利率变化⑦。刘秋根、谢

① 夏维中、王裕明：《南京大学历史系所藏徽州文书评介》，《中国社会经济史研究》2000年第4期。

② 严桂夫、王国健：《徽州文书档案》，安徽人民出版社2005年版。

③ 中国社会科学院历史研究所收藏整理：《徽州千年契约文书：清·民国卷》，花山文艺出版社1995年版。

④ 阮明道：《吴氏经商账簿研究》，《四川师范学院学报》（哲学社会科学版）1996年第6期。

⑤ 范金民：《明代徽商染店的一个实例》，《安徽史学》2001年第3期。

⑥ 王裕明：《明代商业经营中的官利制》，《中国经济史研究》2010年第3期。

⑦ 刘秋根：《明代徽商合伙制店铺融资形态分析——以万历程氏染店账本为例》，《河北大学学报》（哲学社会科学版）2003年第3期。

秀丽利用《万历程氏染店查算账簿》《雍正—乾隆收支账簿》《乾隆万隆号账册》三类账簿资料，研究了明清徽商经营中广泛存在的合伙制经营，从股东构成及其权力、行为等角度，分析了主要股东与一般股东、小股东与大股东的区别①。范金民利用布商类书《布经》，结合相关文献资料和碑刻资料，对江南棉布字号进行了研究，发表了《清代江南棉布字号探析》《清代江南棉布字号的竞争应对之术》等论文②，具体探讨了徽商在江南所设棉布字号的数量、资本规模，以及经营竞争之术。王裕明新著《明清徽州典商研究》以典商文书资料为中心，研究了明清徽州典商的变迁③。

第三，晚清民国徽商账簿与近代徽商研究成果。管见所及，徽商研究专著中，最早利用晚清徽商账簿进行近代徽商研究的是张海鹏、王廷元主编的《徽商研究》④。是著的第十章利用了光绪年间歙县芳坑江氏茶商账簿，研究了茶商资本、利润等内容。论文成果中，王裕明利用了南京大学历史学院所藏徽州典商账簿，发表了近代徽州典商研究论文多篇⑤。近代徽州布商是近代徽商组成部分之一，汪崇篔的《清代徽商合墨及盘、账单——以〈徽州文书〉第一辑为中心》⑥一文以晚清徽州布商账簿资料为中心，剖析了合墨、盘单、账单的具体内容，并对布号经营进行了统计和分析；《清代徽商资本诸问题探析——以〈徽州文书〉第一辑为依据》⑦以文书资料为中心，分析了晚清徽州布商的资本积累、管理、纠纷处理等问题。此外，日本学者松浦章的《徽商汪宽也与上海棉布》一文，专题研究

---

① 刘秋根、谢秀丽：《明清徽商工商业铺店合伙制形态——三种徽商账簿的表面分析》，《中国经济史研究》2005年第3期。

② 范金民：《清代江南棉布字号探析》，《历史研究》2002年第1期；范金民、罗晓翔：《清代江南棉布字号的竞争应对之术》，《安徽史学》2009年第2期。

③ 王裕明：《明清徽州典商研究》，人民出版社2012年版。

④ 张海鹏、王廷元主编：《徽商研究》，安徽人民出版社1995年版。

⑤ 王裕明：《光绪振成典钱洋实存考浅析》，《江海学刊》1999年第4期；《近代典当业质铺的经营特点——光绪皖南黟城用和质个案报告》，《学海》2004年第3期；《清末民初典当业当簿剖析》，《中国社会经济史研究》1999年第3期；《晚清上海德安押当票探析》，《安徽史学》2003年第6期。

⑥ 汪崇篔：《清代徽商合墨及盘、账单——以〈徽州文书〉第一辑为中心》，《中国社会经济史研究》2006年第4期。

⑦ 宾长初、汪崇篔：《清代徽商资本诸问题探析——以〈徽州文书〉第一辑为依据》，《广西师范大学学报》（哲学社会科学版）2008年第1期。

了以汪宽也为代表的徽州布商在上海的棉布贸易活动，认为不仅是明清时期，即使在民国时期，徽州布商在上海棉布市场都居于支配地位[①]。

综上所述，改革开放以来，史学界从多角度对商业账簿进行了研究，取得了较为丰硕的成果。通过对商业账簿的研究，进一步认识、明确了账簿资料的史学价值和研究意义，摸清了各地商业账簿的遗存、收藏等大致情况，也发表了不少较高水准的区域商帮研究成果。不过，上述研究也有一定的不足。其一，上述研究成果多集中于金融、借贷领域，如晋商票号账簿、徽州典商账簿研究等，研究领域仍有较大拓展的空间。其二，具体就徽商账簿研究而言，除典商账簿研究外，茶商账簿研究偶有涉及，但徽商经营的其他行业研究成果相对较少，与徽商盐、典、木、茶四大经营领域的实际情况相差较大。其三，徽州布商无论是明清时期，还是晚清民国时期，均是中国棉布市场重要的地域性商帮。近代以后，棉布成为市场流通量最大的商品，棉布贸易商的地位日显突出，近代徽州布商穿梭于长江中下游地区，对于近代棉布市场的发展发挥了重要作用，其所遗存的商业账簿已如前述，数量较多，类型多样。虽然史学界已就晚清民国徽州布商账簿进行了初步研究，并取得部分成果，但是数量偏少，仅有三五篇论文，与布商账簿遗存数量及其丰富内容极不对称；而且近代徽州布商账簿的系统性研究不够。前述布商账簿研究论文，多为个案研究，既未展示出近代徽州布商商业账簿演进的历史进程，也没有利用布商账簿系统地研究近代布业经营与社会经济的变迁。因此，以晚清民国徽州布商账簿为中心，全面探讨近代布业经营与社会经济变迁的研究还有待深入，研究的空间还很大。

第四节　概念界定与研究思路

一、概念界定

首先，本文所讨论的近代时期，是指从道光二十年（1840）鸦片战争

---

① ［日］松浦章：《徽商汪宽也与上海棉布》（程菲菲译），《中国社会经济史研究》2000年第4期。

至民国二十六年（1937）日本发动全面侵华战争，时间跨度近百年。为了论述的必要，亦会适当上溯至明清，或下延至20世纪40年代。

其次，关于徽州布商称谓。近代徽州布商由于经营地域、商品类别不同，以及所属籍贯的差别，其称谓也有所不同，如布号、布庄、土布字号、洋货号等。本书为叙述的便利起见，统称为布号，经营人员称为布商，只是在叙及特定地域时，依地方惯例使用其原有称谓。

二、研究思路

本书拟按照如下的思路渐次展开研究：

第一，首先对近代徽州布商兴起的原因、背景进行分析研究，拟从近代棉布市场需求、"生计所迫"的徽州经济环境、明清徽州布商的经营传统等角度展开；其次，对近代徽州布商的经营地域、活动范围进行总体描述；再次，对近代徽州布商的不同发展阶段进行总体的归纳。

第二，资本是商业经营的必备条件，拟以近代徽州布商合伙资本为重点，分析合伙资本的来源、股东构成、利润分配机制，探讨近代徽州布商合伙经营与传统合伙制的联系和区别。

第三，拟将近代徽州布商经营分为两类，分别展开研究。一是从批发贸易的角度，研究徽州布商的洋布、土布批发，选择通商口岸为中心，探讨近代徽州布商的棉布批发贸易。二是从棉布零售经营的角度，研究零售经营的形式、商品构成、购销环节，以及财务状况。

第四，纵向考察近代徽州布商经营纺织企业的不同阶段，对不同发展阶段近代徽州布商举办的纺织企业进行总体描述和分析，重点选择培本有限公司为解剖对象，具体研究近代徽州布商经营转型与乡村工业化发展。

最后为余论，总结近代徽州布商的历史作用，分析近代徽州布商发展的制约因素。

第一章　近代徽州布商的兴衰嬗变

近代徽州布商的兴起，与近代棉布市场的巨大需求、徽州"生计所迫"的社会经济环境，以及明清徽商从事棉布贸易的传统等内外因素有关。近代徽州布商活跃于长江流域，其经营活动呈现出明显的阶段性变化，这些变化具有显著的时代特点。

第一节　迈入近代市场的徽州布商

一、旺盛的棉布需求与商业机会

明清以降，普通民众的衣、被、鞋、帽等衣着用品均使用棉布制作。由于中国存在较多的非棉、非布地区，因此棉布的市场需求历来较大。市场需求牵动生产。近代以来，洋布大量进口，以及国产机制布的投放和土布改良，不仅增加了市场供给，也为棉布消费和贸易提供了客观条件。棉布消费和生产供给的变化，为近代棉布商人从事棉布贸易创造了极佳的市场机会。

我们分别以长江上游重庆和下游上海为例，从这两个地区的农民衣着用品的种类及其用料，考察其棉布消费和需求。据调查，当时重庆市近郊巴县兴隆乡农民衣着用品主要有劳动装和盛装（装饰服装）两类，每名户主有劳动装上衣4.5件、裤子2.6条；盛装则每人上衣1.4件、裤子0.5条①，需耗

---

① 贾健：《四川巴县兴隆乡农场大小与农家生活程度调查》，《四川经济季刊》第2卷第3册（1945年7月），第273页。

用的布匹原料如表1-1-1。

表1-1-1　民国时期四川省巴县兴隆乡农户户主着衣原料

单位：%

劳动装							
类别		户数	土布	洋布	丝	皮	草	总计
山村区	大农	20	69.54	9.65	—	—	20.81	100.00
	中农	21	86.44	4.02	0.92	—	8.62	100.00
	小农	22	86.29	9.14	—	—	4.57	100.00
	平均	63	80.63	7.75	0.18	—	10.44	99.00
平地区	大农	21	80.29	13.94	—	—	5.77	100.00
	中农	18	87.06	1.08	—	—	11.86	100.00
	小农	19	89.78	2.69	—	—	7.53	100.00
	平均	58	85.46	6.39	—	—	7.74	99.59
两区平均	大农	41	75.06	11.96	—	—	12.98	100.00
	中农	39	86.86	2.57	—	0.28	10.29	100.00
	小农	41	87.97	6.01	—	—	6.00	99.98
	平均	121	83.83	7.02	—	0.08	9.07	100.00

盛装							
类别		户数	土布	洋布	丝	皮	草	总计
山村区	大农	20	6.89	83.33	2.78	5.56	1.44	100.00
	中农	21	37.83	54.05	5.41	—	2.71	100.00
	小农	22	32.84	57.14	5.01	—	5.01	100.00
	平均	63	21.83	68.84	3.99	2.65	2.65	99.96
平地区	大农	21	25.93	74.07	—	—	—	100.00
	中农	18	40.59	50.63	3.80	5.66	—	100.68
	小农	19	50.00	48.28	—	1.72	—	100.00
	平均	58	37.61	58.72	1.38	2.29	—	100.00
两区平均	大农	41	17.53	79.92	1.29	2.58	1.74	103.06
	中农	39	34.63	51.72	4.31	2.58	2.00	95.24
	小农	41	43.00	52.00	2.00	1.00	2.12	100.12
	平均	121	33.35	61.70	2.43	2.16	2.16	101.80

注：表中几处合计并不等于100%，但无其他资料以资补正，故照录。

资料来源：贾健：《四川巴县兴隆乡农场大小与农家生活程度调查》，《四川经济季刊》第2卷第3册（1945年7月），第274—275页。原表由日人森时彦绘制，参见《中国近代棉纺织业史研究》（袁广泉译），社会科学文献出版社2010年版，第9页。

从巴县兴隆乡农民劳动装和盛装用料比例的调查中可见，土布占农民劳动装缝制用料的80%以上、盛装用料的30%以上；洋布占盛装用料的60%、劳动装的10%以下。调查结果表明，棉布是农民衣着用品缝制的主要原料。

徐新吾等对上海农民衣着用品和用布数量进行了调查，内容较为具体，并以此为基础，匡算出土布消费量。所调查的衣着用品和用布量如下：

（1）短衫裤两套：上衣短衫、下身长裤谓之一套。一个农民至少要有两套单衫裤方可替换。一般一套只能使用一年。男人每套用布三十尺（合一匹半），妇女二十四五尺。

（2）棉袄裤一套：一个农民必须有一套棉袄裤才能过冬，使用年限约五至八年。男人用料五六十尺，妇女五十尺左右。

（3）棉背心一件：每当季节交替之际，乍寒又暖，单、棉衣均不能适应，棉背心既能保暖，又便于劳动，使用十年。一件棉背心面子夹里用料十六尺到二十尺。

（4）夹鞋一双：一双布鞋用料面子、夹里、裆底等近二尺，妇女一尺六寸左右，小鞋儿童最费。

（5）老布被面一条：老布被面坚牢，一般可用二三十年。每条四幅，用料二十四尺。

（6）被里：依据家庭儿童情况，使用年限五至十年。每条用布二匹至三匹。

（7）褥单：每条宽四幅，用料二十四尺。视家庭有无儿童，使用年限五至十年。

（8）枕头：按两只计算，用布八尺，可用六七年。

（9）袜子：妇女多穿袜子，需有三双，每双用料一尺半。

（10）面巾：每人一条，每户四条，只能使用一年。

（11）帐顶布：用料二十四尺，使用年限约三十年。

（12）作裙：作裙既便于劳动，也有利于保暖下身。用料二十五尺，可用五六年。

（13）围身裙：多为妇女使用，每条用料十尺，可用五六年。

（14）裹脚带：成年妇女需备三四副，每副用料三尺，可用二三年。

（15）饭单：每条用料二三尺，使用年限三四年。

此外还有罩衫裤、夹袄裤、棉膝裤、门帘、窗帘、包袱、包头巾、包脚布、风帽、腰兜、褡裢袋等。

徐新吾选择了12种衣着用品为测算对象，匡算每一家庭每年耗用土布6.58匹。全国作8 000万户计算，每年消费土布52 640万匹。以此为基数，加上非主要衣着用品及工业用布、政府军用及其他征用，19世纪中叶全国年耗土布50 904万匹。以四亿人口分摊，人均年消费土布约1.5匹[1]。据许涤新、吴承明的计算，清代初中期的棉布商品量约31 517.7万匹[2]。由此看来，19世纪中叶比清代初中期增长了1.6倍。光绪二十年（1894）之后，棉布消费更是逐年增长，棉布需求较为旺盛，如表1-1-2所示。

表1-1-2　按不同消费水平估算城镇、农村纺织户与非纺织户棉布消费量

类别		单位	道光二十年（1840）	咸丰十年（1860）	光绪二十年（1894）	民国二年（1913）	民国九年（1920）	民国二十五年（1936）
全国	年人均消费量	匹	1.50	1.53	1.65	1.80	1.90	2.00
	人口总数	千人	400 000	405 000	415 000	430 000	440 000	450 000
	消费总量	千匹	600 000	619 650	684 750	774 000	836 000	900 000
城镇及非农业户	年人均消费水平	匹	1.80	1.84	1.98	2.16	2.28	2.40
	人口数	千人	20 000	24 300	33 200	38 700	44 000	54 000
	消费总量	千匹	36 000	44 712	65 736	83 592	100 320	129 600
农村纺织户	年人均消费水平	匹	1.65	1.68	1.82	1.98	2.09	2.20
	人口数	千人	171 000	171 315	164 175	156 520	158 400	118 800
	消费总量	千匹	282 150	287 809	298 799	309 910	331 056	261 360
农村非纺织户	年人均消费水平	匹	1.35	1.37	1.47	1.62	1.70	1.84
	人口数	千人	209 000	209 385	217 625	234 780	237 600	277 200
	消费总量	千匹	281 850	287 129	320 215	380 498	404 624	509 040

资料来源：徐新吾主编：《江南土布史》，上海社会科学院出版社1992年版，第229页。

---

[1] 徐新吾主编：《江南土布史》，上海社会科学院出版社1992年版，第194—196页。

[2] 许涤新、吴承明主编：《中国资本主义发展史 第一卷 中国资本主义的萌芽》，人民出版社2003年版，第289、332页。

从表1-1-2可以看出，伴随着近代人口的增长，城镇及非农业户、农村纺织户、农村非纺织户人均棉布消费呈现出逐年增长的势头，从道光二十年（1840）到民国二十五年（1936），全国人均棉布消费从1.5匹增加到2.0匹，约增长了33%；棉布消费总量从600 000千匹增加到900 000千匹，约增长了50%。

棉布市场需求的旺盛存在多种因素，但与人口增长的关系最为紧密。人口的增加，为布匹市场需求提供了潜在的市场。入清以来，中国人口呈现几何式的增长，道光十五年（1835）全国人口4.017亿，约是明代嘉靖、万历人口的2.3倍[①]。鸦片战争后，人口增长仍然呈上升态势，道光二十年（1840）为4.128亿，道光二十五年（1845）为4.213亿，光绪十三年（1887）为4.015亿，光绪二十七年（1901）为4.264亿[②]。前文已述，明清以来，衣着棉布，已是人们日常生活的普遍现象，棉布成为生活必需品。因此，人口的快速增长势必造成需求过快增长，需要更多的棉布商品满足其生活需要。

需求的增长必然引起市场的扩大。近代以后，外国洋布、洋纱的大量进口，不仅增加了棉布的市场供应，也刺激了近代中国民族纺织企业的发展，国产机制布的投放又扩大了市场供应。由于洋布价格较土布低廉，而稍后生产的国产机制布又较洋布低廉。低廉的价格刺激了消费，进一步扩大普通民众对棉布的消费需求。与此同时，土布在与洋布的竞争中，织造原料和技术均发生了变化，改用洋纱节约了纺纱时间，使用手拉机和铁轮机提高了织布效率，由此导致了改良土布的出现，大大地增加了市场棉布的供给。据相关统计，近代布匹产量逐年增加，从道光二十年（1840）到民国二十五年（1936），棉布产量增加了34%[③]，但仍然不能适应日益增长的棉布消费需求，乃至于出现织布厂所织布匹供不应求的局面，"每日织出之布虽属不少，而仍不敷分售。各家以银定货，至有以月为期、以年为

① 许涤新、吴承明主编：《中国资本主义发展史 第一卷 中国资本主义的萌芽》，人民出版社2003年版，第187页。
② 孙毓棠、张寄谦：《清代的垦田与丁口的记录》，《清史论丛》1979年第1辑。
③ 许涤新、吴承明主编：《中国资本主义发展史 第二卷 旧民主主义革命时期的中国资本主义》，人民出版社2003年版，第325页。

期者，犹且未能按期付货，其忙迫也如是，则生意之美可知矣"①。正因为市场需求的增加，导致棉布在商品市场中地位的变化，从明清商品市场的第二位商品②，跃升到鸦片战争之后的第一位商品③。棉布商品成为近代市场中流通量最大的商品。棉布商品地位的抬升和变化，为从事棉布交易的布商提供了广阔的市场条件和更多的市场机会。如果说明清徽州布商如"鸷鸟之击"，奔赴江南棉布产地的话，那么，近代徽州布商则抓住了棉布市场需求旺盛的商机，奔赴销售之地，开设商号，出售棉布。

二、徽商经营棉布贸易的传统

徽商经营布业时间较早，明代成化年间徽州布商就已经是经营棉布贸易最活跃的商帮了④。时人歙县吴良儒云"吾乡贾者首鱼盐，次布帛"⑤，说明经营棉布已是徽商主要职业之一，徽商经营棉布具有悠久的历史传统。明清徽州布商经营棉布贸易，与明清时期棉花的种植范围和棉布生产推广程度有着直接联系。

宋代以前的中国，既不产棉也不织布，普通民众多以麻、葛等为衣着原料。约在宋末元初，棉种和棉纺织技术在中国开始传播。经过100多年至200年的引进、传播，明代植棉纺织已较为普遍⑥。尽管明代植棉和棉纺织较为普遍，并形成了若干产棉区，但多数农户并不善织，所需棉布多仰赖当时的棉布产区，如松江棉布的输入。徐光启所言，"今北方之吉贝（木棉）贱而布贵，南方反是，吉贝则泛舟而鬻诸南，布则泛舟而鬻诸北"⑦，应是当时市场真实情况的写照。即使到了清代中期，棉纺织已有了较大的发展，产棉、产布区以及相应的产量均有了不同程度的扩大，但

　　①《织布局宜亟图规复说》，《申报》1893年10月26日。
　　②许涤新、吴承明主编：《中国资本主义发展史 第一卷 中国资本主义的萌芽》，人民出版社2003年版，第289页。
　　③韩启桐：《中国埠际贸易统计》（1936—1940），中国科学院社会研究所1951年版。转引自吴承明：《中国的现代化：市场与社会》，生活·读书·新知三联书店2001年版，第149、171页。
　　④王廷元：《明清徽商与江南棉织业》，《安徽师大学报》（哲学社会科学版）1991年第1期。
　　⑤汪道昆：《太函集》卷五十四，明万历刻本。
　　⑥严中平：《中国棉纺织史稿》，科学出版社1955年版，第17、20页。
　　⑦徐光启：《农政全书》卷三十五《木棉》，明崇祯平露堂本。

只有江南、冀鲁豫、湘鄂赣、广东、四川五个大的布产区，它们大体上不需要外地来布，可称为不受布区。东北、塞北、西北、西南不产布，为受布区。福建、云南、贵州产布，亦受布。如江南布已难以进入冀鲁豫和湘鄂赣，但可越华北而远销东北以及福建、广东等地[①]。不难看出，全国大半地区仍缺布、少布，棉布的市场缺口较大。棉布市场的区域性差异，必然导致棉布商品从产地向缺布、少布地区流动。

棉布市场的区域性差异，自然出现产地与销售地的价格差。据文献资料记载，盛产棉布的松江府，康熙前期标布每疋价银在二钱左右，乾隆中叶每疋也不过三钱至三钱二分五厘。布一疋与米二斗的价格大约相当。嘉庆十一年（1806），布价涨至每疋400文，米价则涨至每斗300文，棉布一疋仅相当于一斗米之价了[②]。而西北和东北地区，则因气候寒冷，用布甚多，棉纺织业又不发达，所以布价极贵。对照文献资料可以看出，乾隆时，山西云中、朔平地区布价是松江布价的三至五倍[③]；嘉庆时，陕北肤施、安定棉布价是松江布价的五倍[④]，陕南地区布价约是松江布价的三至四倍[⑤]，东北地区布价之贵略与西北地区相仿；乾隆五十九年（1794），盛京铁岭棉布价格是松江布价的三倍；嘉庆二十年（1815）至嘉庆二十四年（1819），吉林双城堡棉布价格约为松江布价的五倍；道光时，吉林地区粮贱布贵的局面依然没有改变[⑥]；可以看出，棉布在产地与销售地之间的价格差距甚大。棉布市场的差异以及价格差，不仅为徽州布商的跨区域贸易提供了市场机会，也使布商从区域贸易中获取厚利成为可能。

与此同时，明清商路的拓展和市镇的兴起，不仅为区域的长途贩运提供了市场条件，也使徽州布商的布匹贩卖成为现实。传统商运主要依

---

① 刘秀生：《清代中期湘鄂赣棉布产销与全国棉布市场格局》，载叶显恩主编：《清代区域社会经济研究》下册，中华书局1992年版。又见是著：《清代棉布市场的变迁与江南棉布生产的衰落》，《中国社会经济史研究》1990年第2期。

② 转引自王廷元：《论明清时期江南棉织业的劳动收益及其经营形态》，《中国经济史研究》1993年第2期。

③ 乾隆《大同府志》卷二十六，清乾隆四十七年（1782）刻本。

④ 嘉庆《延安府志·习俗》，清嘉庆七年（1802）刻本。

⑤ 嘉庆《汉南续修郡志》卷二十七，清嘉庆十九年（1814）刻本。

⑥ 张海鹏、王廷元主编：《徽商研究》，安徽人民出版社1995年版，第29页。

靠江河和沿海水运，因此长江历来是我国最重要的商品流通渠道。明代中后期，芜湖、九江、荆州、武昌等地成为新兴的商业城市，使得长江中游与下游的市场联系更为紧密。明代大运河的畅通，开辟了南北贸易，进一步促进了布匹等商品在南北市场的流通。到了清代前期，东西贸易有了重大突破，尤其是长江一线，出现了汉口镇这样大的商业城市，到乾隆时人口达到10万，成为华中和东南贸易枢纽，号称"九省通衢"。不仅长江上中游商货集散于此，淮盐、苏布、东南洋广货也在此集散，鸦片战争前年贸易额在1亿两左右①。因此，商路的拓展，以及棉布市场的差异化，为明清棉布商人提供了巨大商机，徽商抓住了这个商机，如"鸷鸟之击"，奔赴江南棉布产地，从事棉布收购、加工和贩运活动。

据《徽商研究》所述，明清徽州布商的经营方式主要有棉布收购、染踹和长途贩运三种。棉布经营的第一个环节是棉布收购，只有把为数众多的小生产者零星出售的棉布集中收购起来，才有可能进行大规模的商业贩运。徽商的棉布收购虽有不少走家串户、资本数量不大的徽州小商小贩，如明末休宁人汪社生"以贫困奔驰吴越，肩布市卖"②，然后将"零星购得（棉布）而转售于他人者"③。但是，更主要的还是利用牙行制度，以布行、布庄的形式，集中收购棉布商品。据《钱门塘乡志》记载，"丁娘子布，纱细工良，明时有徽商僦居里中收买出贩，自是外冈各镇多仿为之，遂俱称钱门塘"。嘉定县南翔、罗店产布甚多，罗店镇"比闾殷富，今徽商辏集，贸易之盛，几埒南翔"④。天启时，平湖县新带镇"饶鱼米、花布之属，徽商麇至，贯铿纷货，出纳颇盛"⑤。嘉善县魏塘镇乡民以纺织为生，这里"负重资牟厚利者，率多徽商"⑥。清初，苏州、松江一带开设色布字号的徽商大多兼营牙行业务，其中在松江开设色布字号的

---

① 范植清：《鸦片战争前汉口镇商业资本的发展》，《中南民族学院学报》（哲学社会科学版）1982年第2期。

② 嘉庆《休宁县志》卷十四，清嘉庆二十年（1815）刻本。

③ 褚华：《木棉谱》，清嘉庆艺海珠尘本。

④ 万历《嘉定县志》卷一，明万历刻本。

⑤ 天启《平湖县志》卷一，明天启七年（1627）刻本。

⑥ 嘉庆《嘉善县志》卷六，清嘉庆五年（1800）刻本。

徽商们在给官府的呈文中就自称，他们的"布店在松，发卖在苏，且牙行亦多居松"①。可以看出，这里的徽州布商一面经营棉布的染踹加工，一面开设收布牙行。其所收之布，或经加工，或未加工，皆一并运往苏州发卖。

棉布染踹是棉布的深度加工。伴随着江南棉纺织业的发展，棉布的染、踹深度加工行业也随之兴起。江南棉纺织业发达的苏州、松江色布字号主要是徽商开设的，江南其他城镇徽商开设的色布字号也很多。例如在常州，徽商胡朗甫、汪锦城首先开设胡仁泰、汪怡兴两家字号后，相继出现了多达数十家的字号，其中多为徽商开设。上海的祥泰、恒乾仁、余源茂等也是徽商经营的色布字号②。徽商的资本优势在染踹业经营中发挥着重要作用。据记载，苏州色布字号的经营规模都较大，"自漂布、染布、看布、行布各有其人，一字号常数十家赖以举火"③。据估计，从雍正八年（1730）至乾隆四年（1739）的九年之内，平均一家苏州字号就有10家踹坊，240余名踹匠为其踹布④。

前述棉布市场的区域差异和价格差，为区域间的棉布贩运提供了市场机会。同时，布匹商品体积小、价值高，其物理特征适宜于不同区域的长途贩运和流通。徽州布商的棉布贩运，于成化年间即有记载，如歙县人吴良友的曾祖父吴有贵、祖父吴继善"始以布贾燕齐间，父自宁公蒙故业而息之，赀益大饶，累巨万"⑤。吴良友生于嘉靖二年（1523），其曾祖始营布业之时最晚当在成化年间。文献资料所见，大运河、长江是明清徽商长途贩运棉布的主要通道。徽商利用大运河之便，经运河沿线将江南棉布转运枢纽淮安、临清等地，乃至淮安出现了"布帛盐齑诸利薮则皆晋徽侨寓者负之而趋矣"⑥，而临清则"十九皆徽商占籍"的局

---

① 上海博物馆图书资料室编：《上海碑刻资料选辑》，上海人民出版社1980年版，第84—85页。

② 张海鹏、王廷元主编：《徽商研究》，安徽人民出版社1995年版，第305页。

③ 乾隆《长洲县志》卷十，清乾隆十八年（1753）刻本。

④ 张海鹏、王廷元主编：《徽商研究》，安徽人民出版社1995年版，第305页。

⑤ 吴吉祜：《丰南志》第五册，安徽省图书馆1981年抄本。

⑥ 康熙《淮安府志》卷一，清康熙二十四年（1685）刻本。

面①。甚至徽商还把江南棉布直接运往临清以北各地销售，如徽商汪应选"迁居南里（南翔镇），足迹历蓟门、辽左……以贸易起家"②；吴良梓"往来吴、越、齐、鲁、燕、赵之都，出入布帛、盐策之场"③。长江是徽商贩运商品的又一交通要道。明清徽州布商利用长江之利，奔走于吴楚之间从事着布匹贸易。明代中叶之后，湖广地区粮食产量大幅提高，每年都有大批余粮运销外地。万历时，湖广"鱼粟之利便于天下"④，清代更是"湖广熟，天下足"了。湖广地区虽然粮食富足，但棉织业不甚发达，如湖南常德府所产"棉布极粗，价十铢，不及江南梭布之一"⑤。故而湖广地区的棉布需求只能仰赖当时棉纺织业最发达的江南地区。而苏浙地区却因人口猛增，城市发展，经济作物种植面积的扩大，粮食反而不能自给。明末的苏浙已"半仰食于江楚庐安之粟"⑥，清康熙时"江浙百姓全赖湖广米粟"⑦。因此，吴楚两地的市场差异，为徽州布商的长途贸易提供了广大的市场空间。据资料记载，湖广、江西每年都有大批商船载运大米东下，又从江南贸布而归。沿江的枞阳、芜湖等地成为米船聚集之地，米布贸易规模甚大，而在这种米布贸易中，徽商均占显要位置。如明末家产百万的徽商吴逸公就"席先业，鹾于广陵，典于金陵，米布于运漕"⑧。

明清徽商贩运棉布活动，在《天下水陆路程》《天下路程图引》等途程商业类书中也有反映。途程商业类书是明清徽商长途贩运活动的总结性成果，反映了徽商商路开辟和拓展市场的具体情形。隆庆、万历年间黄汴所编《天下水陆路程》列有全国水陆路程143条，其中以江南棉布产地、集散地为中心的商路特别密集，如南京、无锡等地至全国各地的长途路程大小共35条，约占四分之一；此外，苏、松二府至各处水路，列名的就有

① 谢肇淛：《五杂俎》卷十四，明万历四十四年（1616）刻本。
② 嘉庆《南翔镇志》卷七，清嘉庆十二年（1807）刻本。
③ 吴吉祜：《丰南志》第九册，安徽省图书馆1981年抄本。
④ 张瀚：《松窗梦语》卷四，清抄本。
⑤ 嘉靖《常德府志》卷八，明嘉靖刻本。
⑥ 吴应箕：《楼山堂集》卷十，清粤雅堂丛书本。
⑦ 《清圣祖实录》卷一百九十三。
⑧ 张海鹏、王廷元主编：《明清徽商资料选编》，黄山书社1985年版，第362页。

15条。天启年间，憺漪子所编《天下路程图引》列有江南、江北水路100条，其中以江南为起点或终点的就有23条，占五分之一以上①。众所周知，江南地区商品经济发达，出产丰富，但以棉纺织最为著名，明代更是棉纺织品的中心，以棉布输出为大宗。徽商又是经营、贩卖江南棉布的主要商帮，毫无疑问，上述江南与全国商路的开辟中，徽州布商扮演了重要角色。徽商的长途贩运，不仅增加了市场的商品流通，互通有无，而且将不同的区域市场连接起来。吴承明先生指出，突破区域市场范围的大市场，可称为全国性市场。这种市场和形成这种市场的长距离贩运贸易，才是促进资本和资本主义产生的最重要的历史前提②。

明清徽州布商遗存有一定数量的商业账簿，如《雍正十年腊月终盘存总帐》和乾隆广丰布店账簿等，反映了清初徽州布商从事棉布贸易的具体形态。《雍正十年腊月终盘存总帐》③所属布号名称及经营地点不详，从其盘存商品名称如"白布房存布锦扣""锦青"等名称，以及"染坊存布"，可以判断为布号。由于该账簿为年度盘算总账，记载上一年度经营余存、该欠等货币金额，可以看出其经营规模。据账簿所见，雍正九年（1731）存永成号、天成号、万成号等商号及个人共纹银14 781两7钱8分4厘。库存棉布分为三类，分别是白布房所存锦扣、锦青、锦翠等共953匹，存染坊布共53匹，存毛布房布共586匹。不难看出，这是一家规模较大的布号，不仅销售棉布，还将部分棉布发送染坊加工染色。

乾隆广丰布店账簿1册，原件收藏于中国社会科学院历史研究所。据账簿内容可知，广丰布店经营于浙江遂安，由耀记、自记、环记、盛嫂、祥嫂五位股东合伙投资开设。账簿记载了乾隆四十年（1775）至乾隆五十七年（1792）棉布购进、销售数量和金额，但其主要内容为年度利润及其利润分配。账簿所见广丰布店利润和利润率如表1-1-3所示。

---

① 范金民：《明清江南商业的发展》，南京大学出版社1998年版，第53—54页。
② 吴承明：《中国的现代化：市场与社会》，生活·读书·新知三联书店2001年版，第116页。
③ 原件藏于安徽省图书馆。

表1-1-3　乾隆年间广丰布店利润及利润率

时间	资本（文）	利润（文）	年利润率（%）
乾隆四十年（1775）	37 500	14 887	39.6
乾隆四十一年（1776）	52 387	11 498	21.9
乾隆四十九年（1784）	500 000	60 000	12
乾隆五十年（1785）	560 000	67 200	12
乾隆五十一年（1786）	627 200	76 518	12
乾隆五十二年（1787）	703 718	84 446	12
乾隆五十三年（1788）	788 164	94 580	12
乾隆五十四年（1789）	882 744	105 929	12
乾隆五十五年（1790）	988 673	118 429	12
乾隆五十六年（1791）	1 105 340	132 641	12

资料来源：《乾隆广丰布店账簿》，载中国社会科学院历史研究所收藏整理：《徽州千年契约文书：清·民国编》第九卷，花山文艺出版社1991年版，第425—459页。

从表1-1-3中可以看出，广丰布店利润最高年份为乾隆四十年（1775），利润率为39.6%，多数年份利润率达12%，其利润率高于明清时期徽州民间借贷利率，反映了布业经营盈利状况较好。

以上简要地介绍了明清徽商从事棉布贸易的兴盛情况，其目的是想说明，从传统渊源来看，近代徽州布商的经营是"其来有自"的，而且明清徽州布商在经营中所积累的商业经验和资源，对近代徽州布商的经营产生了深刻影响。

三、徽州自然经济环境

徽人出贾固然存在多种原因，但徽州"山多田少"的自然经济条件，不能满足生活所需，被认为是徽人出贾的主要原因之一。徽州不仅"山多田少"，而且仅有的一点田地"厥土骍刚而不化，高水湍悍，少潴蓄，地寡泽而易枯，十日不雨则仰天而呼，一骤雨过，山涨暴出，其粪壤之苗又荡然空矣"[①]，并不能旱涝保收。即使丰收之年，因自然条件恶劣，"一亩

[①] 道光《徽州府志》卷二《舆地志·风俗》，清道光七年（1827）刻本。

所入不及吴中饥年之半"①。因此，徽州人多地少的矛盾历来较为突出。清人洪玉图在《歙问》中颇多感慨：

> 歙山多田少，况其地瘠，其土骍刚，其产薄，其种不宜稷粱，是以其粟不支，而转输于他郡，则是无常业而多商贾，亦其势然也。矧近者比岁不登，鲜不益窘矣。兵燹之余，日不能给矣，而又重之以徭役，愈不能安矣，又安能不以货殖为恒产乎？是商以求富，非席富厚也②。

从洪玉图的感慨中可以看出，徽人出贾的主要原因在于贫穷和生活的艰难。徽州山多田少，耕地瘠薄，粮食不足自给，人民的生活本就十分困难，加之赋役繁重、社会动乱、灾荒迭作，又无不加深了徽人的灾难。因此，为了生活，徽人不得不远离家乡，从事商贸活动。经商便成为徽人谋生的重要手段。

近代徽州，土地贫瘠、所产物资"日不能给"的面貌没有改变，贫穷及生活艰难依然是困厄徽人的首要问题。因此，在具有300多年经商传统的徽州，人们为生计所迫时，经商即成为其不二的职业选择。民国年间，歙县商人吴日法在其所撰《徽商便览》中，再次谈及自然经济条件与徽人经商的内在关系，反映了人地矛盾仍然是近代徽商从事商业经营的主要原因。

> 吾徽居万山环绕中，川谷崎岖，峰峦掩映，山多而地少。遇山川平衍处，人民即聚族居之。以人口孳乳故，徽地所产之食料，不足供徽地所居之人口，于是经商之事业以起，牵车牛远服贾，今日徽商之足迹，殆将遍于国中。夫商人离其世守之庐墓，别其亲爱之家庭，奔走四方，靡有定处者，乃因生计所迫③。

---

① 康熙《徽州府志》卷六《物产》，清康熙三十八年（1699）刻本。
② 转引自张海鹏、王廷元主编：《徽商研究》，安徽人民出版社1995年版，第19页。
③ 张海鹏、王廷元主编：《明清徽商资料选编》，黄山书社1985年版，第6—7页。

由上可以看出，"因生计所迫"是近代徽人"离其世守之庐墓，别其亲爱之家庭"，从事商业经营的重要原因。近代徽州因贫学商、经商的实例极多，其中不少人成为布商，踏上了经营棉布之路。例如婺源人詹铨"因贫学商……集股倡办乐邑布行，经营获利，名誉益彰……乐商公举铨商会会长"①。黟县邱集文于道光、咸丰年间和他人合伙经营同和、兆成、恒足布号，年老时立有遗嘱一通。遗嘱中忆及幼年家庭贫困和自己出门学徒的经历，"我父辛苦一生，无多产业，与我伯父各分得房屋一角，典首园坦各一块。迨我年十五就业北门城外，在汇源布号始作学生"②。近代著名徽州布商汪宽也，休宁人，也因家贫辍学，不得不在父亲的安排下，到族叔汪厚庄开设的祥泰布庄做学徒。汪宽也去世后，其子在祭文中的追思叙及了他早年做学徒的原因："先大父以生齿日繁，家计日迫，非货殖不足以济贫，遂命吾先父学贾于祥泰布店。"③汪宽也从学徒起步，后任祥泰布店经理，成为上海土布业界的领袖人物。因学徒辛苦，一般家庭只有在穷困无法的情况下，才将年幼的子弟送去学徒。也正因如此，近代徽州布商学徒出身较为多见。例如，光绪十一年（1885），17岁的黟县人汪德滋在许氏绸布庄学徒，后在上海、芜湖、安庆等地开设布号④。光绪十三年（1887），13岁的黟县人王廷宣，到古筑村和聚布店做学徒，后在屯溪、祁门等地开设布号，每年盈利最多时达万元⑤。光绪三十二年（1906），歙县人程率先在浙江寿昌江裕泰棉布店做学徒⑥；13岁的休宁人曹敦甫在屯溪曹万隆南货店做学徒，于宣统三年

---

① 民国《婺源县志》卷四十二《人物十一·义行八》，民国十四年（1925）刻本。

② 《清光绪十六年孟夏月邱应书立遗嘱》，载刘伯山主编：《徽州文书》第一辑第一卷，广西师范大学出版社2005年版，第200页。

③ 转引自言行一：《近代徽商汪宽也》，陕西师范大学出版总社有限公司2012年版，第276页。

④ 胡时滨、吴卫华：《黟县徽商名录》，载黄山市徽州文化研究院编：《徽州文化研究》第三辑，黄山书社2004年版，第579页。

⑤ 胡时滨、吴卫华：《黟县徽商名录》，载黄山市徽州文化研究院编：《徽州文化研究》第三辑，黄山书社2004年版，第567页。

⑥ 程迪壬：《寿昌徽商——程率先》，载中国人民政治协商会议安徽省黄山市委员会文史资料委员会编：《近代商人》，黄山书社1996年版，第121页。

（1911）开办曹新盛南货店，经营南通土布①。民国十六年（1927），年仅13岁的休宁人汪松亮在上海做学徒，后创办上海泰丰毛巾厂②。限于篇幅，不再一一列举。

除了因家庭贫困学徒经营布业之外，也有因继承祖传布店而持续从事布业经营的商人。如歙县人叶峙亭继承了父辈在江苏江阴经营的祖传叶森泰布店，从事布业经营，民国成立后又在浙江衢县经营"复昶德茂新东店"③。民国七年（1918），歙县人方晴初继承祖业进兴布店、同顺布店，后自筹资金一万元与人合资开设华兴布店④。显然，如果财富在家乡能够保值增值的话，他们也不会远离家乡，到江阴等地继承祖业。

第二节　近代徽州布商的经营地域

近代商品市场上，棉布需求量、流通量较大。又由于棉布行业较少受到官府的控制，生意可大可小，可以量力而行，因此棉布行业成为大多数徽商最便于经营的行当。鸦片战争之后的徽州布商，不仅在徽州故里从事棉布经营，也在江浙沪地区和长江中游的沿江地区经营布匹贸易。

一、徽商故里

徽州为徽商故里，也是非棉、非布地区，因此徽州本地经营棉布贸易的商号颇多。例如，清末民初，休宁人徐某在屯溪开设益甡布店，经营南通印花蓝布、江苏毛蓝布和白洋布，每年秋后以"加二放尺"招徕顾客。舒天桃在黟县县城北街开设大馨布店。王启煌在黟县古筑开设和聚布店⑤。同治九年（1870），休宁人汪静波在屯溪独资经营鸿泰布店，二层楼

---

①孙秋香、毛新红：《屯溪徽商名录》，载黄山市徽州文化研究院编：《徽州文化研究》第三辑，黄山书社2004年版，第480页。

②余坚、汪顺生：《休宁徽商名录》，载黄山市徽州文化研究院编：《徽州文化研究》第三辑，黄山书社2004年版，第451页。

③歙县地方志编纂委员会编纂：《歙县志》，中华书局1995年版，第704页。

④歙县地方志编纂委员会编纂：《歙县志》，中华书局1995年版，第717页。

⑤黟县徽文化研究所、黟县档案馆辑：《黟县徽商老字号名录》，载黄山市徽州文化研究院编：《徽州文化研究》第三辑，黄山书社2004年版，第604、606页。

房，石库门面①。光绪十三年（1887），黟县人王廷宣在本县古筑和聚布店做学徒，光绪十九年（1893）在屯溪贵源布店担任采购员，旋又主持祁门生记布店，店员40多人，营业额最盛时每日达银元千元以上，每年盈利近万元②。宣统三年（1911），黟县人胡云溥在屯溪创办震大布店，经营高档的苏绸和杭纺，冬季销售进口呢、绒、哔叽等真毛料③。

民国以后，徽州地区经营棉布行业的商号更是比比皆是。如民国初年，歙县人叶峙亭在歙县县城开设裕大布店，在屯溪开设怡裕布店④；黟县人汪华亭在祁门老街开设益泰昶布店，黟县人程蕚梅在祁门三里街经营顺成布店⑤。此外，黟县人叶兰亭在黟县县城北街开设庆丰布店，黟县人吴训荪在黟县际村开设广兴堂布店，黟县人王启东在黟县古筑开设万顺布店⑥。民国十三年（1924），歙县人姚省度在深渡镇开设第一家丰泰绸布庄⑦。民国十九年（1930），歙县人王仲奇与休宁人胡玉华合资10万元开设大同布店，聘冯剑声为经理，经营绸、布、绒等品种，兼营批发零售⑧。

尤其值得关注的是，由于清末民初鼓励实业政策以及实业救国思潮的影响，歙县、休宁、祁门、婺源、黟县等地相继投资兴建了一批织布厂，徽州本土出现了最早一批纺织企业，如光绪三十年（1904）至三十四年（1908）的歙县织布公司、婺源大济纺织局、休宁大盛织布厂⑨，以及民国十二年（1923）设立的黟县培本有限公司等。徽州地区纺织企业的创办，

① 孙秋香、毛新红：《屯溪徽商老字号名录》，载黄山市徽州文化研究院编：《徽州文化研究》第三辑，黄山书社2004年版，第490—491页。

② 胡时滨、吴卫华：《黟县徽商名录》，载黄山市徽州文化研究院编：《徽州文化研究》第三辑，黄山书社2004年版，第567页。

③ 孙秋香、毛新红：《屯溪徽商老字号名录》，载黄山市徽州文化研究院编：《徽州文化研究》第三辑，黄山书社2004年版，第490页。

④ 歙县地方志编纂委员会编纂：《歙县志》，中华书局1995年版，第704页。

⑤ 黟县徽文化研究所、黟县档案馆辑：《黟县徽商老字号名录》，载黄山市徽州文化研究院编：《徽州文化研究》第三辑，黄山书社2004年版，第603页。

⑥ 黟县徽文化研究所、黟县档案馆辑：《黟县徽商老字号名录》，载黄山市徽州文化研究院编：《徽州文化研究》第三辑，黄山书社2004年版，第604、605、607页。

⑦ 张恺：《歙县徽商名录》，载黄山市徽州文化研究院编：《徽州文化研究》第三辑，黄山书社2004年版，第342页。

⑧ 孙秋香、毛新红：《屯溪徽商老字号名录》，载黄山市徽州文化研究院编：《徽州文化研究》第三辑，黄山书社2004年版，第491—492页。

⑨ 冯煦主修、陈师礼总纂：《皖政辑要》，黄山书社2005年版，第838页。

对于徽州社会经济发展具有重要意义。

二、江浙沪地区

（一）江苏

江苏是明清布业最为发达地区之一，也是徽州布商活动较为频繁的地区。太平天国之前，徽州布商不仅在苏州、松江一带棉布市场持续经营，而且颇有影响力。婺源人詹万锡"髫龄服贾，习布业而性灵敏。别白精粗，毫厘不爽。吴中诸商服其才，争投采办。咸丰年间，粤逆犯吴，苏、太沦陷，需饷孔亟。大府建议分行抽厘，闻先生贤，檄委专董其事。众商悦服，输金数十万。大府上其状，奉旨加五品衔，以直隶州知州补用，追封二代"[①]。詹万锡的事例表明，徽州布商在苏州棉布贸易中占有重要地位。南通也有不少徽州布商从事贸易活动。据文献资料记载，在南通经营门市零售的绸布店，"素有几帮之称，如徽帮有广懋（后改广懋新）、景新福、大纶、复懋等店"[②]。其中，广懋绸缎庄，自清代末叶开业，一直延续到20世纪一二十年代，是南通经营时间最长的门市零售绸布店[③]。清末南通土布"关庄大布"行销市场，尤其在东三省境内最受欢迎。在极盛时期，南通有四大名牌，为"世昌德、得记、同兴宏、章源大"，简称为"世、得、宏、章"[④]。其中，"得记"即是绩溪人张宗廉于咸丰、同治年间在南通开设的同春得记布庄，所出土布系南通四大品牌之一[⑤]。关庄大布每件为40匹，得记有一年销数最多的一次，卖过一万件，全店人员开庆

---

① 婺源《詹氏族谱》卷首。转引自张海鹏、王廷元主编：《徽商研究》，安徽人民出版社1995年版，第58页。

② 宋沐华：《南通的绸布行业》，载南通市文史资料编辑部编：《南通文史资料选辑》第九辑《南通解放纪实》，中国人民政治协商会议江苏省南通市委员会文史资料研究委员会1989年印行，第196页。

③ 宋沐华：《南通的绸布行业》，载南通市文史资料编辑部编：《南通文史资料选辑》第九辑《南通解放纪实》，中国人民政治协商会议江苏省南通市委员会文史资料研究委员会1989年印行，第191—192页。

④ 汪泽人：《南通土布的经营和发展》，载南通市文史资料编辑部编：《南通文史资料选辑》第九辑《南通解放纪实》，中国人民政治协商会议江苏省南通市委员会文史资料研究委员会1989年印行，第184页。

⑤ 邵之惠：《"得记"兴衰古通州》，载《徽学丛刊》第九辑，安徽省徽学学会2012年编印，第130—131页。

贺酒数十桌，名叫"万号酒"（即售一万件布，要编一万个号码）①。海州灌云县本是淮盐产地，但此地徽州布商的经营活动也十分活跃。民国初期的县城，"布业以厚丰祥、德厚祥、庆福祥及张正大四个布店最大，号称'三祥一大'，其后不久，协昌祥也逐渐强大，列入其中。这五家的老板都是外地人，人称徽州帮，其中厚丰祥最好，雇工20多人，仅流动资金就有5万余银元，日营业额达1 300余银元"②。20世纪30年代，"全镇有布店11家，布业资本16万银元，最大的协昌祥布店有资本7万银元，还有益大、福康、盛康祥，这些店主都是外地人，主体是徽州人。抗日战争爆发后，这些大店全部关闭，人回原籍"③。此外，在江苏江阴，叶峙亭于光绪二十三年（1897）主持其祖传的叶森泰布店店务④。

咸同战乱之后，上海逐渐取代苏州，成为棉布贸易中心，徽州布商遂从南通、苏州等地向上海转移，因而上海一地聚集的徽州布商数量较多。清末，休宁人汪柳门和苏州人李继襄在上海合资开设老介福绸缎庄⑤。黟县人汪德滋在上海创办汪德记申庄，专门代芜湖、安庆等地布商办货⑥。歙县人黄吉文在上海创办美文绸厂，民国时又陆续创建安裕丝厂、裕丰丝厂、惠文丝厂、泰丰丝厂，组建美亚丝绸局⑦。民国初年，黟县人胡秀钟在上海独资创办长丰染织厂，后与他人合伙，改制为长丰机织印染股份有限公司⑧。民国二十六年（1937），王汉山和他人合资开办上海庆大祥绸布

---

① 汪泽人：《南通土布的经营和发展》，载南通市文史资料编辑部编：《南通文史资料选辑》第九辑《南通解放纪实》，中国人民政治协商会议江苏省南通市委员会文史资料研究委员会1989年印行，第184页。

② 李锦山、武宜祥：《1948年前的灌云县商会概况》，载《灌云文史资料》第十辑，政协灌云县委员会文史资料委员会2000年编印，第24—25页。

③ 贺长祥收集整理：《大伊山老街旧事》，载《灌云文史资料》第十辑，政协灌云县委员会文史资料委员会2000年编印，第74页。

④ 歙县地方志编纂委员会编纂：《歙县志》，中华书局1995年版，第704页。

⑤ 汪顺生、余坚：《休宁徽商老字号名录》，载黄山市徽州文化研究院编：《徽州文化研究》第三辑，黄山书社2004年版，第473页。

⑥ 胡时滨、吴卫华：《黟县徽商名录》，载黄山市徽州文化研究院编：《徽州文化研究》第三辑，黄山书社2004年版，第579页。

⑦ 张恺：《歙县徽商名录》，载黄山市徽州文化研究院编：《徽州文化研究》第三辑，黄山书社2004年版，第340页。

⑧ 胡时滨、吴卫华：《黟县徽商名录》，载黄山市徽州文化研究院编：《徽州文化研究》第三辑，黄山书社2004年版，第599页。

店①。近代徽州布商经营最为成功的商号当数上海的祥泰布庄。祥泰布庄由休宁人汪厚庄投资开设，聘请汪宽也为经理。其创立时的资本约500银元，到光绪二十二年（1896）、光绪二十三年（1897），营业额达到150万～160万两，一年贩卖的棉布额高达400万匹，雇用员工120多名，成为上海棉布行业的佼佼者②。

上海开埠后，市场上出现了由英国输入的洋布等洋货。上海最早经营洋布的清洋布店仅有十五六家，其中即有徽商开设的恒丰信、鼎裕洋货号，分别以姚少春和吴华堂为经理③。随后，徽商在上海开设的清洋布店不断增加，如光绪二十七年（1901）歙县人方晓之开设巨成昶洋货号，民国十五年（1926）与人合股在上海八仙桥开设履泰昶布店④。

江苏及上海是我国近代工业起步较早的地区，其中纺织工业又是近代工业主要的门类之一。从文献记载可以看出，近代徽商或独资经营纺织企业，或积极参与纺织企业的经营。清末民初，休宁人程敦裕和友人合资在南京开设源茂染织布厂，为当时南京城西染织业最大厂家之一⑤。民国三年（1914），歙县人吴干臣在江阴创办缦云染织厂⑥。张謇是我国近代工业的代表性人物，光绪二十五年（1899）建成了大生纱厂。纱厂投产以后，为了获得优质棉花，次年集股在南通县吕四渡南围垦滩涂，创办了通海垦牧公司。通海垦牧公司的"职员徽州人多"。例如，在公司的高级管理层中，婺源人江知源任公司副总经理。由于张謇事务繁多，不能常驻公司，故而江知源"总计大纲，是公司实际负责人。他有能力，工作负责，不贪小利，对垦牧公司有很大的贡献"。此外，"总公司先后任总账房的叶玉昆、林泳清、林华石等都是徽州人。在各分堤办事处中，都由安徽婺源县人任管账先生。这些人大多是江知源的亲戚、本家，有的是年老了，再来

---

① 歙县地方志编纂委员会编纂：《歙县志》，中华书局1995年版，第701页。
② 徐新吾主编：《江南土布史》，上海社会科学院出版社1992年版，第254—255页。
③ 中国社会科学院经济研究所主编：《上海市棉布商业》，中华书局1979年版，第10、29页。
④ 程必定、汪建设等主编：《徽州五千村：歙县卷》下，黄山书社2004年版，第16页。
⑤ 汪顺生、余坚：《休宁徽商老字号名录》，载黄山市徽州文化研究院编：《徽州文化研究》第三辑，黄山书社2004年版，第473页。
⑥ 歙县地方志编纂委员会编纂：《歙县志》，中华书局1995年版，第746页。

公司做一段时间会计的，因此公司有'无徽不成堤'之说"①。在无锡，光绪二十四年（1898），婺源人程敬堂和唐骧廷合资开设九余绸布庄。民国七年（1918），二人与邹季皋共同投资一万元，接办了因股东纠纷而歇业的冠华布厂，改名为丽华布厂，揭开了他们弃商经营纺织企业的历史。民国八年（1919），丽华布厂资金增至二万元，进而增设丽华第二布厂。民国十一年（1922），丽新机器染织股份有限公司开工生产，程敬堂任副经理。民国十九年（1930），丽华第三布厂建成，组织形式改为股份有限公司，程敬堂任经理。民国二十四年（1935），程敬堂参与投资的协新毛纺织染厂正式投产，被推为常务董事。他还担任过无锡绸布业同业公会主席、无锡商会常务理事、监事等职。抗日战争爆发之后，程敬堂避居上海。在沪期间，他集资创办昌兴纺织印染整理公司，下设纺、织、印染三个厂，于民国二十九年（1940）投产②。

（二）浙江

浙江地区与徽州地区紧邻，且新安江贯穿两地，交通较为便利，经济联系非常紧密。同时，浙江部分地区，如平湖、硖石、余姚等地均是出产棉布地区，因此明清以来浙江就是徽州布商活动的主要地区之一。杭州是浙江省会，据资料记载，光绪年间黟县人程文镐在杭州下城区新华路47号开办德和泰绸庄，并在上海设有分店③。民国初年，歙县人程君瑞在杭州经营祖业元泰布庄，生意兴隆④。杭州上城区清河坊分布有徽州布号多家，如绩溪人胡公度开设的宏裕棉布店，黟县人李锦棠开设的开泰棉布店，歙县人叶树滋经营的复昌棉布店，以及开设于保佑坊巷口的分号金城棉布店⑤。

资料所见，浙江中小市镇分布的徽州布商人数较多。如兰溪，自清代

---

① 邱云章口述、姚谦记录整理：《垦牧记事》，载《崇川文史》第一辑，政协南通市崇川区委员会《崇川文史》编委会1992年编印，第39—40页。

② 王赓唐等：《记无锡著名的六家民族工商业资本》，载《江苏文史资料集萃·经济卷》，江苏省政协文史资料委员会1995年编印，第55—58页。

③ 黟县徽文化研究所、黟县档案馆辑：《黟县徽商老字号名录》，载黄山市徽州文化研究院编：《徽州文化研究》第三辑，黄山书社2004年版，第599页。江福安：《在杭徽商概略》，载《歙县文史资料》第五辑，政协歙县文史资料委员会1997年编印，第54页。

④ 歙县地方志编纂委员会编纂：《歙县志》，中华书局1995年版，第703页。

⑤ 江福安：《在杭徽商概略》，载《歙县文史资料》第五辑，政协歙县文史资料委员会1997年编印，第53—54页。

以来歙县人在兰溪经商者，以经营棉布、南北货两业居多。据资料记载，抗日战争前的兰溪共有八家布店，由歙县人开设的就有晋亨裕、大源、永盛、三阳、益大、恒大有、裕茂等七家布店。其中，三阳布店开设于道光年间，鼎盛时达10万两资本，除专营棉布批发外，还设有染坊[1]。咸丰年间，浙人祝湘源在兰溪开设建记祝裕隆布店，聘请徽商主持日常经营业务。随着业务的扩大，相继增设游埠成记祝裕隆、金华泰记祝裕隆两家分号。民国四年（1915），三地祝裕隆资金达30万银元[2]。20世纪20年代初，歙县人程质文在梅城开设程广隆布店，为该城规模最大、颇具名气的商号之一[3]。

此外，歙县蓝田人叶光衍于咸同年间在浙江衢州开设叶万源号，经营棉布、杂货等。后又创设叶泰兴布号、叶震兴布号[4]。歙县人仇星农开设的仇恒顺棉布纸庄店、仇恒裕布店纸店[5]。民国后，歙县人叶峙亭在浙江衢县经营复昶德茂新东店[6]。

三、长江中游沿江地区

湖北、江西、安徽三省地处长江中游。三省的沿江市镇，徽州布商较为活跃，例如民国时期的调查报告称，"徽州人经营商业，除安徽全省外，沿江各地，足迹殆遍，远适他方，往往终老不归"[7]。

（一）江西

江西地区为我国著名的夏布产区之一，其中万载、宜黄等地产量较大。夏布以葛麻为织造原料，作为衣着用品虽然凉爽，但保暖性较差。

---

① 中国人民政治协商会议安徽省黄山市委员会文史资料委员会编：《近代商人》，黄山书社1996年版，第217页。

② 《歙县文史资料》第三辑，歙县政协文史资料工作委员会1989年编印，第154页。

③ 郭安口述：《程广隆布店》，载中国人民政治协商会议安徽省黄山市委员会文史资料委员会编：《近代商人》，黄山书社1996年版，第123—124页。

④ 柯灵权：《歙县蓝田"叶半城"及其老字号》，载黄山市徽州文化研究院编：《徽州文化研究》第三辑，黄山书社2004年版，第301—302页。

⑤ 仇占虎：《衢州徽商第一家——记仇星农》，载中国人民政治协商会议安徽省黄山市委员会文史资料委员会编：《近代商人》，黄山书社1996年版，第118页。

⑥ 歙县地方志编纂委员会编纂：《歙县志》，中华书局1995年版，第704页。

⑦ 王钟麟：《全国商埠考察记》，世界书局1921年版，第35页。

因此，江西地区既有夏布的输出，也有土布消费的需求，故而徽州布商的经营人数较多。据资料记载，清末黟县人叶赏钺"字承烈，南屏人，营布业于江西。为人诚实，商界信乎。碧阳书院复兴，慷慨乐输。邑侯屈于光绪二年详奉何府宪，赏给'惠被士林'匾额"①。清末休宁人吴仲和在南昌开设新盛绸布庄，业务鼎盛时几乎垄断了江西绸布业；在上海设申庄，在九江设分号，并在九江合股投资开设永昌顺、同裕、永生、久华等绸布店，在饶州开设华裕绸布店。民国年间，休宁人金云峰和其子金观之、金汉臣在南昌开设日升绸布店，资本额超过10万银元②。

九江在第二次鸦片战争后被辟为通商口岸，迅速成为长江中游地区商品转运枢纽。不仅徽州茶商聚集九江，出口洋庄茶，布商也以九江为基地，经营棉布批发和零售。光绪年间，同顺号经营洋布，并将洋布分销景德镇等地③。清末，黟县人汪白怀在九江经商，与同邑人黄碧芙合资1.3万两，开设大盛绸庄，以批发为主，商品远销皖北、江西等地，民国十五年（1926）至民国二十七年（1938）共赢利白银10万余两④。清末民初，黟县人舒先庚在九江独资开办裕兴织布厂，后出任九江商会会长⑤。民国时期，仅黟县商人在九江开设的绸布店就达到12家，如汪子康开设的元茂布店等⑥。

景德镇自明清以来就是徽商聚集之地。同治以后，黟县徽商在景德镇十分活跃，经营钱庄、布匹、百货、南货等各种行业，如光绪年间，程鸣玉、邱集文等股东合伙在景德镇开设恒足布号⑦；光绪十四年（1888），黟

　　① 民国《黟县四志》卷七《人物·尚义》，民国十二年（1923）刻本。
　　② 汪顺生、余坚：《休宁徽商老字号名录》，载黄山市徽州文化研究院编：《徽州文化研究》第三辑，黄山书社2004年版，第473页。
　　③ 参见刘伯山主编：《徽州文书》第一辑第三卷，广西师范大学出版社2005年版。
　　④ 黟县地方志编纂委员会主编：《黟县志》，光明日报出版社1989年版，第318页。
　　⑤ 黟县地方志编纂委员会主编：《黟县志》，光明日报出版社1989年版，第576页。
　　⑥ 黟县地方志编纂委员会主编：《黟县志》，光明日报出版社1989年版，第318页；黟县徽文化研究所、黟县档案馆辑：《黟县徽商老字号名录》，载黄山市徽州文化研究院编：《徽州文化研究》第三辑，黄山书社2004年版，第600页。
　　⑦ 《民国九年季春月立邱集德堂椒字号阄书之二》，载刘伯山主编：《徽州文书》第一辑第一卷，广西师范大学出版社2005年版，第249页。

县胡廷标在江西景德镇石狮埠开办胡立泰染坊①。民国十五年（1926）时，黟县商人在景德镇开设的布店达到42家。据估计，在景德镇从事商业经营的黟县人约有2 000人之多，所以黟县话在市区可以通用，景德镇被称为"黟县佬码头"②。

江西除南昌、九江、景德镇等城市外，县城及商业市镇也有不少徽州布商活动的足迹。如在乐平县，婺源人詹铨"集股倡办乐邑布行，经营获利，名誉益彰。铨为人有干才，有侠气。凡公益事挺身自任，劳怨不辞，在乐办息借，倡商团，组立商会，承办印花，乐商公举铨商会会长"③。清末，休宁人吴相发携长子在乐平开设吴裕源绸布店。休宁人程友恭在乐平开设程永和绸布庄，并在上海、南昌设有分庄④。婺源商人于咸同年间在乐平开设志成布号，并设立和记分号，经营人数达到十多人，遗存账簿多达76册⑤。又如贵溪县，同治五年（1866），周怀荣、姚正等人在县城永利区南门大街开设洪泰染坊，同治十年（1871）将其多余店门租与方福兴、汪殿候开设布店，以此形成前店后坊的经营格局⑥。

（二）安徽

清至民国，安庆一直为安徽省会。安庆地处长江北岸，水上交通较为便利，东通上海，西达汉口，但是"安庆的商业，多为徽州人所操纵。不但在安庆一隅；安徽全境，差不多都是徽州人握商场的牛耳"⑦。例如，清末黟县人汪德滋即在安庆开设有公兴绸布庄。据地方文献记载，至抗日

---

① 胡时滨、吴卫华：《黟县徽商名录》，载黄山市徽州文化研究院编：《徽州文化研究》第三辑，黄山书社2004年版，第600页。

② 黟县地方志编纂委员会主编：《黟县志》，光明日报出版社1989年版，第319页。

③ 民国《婺源县志》卷四十二《人物十一·义行八》，民国十四年（1925）刻本。

④ 乐平县志编纂委员会编：《乐平县志》，上海古籍出版社1987年版，第273页；汪顺生、余坚：《休宁徽商老字号名录》，载黄山市徽州文化研究院编：《徽州文化研究》第三辑，黄山书社2004年版，第473页。

⑤ 原件藏于黄山学院图书馆。

⑥ 中国社会科学院历史研究所收藏整理：《徽州千年契约文书：清·民国卷）第三卷，花山文艺出版社1991年版，第58页。

⑦ 王钟麟：《全国商埠考察记》，世界书局1921年版，第35页。

战争前夕，安庆绸布业共有大小商号76家，其中城内22家①。在安庆城内繁华地段四牌楼，徽商开设的绸布庄主要有：鸿章绸布庄，管事吴兢秋；天成绸布庄，店主余向南，管事赵君甫；公兴绸布庄，管事胡达夫；久大恒绸布庄，店主左盛勋，后转让给左文鑫经营，左文鑫曾一度出任安庆绸布业公会主委。恒大绸布庄又在朱家坡开设久大恒分店，管事、朝奉均是徽州人。这些"绸缎庄、布店，资金雄厚，经营丝绸、棉布、呢绒、香云纱，在上海、苏、杭、穗设有代办庄，各家均有堆栈，附近各县镇均来批发"②。除了绸布庄外，安庆城内徽商开设的南货号也经营棉布商品，"徽商南货号，经营台赤、棉白、煤油……在上海、天津、广州、福建、江西、湖北等地，均有代办庄。所来之货，远销附近各县乡镇"。这些徽商所经营的南货号，主要有开设于西门外的德和源，股东及管事孙熙慕均为歙县人；开设于西正街的森茂源，管事舒仲华、舒有谅，均为黟县人；开设于西门外的宝和源，管事为金绳武，休宁人；开设于四眼井的太兴源，管事孙友三，休宁人；开设于西河街的益丰，店主程家祥，休宁人；合盛南货号的管事为舒长远，黟县人③。

芜湖是安徽省重要的商业市镇之一，光绪二年（1876）依据中英《烟台条约》辟为通商口岸。芜湖的布业在开埠前仅数家，每年营业额不过数十万元，开埠后，洋布丝绸均由本埠入口，"由是布业日形发展，全埠营业额五百余万元"④。在芜湖经营布业的商人中，就有不少徽州布商。例如，民国初年黟县人吴绍伊在芜湖创办共兴布店，业务范围不断扩大，延伸至南陵、繁昌、湾址、含山、无为、宣城、巢湖等地⑤。据民国时期的调查，芜湖的布业"全业店数共58家，分布于长街及城内一带，资本额最

① 汪挺生：《从开业户数看绸布业的兴衰》，载《安庆文史资料》第十三辑《工商经济史料专辑（一）》，中国民主建国会安庆市委员会、安庆市工商业联合会、政协安庆市委文史资料研究委员会、《安庆文史资料》编辑部1986年编印。

② 詹寿祯：《徽商在安庆经济活动之概况》，载《安庆文史资料》第八辑，政协安庆市文史资料研究委员会、安庆市编史修志办公室、安庆市档案局1984年编印，第122—123页。

③ 詹寿祯：《徽商在安庆经济活动之概况》，载《安庆文史资料》第八辑，政协安庆市文史资料研究委员会、安庆市编史修志办公室、安庆市档案局1984年编印，第123页。

④ 王鹤鸣：《芜湖开埠与安徽近代经济的发展》，《安徽史学》1995年第3期。

⑤ 叶荫藩：《芜湖"共兴布店"》，载黄山市徽州文化研究院编：《徽州文化研究》第三辑，黄山书社2004年版，第285—287页。

高10 000元，最低500元，普通5 000元。店主籍贯以宣城及徽州为多，著名店号为同余、庆大长、正裕、志成，均一样等"①。

此外，安徽沿江地区的县城等中小市镇，也有不少徽州布商的经营活动。例如在望江县，徽商胡大有兄弟三人，均开设绸布店，"布业之大，盖过县城"②。

（三）湖北

湖北省的汉口、武穴等地，是明清时期徽商经营的主要地区之一。晚清民国时期，徽商在这些地区的经营，侧重茶叶、典当等行业。相对而言，经营布业的徽商人数较少，例如清朝末年的汉口徽商，"以典商及棉纱布商为盛"③。清末民初黟县人孙志堂在汉口经商，创办裕华纱厂④。光绪二十一年（1895），黟县人叶芳浓在武穴开设中和布店，以此为掩护，从事同盟会反清革命活动，辛亥革命后出任武穴商会会长⑤。

近代徽州布商的活动地域，亦即其活动范围。从活动范围看，近代徽州布商主要集中于长江中下游的江苏、浙江、安徽、江西及湖北等地。但是，不同地域徽州布商活跃程度略有不同，例如上海，既是江苏地区土布交易中心，也是进口洋布交易批发中心，所以经营于上海的徽州布商，不仅交易活跃度、发展规模，乃至其影响力均高于其他地区。

第三节　近代徽州布商发展的三个阶段

进入近代社会以后，近代徽州布商所面对的棉布市场与明清时期大为不同。近代棉布市场起伏的变化，对徽州布商产生了深刻影响，因此其经

① 《京粤、京湘两线芜湖市县经济调查·商业经济》，铁道部财务司调查科1930年编印，第59页。
② 宋静源：《解放前城关工商业概况》，载《望江文史资料》第二辑，中国人民政治协商会议安徽省望江县委员会文史资料委员会1988年编印，第121页。
③ 民国《夏口县志》卷十二，民国九年（1920）刻本。
④ 胡时滨、吴卫华：《黟县徽商名录》，载黄山市徽州文化研究院编：《徽州文化研究》第三辑，黄山书社2004年版，第572—573页。
⑤ 胡时滨、吴卫华：《黟县徽商名录》，载黄山市徽州文化研究院编：《徽州文化研究》第三辑，黄山书社2004年版，第568页。

营和发展也相应地出现了阶段性的变化。这些发展变化,既是近代棉纺织业市场发展、变化的结果,也是近代棉纺织业市场发展和变化的缩影、实际形态。

严中平的《中国棉纺织史稿》一书将中国近代棉纺织业的发展变化划分为四个阶段。其中,道光二十年(1840)至光绪十六年(1890)是西方洋货冲击中国市场和中国传统手工纺织业解体阶段;光绪十六年(1890)至光绪二十一年(1895)是中国近代棉纺织业资本主义生产发生阶段,"上海机器织布局""湖北纱布官局"相继开车出货。光绪二十一年(1895)至民国二年(1913)是棉纺织业扩大再生产时期,民族资本纺织企业获得了较快的发展;民国二年(1913)至民国二十年(1931)是棉纺织业再发展时期,民族资本纺织企业在此期间获得了新的市场机遇和条件;民国二十年(1931)至民国二十六年(1937)是中国棉纺织业危机与新趋势阶段。不过,1955年《中国棉纺织史稿》再版时,作者在"改版说明"中又对上述分期进行了修正,认为"把1913—1931年划为一个阶段是不妥当的""应该把1927—1937年内战时期划为一个阶段"[1]。作者在分期问题上的修正,可能与当时政治环境有关。日本学者森时彦新著《中国近代棉纺织业史研究》一书,反映了日本学界有关中国棉纺织业历史研究的新成果。森时彦认为,中国近代棉纺织业的发展历程,大体可分为两个阶段。在第一阶段,来自印度的机纺粗纱流入中国农村市场,被用作土布(手织布)原料纱,替代了土纱(原纺纱)。在第二阶段,日本、中国生产的机纺细纱开拓了市场,即改良土布(手织细布)或机织布原料纱市场。第二阶段的起点应在19世纪末到20世纪初,而第一次世界大战以后则是其正式发展阶段[2]。中国传统手织青蓝、白布即所谓土布,历来为民众布匹消费之大宗。土布在近代布匹市场上经历了洋货冲击下的萧条、起伏变化和衰落等阶段。江南地区是中国传统土布主要产区,江南土布的近代兴衰较为典型地反映了土布市场的变化。徐新吾主编的《江南土布史》总体

---

[1] 严中平:《中国棉纺织史稿》,科学出版社1955年版,"改版说明"。
[2] [日]森时彦:《中国近代棉纺织业史研究》(袁广泉译),社会科学文献出版社2010年版,第1页。

上将江南土布市场划分为两个时期，即鸦片战争前后洋纱洋布挤代土纱土布时期、甲午战争后土布业在起伏中步向衰落时期。其中，光绪二十一年（1895）至民国二年（1913）为土布业初见衰退阶段；民国三年（1914）至民国十一年（1922）为土布业一度盘旋回升阶段；民国十二年（1923）至民国二十六年（1937）为土布业再见衰落阶段；民国二十六年（1937）至1949年为土布业走向全面崩溃阶段。

尽管上述学者多从纺与织生产的角度，对近代中国棉纺织史进行了研究，并做出了阶段性的划分。这些研究成果，不仅展示了近代中国纺织市场发展和演进的基本面貌，也为布商商业经营研究提供了参考依据和思考线索。结合机织布和土布的生产与销售实际情况，不难看出，中国近代棉纺织市场发展史上存在几个关键的时间点、时间段，分别为1890年代、1920年代和1930年代。它们既是中国纺织市场发生深度变化的关键节点，也是导致近代徽州布商市场经营变化的重要年代。但是，棉布贸易与棉布生产既有联系的一面，又有区别的一面。大体来说，近代徽州布商的发展变化主要有三个阶段。

一、商机与社会危机并重的阶段（1840—1890）

前文已述，鸦片战争之后，洋布等洋货进入中国，给徽州布商经营的布匹商品添加了新的品种，增加了市场机会，上海等地遂出现了徽州布商经营洋布的清洋布店。洋布的价廉、质轻等特点，赢得了消费者的喜爱，也给经营洋布的布商带来利润。同时，土布耐穿、可反复利用等特点，使得土布仍有较大的消费群体，也给徽州布商产生不错的利润。因此，近代初期阶段，徽州布商在适应近代市场变化的同时，获得了初步的发展。但是，这种发展态势迅速被咸同年间的战乱所中止，随之出现了乱世中的艰难经营时期。

咸同年间的战乱，对徽州布商经营影响巨大。徽州布商经营、活动的长江中下游地区，恰是太平军与湘军交战的主要战场。太平军与清军的反复拉锯战，使得长江中下游地区总是处于动荡的状态，棉布进货渠道堵塞，布号无法获得经营商品，且零售经营又缺乏稳定的社会条件，难以保证正常营业，因此布业经营极为惨淡、艰难。

徽州是徽商故里，也是太平军与清军拉锯战的主战场之一，《徽难哀音》等文献资料反映了徽州民众在咸同战乱中的悲惨生活。事实上，民众如此，商人也不例外。此时作为同和布号投资股东的邱集文，在经营店务中经历了咸同战乱对同和布号经营的破坏。据邱集文所立遗嘱记载："咸丰二年粤寇窜扰，店中交易虽盛，而东避西迁，几难安业。……同和生意日有起色，讵料同治二年大股贼过，银钱货物不下万余焚掠一空。"①又如，江西省乐平县本是徽州布商零售经营地之一，但在咸同战乱中也是两军交战的主战场之一。据《乐平县志》记载，自咸丰三年（1853）到十一年（1861）的9年间，乐平县有19个月的时间发生太平军与清军的战斗，占9年时间的18%，其中以咸丰六年（1856）、七年（1857）时间最长，咸丰六年有4个月处于战乱中，而咸丰七年则达到7个月②。志成号商业账簿记载了战乱中反复搬迁等活动，其中咸丰七年、八年（1858）账簿记载：

咸丰七年　桃月（三月）二十六日，开市。

　　　　　二十八日，搬移。

清和月（四月）二十六日，开市。

　　端月（五月）十三日，搬移。

　　闰五月十六日，搬移③。

七月二十三日，进店开市④。

八月十五日，搬移上船。

　　　　十六日，开市。

　　　　十八日，搬移⑤。

　　十月初一，上船⑥。

---

① 《清光绪十六年孟夏月邱应书立遗嘱》，载刘伯山主编：《徽州文书》第一辑第一卷，广西师范大学出版社2005年版，第200页。

② 乐平县志编纂委员会编：《乐平县志》，上海古籍出版社1987年版，第160—161页。

③ 《志成和记咸丰七年丁巳岁吉月立八年戊午岁附银钱正总》。

④ 《志成和记咸丰七年丁巳闰月立吉号暂记》。

⑤ 《志成和记咸丰七年丁巳岁吉月立八年戊午岁附银钱正总》。

⑥ 《志成和记咸丰七年丁巳闰月立吉号暂记》。

咸丰八年　　　　桂月（八月）初三，搬移。

　　　　　　　　　　初十，开市。

　　　　　　　　　　十三，搬移。

　　　　　　　　　　二十八，开市①。

　　　　　　　　　　十月二十九，搬移②。

　　　　　　　葭月（十一月）初四，开市③。

　　　　　　　　　　初六，搬移④。

　　　　　　　　　　十二日，开市⑤。

　　从上述记录看，志成和记在咸丰七年（1857）和咸丰八年（1858）中始终处于搬移、开市、搬移的状态，频繁的搬移使正常的营业活动无法进行。战争来临，商家为尽量减少损失，唯一办法就是把货物搬移出城，藏匿乡间。要搬运货物，就必须支付人力工钱和运输费用。例如咸丰六年（1856）及次年初，志成号为躲避战乱而搬移货物的支出如下：

　　　八月二十三，支钱6 100文，搬移至菱车力。

　　　九月初四，支钱6 100文，搬移至徐家仓车力。

　　　九月初八，支钱200文，搬移至刘家坞车力。

　　　九月二十，支钱1 363文，搬移至刘家坞车力。

　　　十月十五，支钱700文，搬移船上并在店散用共七天。

　　　十月十六，支钱490文，搬移船上，推车上下力。

　　　十月十七，支钱10 400文，搬移船上，船钱并船下力。

　　　十二月二十一，支钱200文，搬移下力。

　　　　　　支钱5 000文，搬移。

　　　丁巳年正月初十，支钱100文，搬移船钱。

---

① 《志成和记咸丰七年丁巳岁吉月立八年戊午岁附银钱正总》，"戊午桂月"。
② 《志成和记咸丰八年戊午春王正月立另暂》。
③ 《志成和记咸丰七年丁巳岁吉月立八年戊午岁附银钱正总》，"戊午葭月"。
④ 《志成和记咸丰七年丁巳岁吉月立八年戊午岁附银钱正总》，"戊午葭月"。
⑤ 《志成和记咸丰七年丁巳岁吉月立八年戊午岁附银钱正总》，"戊午葭月"。

支钱 2 150 文，搬移船上，十二月二十二至正月初十零用。

三月二十二日，支钱 12 466 文，搬反在乡两个月零用并恒足。

二十五日，支钱 430 文，搬货回店船钱[1]。

因战乱搬移货物固然是为了减少损失，但增加了商号的成本开支，咸丰三年（1853）志成号共支搬移费 246 115 文[2]，咸丰五年（1855）支 149 040 文[3]，咸丰六年（1856）支 155 635 文[4]，这些支出都是因战争而不得不额外支出的成本。

布商邱集文的经历和商业账簿的记载，均反映了咸同时期时局动荡、社会危机给布业经营造成了较大的破坏。处于危机中的商家布号，其日常生活的主题是逃难而不是市场交易。因此，咸同年间是徽州布商经营艰难时期。

二、稳步发展阶段（1890—1913）

战乱结束之后，直到光绪初年，社会逐渐稳定，市场得到一定程度的恢复，徽州布商的经营也逐步好转。光绪十六年（1890）之后机织布的畅销，又为徽州布商提供了市场机遇，由此徽州布商进入了一个稳定发展的新阶段。

首先，机织布新品种的销售。光绪十六年（1890）之后，随着洋务运动的推进，一批织布企业相继建成投产，如"上海机器织布局""湖北纱布官局"等。尽管这些织布企业仍处于仿制西方洋布阶段，故而所织机织布也称"洋布"[5]，但织布企业的开车出货，还是为市场提供了大量机织布产品，增加了产品供应量。尤其是国产机织布较之洋布价格低廉，增加了市场竞争力，有利于销售市场的扩大。于是，机织布成为徽州布商销售的主要商品，例如布商殿余记光绪年间账簿记载：

---

① 《志成咸丰六年丙辰正月吉立公和誉清伙食门差杂用总》，"杂用"。

② 《志成号咸丰三年癸丑岁次新正月吉立公和誉清伙食门差杂用总》，"杂用"。

③ 《志成咸丰五年乙卯正月吉立公和誉清伙食门差杂用总》，"杂用"。

④ 《志成咸丰六年丙辰正月吉立公和誉清伙食门差杂用总》，"杂用"。

⑤ 徐新吾主编：《江南土布史》，上海社会科学院出版社 1992 年版，第 161 页。

光绪十五年五月吉日立

支九八钱三串，机布四匹。

支九八钱二串一百六十，机布三匹。

支九八钱八百五十，机布一匹。

支九八钱七百六十，机布。

支九八钱八百二十，机布。

支九八钱八百三十，机布。

支九八钱八百二十，机布①。

殿余记布号为小型商号，账簿所记的五月份，一个月之内即有七次购进机织布的记录，表明机织布的销路较为顺畅。机织布销路旺盛，固然与新品种引发的市场效应有关，但主要原因在于机织布的质地和价格优势。据文献资料记载，"近年（光绪中后期）纺织洋布之机厂……其出品细致光洁，较舶来无多让，价值略廉，销路亦广"②。显然，机织布的质地和价格优势，使之赢得了各地民众的喜爱，获得了市场。正因如此，徽州布商殿余记在短时间内多次、反复地购进机织布，扩大销售。

其次，布商经营利润稳步增长。由于市场稳定，棉布市场供应充足，光绪十六年（1890）之后的徽州布商不仅盈利，而且利润率明显高于光绪十六年（1890）之前。例如，徽州布商兆成号经营于咸丰五年（1855），终于民国初年③，前后经历了两个不同的市场阶段，其不同阶段的利润率，既反映了光绪十六年（1890）之后布商利润的增加，也折射出徽州布商前后不同阶段的变化。兆成号利润记载主要集中于其盘单账簿中④，据账簿所记历年利润率如图1-3-1所示。

① 刘伯山主编：《徽州文书》第一辑第二卷，广西师范大学出版社2005年版，第134—135页。

② 曹梦九等修、赵祥俊等纂：《平原县志》卷三《食货》，页二十。转引自徐新吾主编：《江南土布史》，上海社会科学院出版社1992年版，第162页。

③ 汪崇筼：《清代徽商合墨及盘、账单——以〈徽州文书〉第一辑为中心》，《中国社会经济史研究》2006年第4期。

④ 兆成号盘单账簿收录于刘伯山主编：《徽州文书》第一辑第三卷，广西师范大学出版社2005年版。

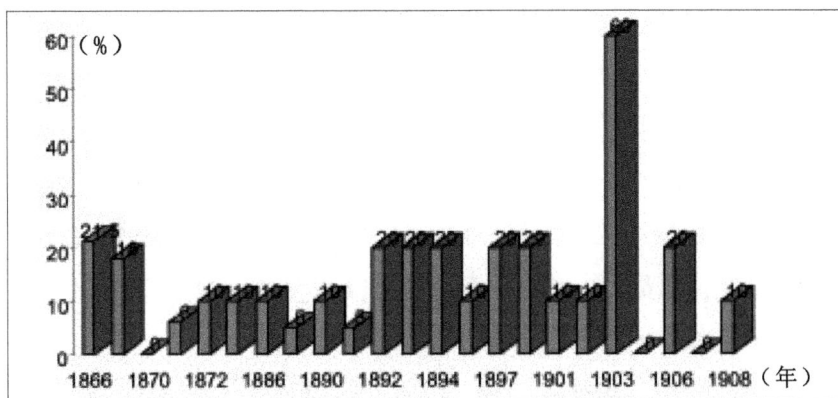

图1-3-1　兆成号历年利润率变化图

资料来源：刘伯山主编：《徽州文书》第一辑第三卷，广西师范大学出版社2005年版，第109—205页。

　　图1-3-1显示了兆成号同治五年（1866）至光绪三十四年（1908）的利润率。23年中，大体可以分为两个阶段。其中光绪十七年（1891）之前，除同治五年（1866）的21.5%、同治八年（1869）的18%和同治九年（1870）无利之外，历年的利润率基本维持在5%～10%。而光绪十八年（1892）之后，兆成号利润率明显不同于前一阶段。13年中，除光绪二十九年（1903）利润率60%为历史最高和光绪三十三年（1907）、光绪三十一年（1905）两年无利之外，四个年度的利润率为10%，六个年度的利润率为20%以上，基本维持在10%～20%，几乎为前期阶段的一倍，利润增加较为显著。盘单账簿不同于普通账簿，所记内容为本年正月对上一年度经营情况的盘查，故而本年度盘单实质上反映的是上一年度的经营业绩。由此看来，图1-3-1所示兆成号同治五年（1866）至光绪三十四年（1908）的利润率，实为同治四年（1865）至光绪三十三年（1907）的经营利润，因此，兆成号利润率前后两个阶段的变化时间点应为光绪十六年（1890）。经计算，同治四年（1865）至光绪十六年（1890），即盘单时间同治五年（1866）至光绪十七年（1891）的平均利润率为9.64%，而光绪十六年（1890）至光绪三十三年（1907）的平均利润率则是17.6%，反映了徽州布商稳步发展阶段的经营绩效。

再次，土布商号在此时期达到鼎盛。前文已述，经营土布徽商尽管存在洋货的市场冲击，以及机织布的市场争夺，但土布的固有属性和内地、边远地区的市场需求，使得经营土布的徽商不仅有利可图，甚至一度出现了繁盛的局面。前引汪宽也及祥泰布庄的经营，即是此阶段土布商经营成功的代表，其中光绪二十二年（1896）、光绪二十三年（1897）达到历史的最高点，经营雇员170多人，营业额达150万~160万两银子，估计全年销售400万匹布。然而，顶点也就意味着衰落的开始，民国二年（1913）之后祥泰布庄的营业额逐年减退，仅有"薄粥汤"的利润①。祥泰布庄的衰退，表明徽州布商的土布经营难有作为。

总体而言，光绪十六年（1890）至民国二年（1913）是社会持续稳定、市场逐步发展时期，也是徽州布商稳定经营并获利较好的时期。不仅经营机织布的徽商盈利，土布商人经营也有较大的盈利空间，甚至还一度出现了繁荣的局面。

三、徽州布商经营转型及纺织企业开办阶段（1913—1937）

织布企业产品供不应求以及利润丰厚的大好形势，使得民族资本产生了投资织布厂的欲望。例如，清末民初，休宁人程敦裕等人在南京开设源茂染织布厂②。民国初年，黟县西递人胡秀钟在上海开设长丰染织厂，合伙经营后，企业改称长丰机织印染股份有限公司③。民国三年（1914），歙县人吴干臣在江苏江阴开设缦云染织厂，生产天官赐福牌府绸及花布④。20世纪初年，徽商也在徽州本地开办了早期的织布工场，如光绪三十年（1904）歙县织布公司、光绪三十一年（1905）婺源大济纺织局、光绪三十四年（1908）休宁大盛织布厂⑤。

---

① 徐新吾主编：《江南土布史》，上海社会科学院出版社1992年版，第255—256页。
② 汪顺生、余坚：《休宁徽商老字号名录》，载黄山市徽州文化研究院编：《徽州文化研究》第三辑，黄山书社2004年版，第473页。
③ 黟县徽文化研究所、黟县档案馆辑：《黟县徽商老字号名录》，载黄山市徽州文化研究院编：《徽州文化研究》第三辑，黄山书社2004年版，第599页。
④ 歙县地方志编纂委员会编纂：《歙县志》，中华书局1995年版，第746页。
⑤ 冯煦主修、陈师礼总纂：《皖政辑要》，黄山书社2005年版，第838页。

但中国棉纺织业的"黄金时期"是在1920年代①。由于第一次世界大战的爆发，欧美各国的机织棉布进口因大战而中断，而中国沿海城市及腹地纺织业在前期发展的基础上，生产能力迅速得到增强，到1920年代初基本实现了机纱自给。机纱自给为织布企业的进一步发展提供了条件。自办织布企业市场条件的成熟，使得一批徽州织布企业在此阶段纷纷设立，经营业绩逐年攀升，表现出良好的发展态势。徽州纺织企业的发展，以培本有限公司最为典型。培本有限公司成立于民国十二年（1923），地点位于黟县宏村。开工生产后，吸引了众多的商人投资入股，得以迅速扩大规模，旋又设立了第二分厂，雇用织布工人达到70多人。培本有限公司以乡村为生产基地，以本县范围为销售市场的经营模式，不失为徽州近代乡村工业发展道路的有益探索。但民国二十六年（1937）日本全面侵华战争发生，断绝了培本有限公司的原料纱的来源，被迫停产。

综上所述，近代徽州布商的发展大体经历了三个阶段：道光二十年（1840）至光绪十六年（1890）为洋布、土布混合经营时期。期间虽有专业洋货、土布的布号，但以混合经营为主，徽商虽有微利，但咸同战乱破坏了商业经营的基本条件，布商经营极为艰难；光绪十六年（1890）至民国二年（1913）市场得以恢复，并有了一定程度的发展。机织布成为此阶段的主导产品，经营机织布的徽州布商普遍盈利，而且获利水平明显高于前一阶段，在此阶段，徽州土布商号持续经营，并达到历史的最高点，但在民国二年（1913）后走向了衰败；民国二年（1913）至民国二十六年（1937）为徽商经营转型，并向织布企业发展的阶段。其中1920年代是发展的高潮，不仅取得了初步成果，还出现了良好的发展态势，但日本全面侵华战争的爆发中断了乡村工业化发展。

---

① ［日］森时彦：《中国近代棉纺织业史研究》（袁广泉译），社会科学文献出版社2010年版，第3页。

第二章　近代徽州布商的资本组合与经营制度

　　近代徽州布号的资本组合形式，主要有独资、合资和合伙等。独资开设布号，是徽州布号较为常见的资本构成形式之一。例如，同治九年（1870），休宁人汪静波在屯溪独资经营鸿泰布店①。清末民初，上海地区规模最大的土布字号祥泰布庄，由休宁商人汪厚庄投资开设。部分徽州布商转而投资经营纺织企业，其中也不乏独资开办的企业，例如，黟县人舒先庚在江西九江独资开办裕兴织布厂②，胡秀钟在上海独资创办长丰染织厂③等。文献、文书等资料所见，除独资形式外，近代徽州布商资本合资、合伙的现象也较为普遍，而且合资合伙经营布号的内部结构、社会关系，以及利润分配制度较为复杂，故而本章着重探讨近代徽州布商合伙经营问题。

第一节　徽州布商合伙经营的传统机制

　　前文已述，明清徽州布商在经营中不仅积累了丰富的棉布收购、加工、销售经验，而且形成了一套完整的合伙经营机制。

---

① 孙秋香、毛新红：《屯溪徽商老字号名录》，载黄山市徽州文化研究院编：《徽州文化研究》第三辑，黄山书社2004年版，第490—491页。
② 黟县地方志编纂委员会主编：《黟县志》，光明日报出版社1989年版，第576页。
③ 胡时滨、吴卫华：《黟县徽商名录》，载黄山市徽州文化研究院编：《徽州文化研究》第三辑，黄山书社2004年版，第599页。

一、布业合伙经营机制的出现与管理方式

合伙制产生的原因较为复杂。《徽商研究》认为，一是徽商因扩大经营规模，或商业竞争，往往需要较多资金的支持，于是合伙经营的现象便应运而生了；二是传统的遗产诸子均分制耗散了资本，为此家族成员之间不得不采取合伙经营的方式，解决资本碎片化问题①。然而，棉布行业还有特殊情况。棉布生意可大可小，可以量力而行，对于资本不多的中小徽商而言，是最便于经营的行业②。况且棉布贸易获利颇为丰厚，利润率略高于民间借贷利润，由此吸引了众多闲置商业资本、社会资本入伙布号，成为布号的合伙资本之一。正因如此，徽州布商中资本合伙的现象较为普遍，成为布商资本组合的主要方式之一。合伙制的优势在于可以灵活融资，扩大经营规模，故而康熙年间休宁布商陈士策在拟定分家书时，将合伙经营列入经营棉布生意的重要经验，嘱咐子孙"一店只可合做""违者以不孝论"③。

文书资料所见，徽州布商合伙经营始于明代中期，如休宁人汪正科"于皇明万历三十九年，同本村金城等营肆于芝城景德镇，贸易丝帛，克勤克俭，兢兢业业，迨三十年。幸赖祖宗之庇，蚨（钱）物稍裕"④。入清之后的布业合伙经营更为普遍，如康熙六十一年（1722）汪乾初、汪全五为开设布店所立合伙合同：

立议合同人汪乾初、汪全五，今二人同心，各出本银二百四十两，共成本银四百八十两，在于巢县十字街口开张德胜字号杂货布店生意。当凭亲友三面言定，每年除房租、客伙各项之外，所得余利二人均分，无得异说。自议之后，二人务宜同心合志，秉公无私，不得

---

① 张海鹏、王廷元主编：《徽商研究》，安徽人民出版社1995年版，第74页。

② 张海鹏、王廷元主编：《徽商研究》，安徽人民出版社1995年版，第301页。

③ 《康熙五十九年休宁陈姓阄书》，转引自章有义编著：《明清及近代农业史论集》，中国农业出版社1997年版，第313页。

④ 《汪氏阄书》，转引自张海鹏、王廷元主编：《徽商研究》，安徽人民出版社1995年版，第562页。

肥己。如有此情，察出公论。今恐无凭，立此合同存照。

其客俸二人各支十两。如若多支，拔本除算。其全五之本，系蒙亲友邀会之项，今存店，系店拔银应会。倘生意顺遂，一年赚得此宗会利更妙。倘若不能如数会利，或拔本应付，以作下年赚者补上。又照。其乾初本银之项内，有张熙彩本银五十两，赚者同乾（初）、熙彩照银数派分。又照。再，乾初自开德胜店之后，仍在允茂店效劳，无得异说，再批（押）。

康熙六十一年正月二十一日

立议合同人　汪乾初（押）

汪全五（押）

合同一样两张　凭亲友　吴仲（押）

各执一张存照　亲叔　汪起龙等（押）

张熙彩（押）

汪嘉会（押）

代笔　方希正（押）①

这份合同反映了清初徽州布商合伙经营的三个问题。第一，股东之间的社会关系。从合同内容看来，合伙经营中的重大事项即利润分配，"凭亲友三面言定"，且合同的中人为"亲叔""亲友"，因此汪乾初、汪全五两名股东当是家族内成员。家族成员合伙经营是明清徽商较为多见的现象，说明徽商"信任半径"最远只能波及家族成员。但是，以血缘或家族为边界的信任范围大大限制了经营规模。因为狭小的"信任半径"决定了经营权只能交给本家族的成员，创业者对家族之外成员的入股有着天然的逆反心理②。

第二，合伙股东资本的来源。汪乾初、汪全五立合伙合同的目的是为了在巢县十字街口开张德胜字号，经营杂货布店生意。为开店需要，两人

---

① 章有义编著：《明清及近代农业史论集》，中国农业出版社1997年版，第436—437页。
② 李向阳：《企业信誉、企业行为与市场机制——日本企业制度模式研究》，经济科学出版社1999年版，第16页。

各出本银240两，合计资本480两。两位股东中，汪全五的240两资本金"系蒙亲友邀会之项"，即来源于亲友邀集的钱会。尽管从亲友邀集的钱会融资，汪全五仍然需要支付借贷利息。从中可以看出，布业经营获利较为丰厚，投资回报较高。因为只有当布业经营所得利润高于钱会利息时，汪全五才敢于承担借贷风险，将借贷资金投入布业经营中。此外，股东汪乾初虽然出资240两，但其实附有"张熙彩本银五十两"。自然，张熙彩和汪乾初若无亲属关系，绝不会将50两资本附于汪乾初名下。一般情况下，张熙彩属于附本经营，其资金当属闲置资本。这笔资本投入布业经营，而不是流入借贷市场，也说明了布业经营盈利较好，回报较高。

第三，所有权与经营权分离。股东投资布号自然拥有商号的所有权，但股东不一定参与具体的经营管理。如合同中，"乾初自开德胜店之后，仍在允茂店效劳，无得异说，再批（押）"，说明作为股东的汪乾初，仍然工作于原有允茂店，并不参与其入伙的张德胜字号的经营管理，故而形成了所有权与经营权的分离。同样，张熙彩虽为附名股东，但也是商号的所有权者，然附属性质决定了其并不参与实际的经营管理，所以也存在所有权与经营权分离的现象。

一般情况下，合伙商号经营由入伙股东共同经营管理，或以资本数量较大者主持经营业务，其他股东并不直接参与，如上述汪乾初、张熙彩。不过，合伙制的管理方式在一定的条件下，也会发生变异，如康熙五十七年（1718）吴隆九所立包揽承管议墨即反映了这样的变异。

　　立包揽承管议墨人吴隆九，今自情愿凭中包揽到汪嘉会、全五二位相公名下新创汪高茂字号，在于柘皋镇市开张杂货布店一业。计本纹银五百两整，当日凭证是身收讫。三面议定，每年一分六厘行息，其利每年交清，不得欠少分文。其店中各项买卖货物等务，俱在隆九一力承管。其生意立誓不赊押。其房租、客俸、店用门差，悉在本店措办无异。凡店中事务以及赊押并年岁丰歉盈亏等情，尽在隆九承认，与汪无涉。但每年获利盈余，尽是隆九独得，银主照议清息，不得分受。自立包揽之后，必当尽心协力经营店务，毋得因循懈怠，有干名誉，责有所归。所有事例，另立条规，诚恐日久弊生，开载于后。今恐无凭，立此包揽承管议墨存照。

今将所议条例开明于后（下略）

康熙五十七年六月　日　　　立包揽承管议里人吴隆九（押）

汪起龙

程子有

凭中证人　吴　仲　诸位朝奉同见

余子衡

汪永清

依口代书人　吴学贞①

　　从这份包揽承管合同可以看出，汪高茂字号开设于巢县柘皋镇，经营杂货布匹商品，由汪嘉会、汪全五二人共同投资纹银五百两。但股东汪嘉会、汪全五并不直接经营管理，而是由吴隆九承包汪高茂字号的经营，每年按照一分六厘的利率向二位股东上交利息。双方约定，"店中各项买卖货物等务，俱在隆九一力承管""凡店中事务以及赊押并年岁丰歉盈亏等情，尽在隆九承认，与汪无涉"，即投资股东不能干预承包者的商业经营。同时，"每年获利盈余，尽是隆九独得，银主照议清息，不得分受"，即股东除按议墨获取利息之外，不能因为商店经营得到厚利而分得额外的余利。这样，在承揽经营方式中，承揽者是商店的经营者，完全把股东排除在商业经营活动之外，股东与商店的盈亏毫无关系。显然，这与合伙经营方式中盈亏按股本认定的模式略有不同。汪高茂字号合伙经营的变异，本质上仍是所有权与经营权分离的结果。只不过通常情况下两权分离的合伙商号，至少有一名股东负责商号的日常经营管理，所谓的两权分离也只是局部分离。而汪高茂字号则是彻底的两权分离，二名股东完全不参与经营管理，也反映了合伙商号在股东较少、规模不大的情况下，可以随时调整管理方式。

①《休宁汪姓誊契簿辑要》，转引自章有义编著：《明清及近代农业史论集》，中国农业出版社1997年版，第435—436页。

二、传统合伙布号的股东构成

染坊是明清时期棉布生产加工体系的主要环节之一。《万历程氏染店查算账簿》①属于染坊盘总账簿，详细记载了自万历十九年（1591）至万历三十二年（1604）程氏染店合伙经营的具体形态，从中可以看出其股东构成，如表2-1-1。

表2-1-1　万历程氏染店合伙股东简表

时间	股东情况					
万历十九年（1591）	程本修	吴元吉				
万历二十一年（1593）	程本修	吴元吉	程观如	程遵与	以超兄	
万历二十二年（1594）	程本修	吴元吉	程观如	程遵与	以超娘	
万历二十五年（1597）	程本修	吴元吉	程观如	程遵与	以超兄	
万历二十六年（1598）	程本修	吴元吉	程观如	程遵与	以超兄	程邦显
万历二十七年（1599）	程本修	吴元吉	程观如	程遵与		程邦显	吴彦升
万历二十八年（1600）	程本修	吴元吉	程观如	程遵与		程邦显	吴彦升
万历二十九年（1601）	程本修	吴元吉	程观如	程遵与		程邦显	吴彦升
万历三十年（1602）	程本修	吴元吉	程观如	程遵与			吴彦升
万历三十一年（1603）	程本修	吴元吉	程观如	程遵与			吴彦升
万历三十二年（1604）	程本修	吴元吉	程观如	程遵与			吴彦升

资料来源：《万历程氏染店查算账簿》，载中国社会科学院历史研究所收藏整理：《徽州千年契约文书：宋·元·明编》第八卷，花山文艺出版社1991年版，第75—158页。

据刘秋根研究，程氏染店股东可分为主要股东和一般股东两种类型，主要股东与一般股东的权利、义务都有一定的区别。程本修、吴元吉为合伙发起人，资本数量上也以程本修、吴元吉、程观如等三位股东为主。店务则由程本修、吴元吉决策，他们是程氏染店最主要股东。其他的一般股东不但股本额较小，而且随意退出（如吴彦升），或改变合伙人名字（如以超娘、以超兄）。

---

① 原件藏于中国社会科学院历史研究所，收录于中国社会科学院历史研究所收藏整理：《徽州千年契约文书：宋·元·明编》第八卷，花山文艺出版社1991年版。

与主要股东和一般股东的区分相适应，程氏染店股东还有职能股东和非职能股东的区别。程本修作为合伙发起人、主要股东之一，无疑是职能股东。但吴元吉作为染店的发起人和主要股东之一，并非职能股东。据账簿记载，吴元吉于万历三十一年（1603）逝世，次年五月便进行了结算。在结算吴元吉的资本、扣算亏损、挂账之后，账簿另有一段批语："外有实挂账，及店内家伙、缸水一应等事，俱是程边收业开做，元吉分下不得干涉，并无毫末（下有残）。"①从此段批语可知，作为重要股东之一的吴元吉，可能不对染店经营、资本投向等业务加以具体干涉，而任由程本修负责。

从账簿记载可以看出，股东在资本的投入、抽出、利钱的支用、利润的拥有、再投入、退股、顶股等方面较为自由。染店创办时仅有程本修、吴元吉二人，两年后程观如、程遵与、以超娘加入，万历二十六年（1598）又有程邦显加入，万历二十七年（1599）又有吴彦升加入，万历二十九年（1601）程邦显抽走资本，万历三十二年（1604）吴元吉胞弟将其资本全部抽走。合伙股东较大的自由度，有利于店铺比较快地吸收和重组资本，开始或扩大经营，或将资本退出某一领域。这些都是有利于资本这种稀缺资源的配置、调整和转换。但是另一方面，不利于合伙商号的稳定、扩大资本，及向新的经济领域发展。因为随意的流入、退出，使资金总量处于一个不稳定的状态，使商号不易度过暂时的困难，甚至使之走向破产、倒闭。在这种情况下，合伙商号的持久性和连续性便会受到严重的影响②。

三、传统合伙布号的利润分配制度

（一）正利余利制

正利又称官利，正利之外所得的利润，称为余利。上述程氏染店利润

---

① 《万历程氏染店查算账簿》，载中国社会科学院历史研究所收藏整理：《徽州千年契约文书：宋·元·明编》第八卷，花山文艺出版社1991年版，第157页。
② 刘秋根、谢秀丽：《明清徽商工商业铺店合伙制形态——三种徽商账簿的表面分析》，《中国经济史研究》2005年第3期。

分配即采用正利、余利制。如万历二十八年（1600）五月初一日查算实在后登载：该年"实在四千九百二十五两二钱七分九厘，内原本三千五百九十九两三钱七分九厘，该正利五百七十五两九钱，二共该正本利四千一百七十五两二钱七分九厘，除正本利外仍得余利七百五十两"。其中，股东"（程）本修原本一千九百零八钱七分五厘，该正利三百零四两一钱四分，余利二百七十六两八钱七分二厘，三共银二千四百八十一两八钱八分七厘"①。由此可见，程氏染店将经营利润分割为正利和余利两部分，股东程本修所得利润正是两部分利润的具体化。

据王裕明研究，并不是所有的合伙人都可分有余利。如万历二十二年（1594）七月初一日查算时，吴元吉等合伙人分有正利和余利，而以超娘仅分有正利而无余利。"以超娘原本九两八钱八分，该（正）利一两九钱四分，以超娘净本银十一两八钱二分。（吴）元吉原本一千零四十二两三钱五分，该（正）利一百八十七两六钱二分三厘，得余利六十六两，三共本利银一千二百九十五两九钱七分三厘。"同时，不是所有年次中都分有余利。如万历三十年（1602）五月初一日查算时，该年利润只分有正利。其中，"（程）本修原本二千零六两四钱六分三厘，该正利三百二十一两零三分四厘，二共该本利二千三百十七两四钱九分七厘。（程）观如本二百六十两二钱三分，该正利四十一两六钱四分，二共本利三百零一两八钱七分"。上述记载表明，所有合伙人都可分得正利，且利率相同，而余利并不是所有合伙人都有，也不是所有年次都有；同一年次，各合伙人的余利率并不完全相等。

正余利制的出现与合伙商号股东的构成和职能有关。在合伙股东人数较多的情况下，商号日常经营则由职能股东负责。职能股东和非职能股东的出现，导致了合伙人所有权与经营权的分离或局部分离，必然产生所有者与经营者之间的收益如何保证、如何分配的问题。正余利制正是在这样的情形下应运而生。一般而言，资本所有者总是希图压缩包括经营者报酬在内的各种经营性开支，以保证利益最大化。但压低经营者的报酬，难以

---

① 《万历程氏染店查算账簿》，载中国社会科学院历史研究所收藏整理：《徽州千年契约文书：宋·元·明编》第八卷，花山文艺出版社1991年版，第124页。

调动经营者的经营热情，不利于经营效益的优化，即使经营者采取固定薪俸制，其收益也与经营效益无关，不利于经营效益的优化。而正利制分配方式，一方面保证了所有者的定率利润，降低了资本风险，增加了投资信心；另一方面将经营者本身收益与经营效益联系起来，有利于提高经营者的积极性，使经营效益达到最大化，又可增加所有者的收益。正利制是所有权和经营权分离使然，是合伙人负责经营和代理经营的结果。它不仅可以兼顾双方利益，而且能调动经营者的经营热情，优化经营效益①。

（二）利润均分制

所谓利润均分，即是商号将年度经营利润平均分配给合伙股东。前述汪乾初、汪全五合伙开设张德胜字号，合同规定"每年除房租、客俸各项之外，所得余利二人均分，无得异说"。此处"余利"当是指扣除房租、工资等各项开支后的净利润，"二人均分"说明采用了利润均分制。《乾隆广丰布店账簿》记载了乾隆四十年（1775）至乾隆五十七年（1792）合伙股东的资本及利润分配，从中可以考察布店的利润分配制度。账簿记载：

五十二年正月起各人存本利：

自记存本利足钱一百二十三千八百五十五文，五十二年十二月止该利十四千八百六十三文。

环记存本利足钱二百二十七千八十九文，五十二年十二月止该利二十七千二百五十一文。

长媳存本利足钱一百六十八千八百九十二文，五十二年十二月止该利二十千二百六十七文。

二媳存本利足钱四十二千二百二十四文，五十二年十二月止该利五千六十七文。

耀记存本利足钱一百四十一千六百五十八文，五十二年十二月止该利十六千九百九十六文。

五共存本利足钱七百三千七百十八文，五十二年十二月止共该利

---

① 王裕明：《明代商业经营中的官利制》，《中国经济史研究》2010年第3期。

① 王裕明：《明代商业经营中的官利制》，《中国经济史研究》2010年第3期。

八十四千四百四十六文。

五十三年正月起各人存本利：

耀记存本利足钱一百五十八千六百五十六文，五十三年十二月止共该利十九千三十九文。

自记存本利足钱一百三十八千七百十八文，五十三年十二月止共该利十六千六百四十六文。

环记存本利足钱二百五十四千三百四十文，五十三年十二月止共该利三十千五百二十一文。

盛嫂存本利足钱一百八十九千一百五十九文，五十三年十二月止共该利二十二千六百九十九文。

祥嫂存本利足钱四十七千二百九十一文，五十三年十二月止共该利五千六百七十五文。

五共存本利足钱七百八十八千一百六十四文，五十三年十二月止共该利九十四千五百八十文。

五十四年正月起各人存本利：

耀记存本利足钱一百七十七千六百九十五文，五十四年十二月止该利二十一千三百二十三文。

自记存本利足钱一百五十五千三百六十四文，五十四年十二月止该利十八千七百四十四文。

环记存本利足钱二百八十四千八百六十一文，五十四年十二月止该利三十四千一百八十三文。

盛记存本利足钱二百十一千八百五十八文，五十四年十二月止该利二十五千四百二十三文。

祥嫂存本利足钱五十二千九百六十六文，五十四年十二月止该利六千三百五十六文。

五共存本利足钱八百八十二千七百四十四文，五十四年十二月止共该利一百五千九百二十九文。

五十五年正月起各人存本利：

耀记存本利足钱一百九十九千十八文，五十五年十二月止得利二十三千六百七十。

自记存本利足钱一百七十四千八文，利二十千八百八十一。

环记存本利足钱三百十九千四十四文，利三十八千二百八十五。

盛记存本利足钱二百三十七千二百八十七文，利二十八千四百七十四。

祥嫂存本利足钱五十九千三百二十二文，利七千一百十九。

五共存本利足钱九百八十八千六百七十三文，又本年共利一百十八千四百二十九文。

五十六年正月起各人存本利：

耀记存本利足钱二百二十千九百二十六文，五十六年十二月止利二十六千五百十一。

自记（存本利）足钱一百九十四千八百八十九文，（利）二十三千三百八十七。

环记（存本利足钱）三百五十七千三百二十九文，（利）四十二千八百七十九文。

盛嫂（存本利足钱）二百六十五千七百五十五文，（利）三十一千八百九十。

祥嫂（存本利足钱）六十六千四百四十一文，（利）七千九百七十四。

五共存钱一千一百〇五千三百四十文，共利一百三十二千六百四十一[①]。

从账簿所记合伙股东长媳、二媳及后来的盛嫂、祥嫂等称谓中可以看出，广丰布店为家庭合伙商号。账簿历年的利润记录表明，股东在分得利润后并未提取现金，而是将利润滚入下一年度作为投资资本，所以每年股东的资本金均不断增加。经计算，上述各年度所有股东获得的资本利润率均为12%，说明广丰布店实现了利润均分制。

---

① 《乾隆广丰布店账簿》，载中国社会科学院历史研究所收藏管理：《徽州千年契约文书：清·民国编》第九卷，花山文艺出版社1991年版，第454—457页。

综上所述，自明代万历年间开始，徽州布商在经营中形成了合伙经营机制。布业经营中的合伙，主要在于经营者资本不多，但其盈利较好，回报较高，所以能够吸引闲置资本、社会资本的投资，然其入伙成员大多限于家族成员范围内。因合伙商号所有权与经营权的分离，故而其管理方式多样、灵活。为保证所有者与经营者的权益，布商在利润分配中采取了正余利制、利润均分制等分配制度，满足了双方的利益诉求。合伙经营机制是明清徽商在商业实践中形成的宝贵资源，对近代徽州布商的经营产生了深刻影响，乃至于民国时期徽州纺织企业仍然保留了传统合伙制的痕迹。

第二节　近代徽州布商的普通合伙与合股合伙

凡合伙制商号至少有两个或两个以上合伙股东，股东作为商号的所有者，需以一定数量的股本入伙商号。因此，股东、股本既是合伙经营的基本要素，也是考察合伙类型的主要对象。近代徽州布商账簿所见，布业经营的合伙主要有普通合伙和合股合伙两种类型①。

一、普通合伙

普通合伙，又称一般合伙，合伙资本表现为不等额的"股份"。合同、合墨等文书，大多是多位合伙人在布号开办之初签订的文书凭据，所记资本及其份额，反映了布号开业之初资本的合伙形态。例如，清宣统元年程石记、程镛记、郑际记合伙开设仁大洋货布店，股东所立的合同墨据反映了股东的不等额股份：

> 立合同墨据程石记、郑镛记、郑际记等以乡谊而兼世好，意气本属相投，惟创始端赖店规成法，尤宜遵守。今在苏城玄妙观前宫巷左东朝西，合股开设"仁大"洋货布店。公议：坐本洋五千元，内程石记计股本洋二千元，郑镛记计股本洋一千五百元，郑际记计股本洋一

---

① 学术界对商业合伙形式名称、性质等存在不同的看法，可参见张忠民：《略论明清时期"合伙"经济中的两种不同实现》，《上海社会科学院学术季刊》2001年第4期。

千五百元，合成资本洋五千元。……恐口无凭，立此合同墨据三纸，每人各执一纸，永远大发存照①。

从这份合同墨据可以看出，程石记、郑镛记、郑际记为在苏州开设仁大洋货布店，采用资本合伙的方式。仁大洋货布店所募集的资本合计洋钱五千元，其中程石记股本洋二千元，郑镛记股本洋一千五百元，郑际记股本洋一千五百元。显然，程石记投入的二千元资本，与郑镛记、郑际记各自投入的一千五百元在数量上不对等，三位股东所持有的股本应属于不等额股份。

合同、合墨文书反映的是布号初始阶段的股东资本形态，而盘单则是布号在经营一个周期后，送达股东审阅的年终决算报告，盘单账簿所载股东资本等信息，反映了经营周期中股东的资本构成。遗存同和、兆成、同顺号三家商号盘单账簿数量众多、系统完整、前后相续，包括道光、咸丰、同治和光绪四个阶段，较为典型地反映了近代徽商合伙布号的股东构成和股权结构②。

同和布号盘单账簿始于道光二十九年（1849），迄于咸丰七年（1857），共9件（收录于《徽州文书》第一辑第三卷）。盘单账簿所见同和布号股东、股本构成，如表2-2-1。据道光二十九年（1849）盘单账簿记载，道光二十七年（1847）同和布号收到王道南、程鸣玉和邱集文等五人投入的6 000元资本金：

道光二十七年二月初一日

收王道南得记存正本洋钱二千元正。

收王懋修记存正本洋钱二千元正。

收汪培基堂存正本洋钱一千元正。

---

① 《清宣统元年程石记、郑镛记、郑际记立合同墨据》，转引自刘伯山：《从一份康熙年间的合同书看清代徽商经营方式的转变》，载陆勤毅主编：《安徽文化论坛2013：徽商与徽州文化学术研讨会论文集》，安徽大学出版社2014年版，第236页。

② 汪崇筼曾从文书的角度，对同和、兆成号盘单、账单、合墨作了一个分析，但未涉及本文所提出的问题。

收邱集文记存正本洋钱五百元正。

收程鸣玉记存正本洋钱五百元正。

以上共存正本洋钱六千元正[①]。

从上述内容看，道光二十七年（1847）可能是同和布号开业时间。又据咸丰八年（1858）合墨文书记载，同和号经营布匹销售业务，经营地点为安徽黟县碧阳镇[②]。

表2-2-1　同和号股东与股本构成简表

盘单时间	总资本	股东名称及股本					
道光二十九年 （1849） 至咸丰二年 （1852）	6 000元	王道南 2 000元	王懋修 2 000元	汪培基 1 000元	邱集文 500元	程鸣玉 500元	
咸丰三年 （1853）至咸丰 四年（1854）	8 000元	王道南 2 000元	王懋修 2 000元	汪培基 1 000元	邱集文 500元	程鸣玉 500元	王心原 2000元
咸丰八年 （1858）	7 000两	王道南 2 000两	王懋修 2 000两		邱集文 500两	程鸣玉 500两	王心原 2000两

注：表格内空白代表该股东未入伙。

资料来源：刘伯山主编：《徽州文书》第一辑第三卷，广西师范大学出版社2005年版，第54—63页、第79页。

据表2-2-1，同和布号首期合伙股东有王道南、王懋修、汪培基、邱集文和程鸣玉等。据《徽州文书》第一辑第三卷，股东程鸣玉为黟县五都四图人氏，又据光绪十六年（1890）邱集文所立遗嘱记载，股东邱集文家居黟县一都榆村，黟县汇源布号学徒出身[③]。表2-2-1可以看出，王道南、王懋修、汪培基入伙资本是邱集文、程鸣玉的四倍或二倍，反映出股东之间的不等额投资，也说明商号存在主要股东和一般股东的分别。同和号自

---

① 《清道光二十九年正月同和抄照程鸣玉记盘单》，载刘伯山主编：《徽州文书》第一辑第三卷，广西师范大学出版社2005年版，第54页。

② 《清咸丰八年二月程鸣玉等立开布店合墨》，载刘伯山主编：《徽州文书》第一辑第三卷，广西师范大学出版社2005年版，第79页。

③ 《清光绪十六年孟夏月邱应书立遗嘱》，载刘伯山主编：《徽州文书》第一辑第一卷，广西师范大学出版社2005年版，第200页。

道光二十七年（1847）至咸丰二年（1852），股东固定为王道南、王懋修、汪培基等五人，咸丰三年（1853）王心原入伙，股东遂为六人，但咸丰八年（1858）汪培基退股，股东又立合墨达成新的合伙协定。

兆成布号盘单账簿始于咸丰五年（1855），终于民国初年。其中，咸丰五年至光绪三十四年（1908）盘单账簿共24件[1]，详细记载了24年中股东和股本的变动情况，如表2-2-2所示。根据股东之一邱集文家族分家阄书记载，兆成号经营地点位于安徽省休宁县屯溪镇，也经营布匹销售业务[2]。

表2-2-2　兆成号股东与股本构成简表

单位：两

盘单时间	总资本	股东名称及股本						
咸丰五年（1855）	1 000	程志记 150	胡蔚记 500	程鸣记 200	邱集记 150			
同治五年（1866）	2 000	程志记 400	胡蔚记 400	程鸣记 400	邱集记 300	程星记 100	何棣记 400	
同治八年（1869）至十二年（1873）	4 200	程志记 400	胡蔚记 500	程鸣记 400	邱集记 300	程星记 100	何棣记 500	郭济川 2 000
光绪十二年（1886）至二十七年（1901）	1 100		胡蔚记 500	程鸣记 200	邱集记 300	程星记 100		
光绪二十八年（1902）至三十四年（1908）	1 000		胡蔚记 500	程鸣记 200	邱集记 150			程德记 150

注：表格内空白代表该股东未入伙。
资料来源：刘伯山主编：《徽州文书》第一辑第三卷，广西师范大学出版社2005年版，第64—205页。

由表2-2-2可见，咸丰五年（1855），兆成布号股东共四人。同治五年

---

① 兆成号盘单收录于刘伯山主编：《徽州文书》第一辑第三卷，广西师范大学出版社2005年版。
② 《民国九年季春月立邱集德堂椒字号阄书之二》，载刘伯山主编：《徽州文书》第一辑第一卷，广西师范大学出版社2005年版，第249页。

（1866）至同治十二年（1873），股东人数最多，达六七人。光绪十二年（1886）至光绪二十七年（1901），股东只有四人，而光绪二十八年（1902）至光绪三十四年（1908），股东仅有三人。从资本构成看，合伙资本有2 000两、500两、400两、300两、200两、150两等，为不等额投资。此外，结合表2-2-1和表2-2-2可以发现，程鸣玉、邱集文既是同和号股东，也是兆成号股东。由于同和号开设时间早于兆成号，故而程鸣玉、邱集文投资兆成号的资本可能来源于同和号的投资收益。据邱集文的遗嘱回忆，邱集文和兆成号股东胡蔚记、程鸣玉等为"旧同事"关系，相邀合伙开店①。从两家商号股东名称中还可以看出，入伙股东全部为商人，其入伙资本应当或者至少是部分来自商业利润。

同顺号经营于光绪年间，其盘单账簿始于光绪十三年（1887），迄于光绪三十三年（1907），共18件②，其股东与资本构成情况如表2-2-3。据盘单账簿题名《九江同顺洋货号盘单》，其经营地点为江西九江。从盘单内容可以看出，同顺号以"本染坊"为主要股东，除入伙货币1 000两外，其房屋、家伙等均计入合伙资本。据盘单所列销售余存"绸绫洋货"等商品名称的记载，洋货应为进口洋布，同顺号也经营布匹业务。又由于同顺号盘单归户于黟县十都宏村汪氏文书，故主要股东"本染坊"主人应为汪姓。

表2-2-3　同顺号股东与股本构成简表

单位：两

股东名称	盘单时间及股本结构					
	光绪十三年（1887）至十七年（1891）	光绪十八年（1892）至二十二年（1896）	光绪二十三年（1897）至二十六年（1900）	光绪二十七年（1901）至二十九年（1903）	光绪三十年（1904）至三十一年（1905）	光绪三十二年（1906）至三十三年（1907）
本染坊	1 000	1 000	1 000	（1 000）	（1 000）	（1 000）
同和号		2 000	3 500			

①《清光绪十六年孟夏月邱应书立遗嘱》，载刘伯山主编：《徽州文书》第一辑第一卷，广西师范大学出版社2005年版，第200页。

②同顺号盘单收录于刘伯山主编：《徽州文书》第二辑第六卷，广西师范大学出版社2006年版。

股东名称	盘单时间及股本结构					
	光绪十三年（1887）至十七年（1891）	光绪十八年（1892）至二十二年（1896）	光绪二十三年（1897）至二十六年（1900）	光绪二十七年（1901）至二十九年（1903）	光绪三十年（1904）至三十一年（1905）	光绪三十二年（1906）至三十三年（1907）
汪涣记	900	900	900	500	500	500
汪树记	900	900	900			
卢会记	600	600	600			
卢献记	600	600	600	2 000	2 000	2 000
吴鳌记	600	600	600			
许润记	300	300	300		750	750
胡旭记	450	450	450			
胡葆记	450	450	450	1 000	1 000	1 000
胡禧记				2 000	2 000	2 000
洪森吉斋				1 000	1 000	
濂荫堂				1 000		
世厚堂				2 000	2 000	2 000
汪庭礼				1 000	1 000	1 000
成大仁记				1 000		
许怡记				1 500		
载福堂				1 000	1 000	1 000
合计	5 800	7 800	9 300	15 000	12 250	11 250

注：括号内数据依据光绪二十七年（1901）至三十三年（1907）盘单计算得出。表格内空白代表该股东未入伙。

资料来源：刘伯山主编：《徽州文书》第二辑第六卷，广西师范大学出版社2006年版，第166—259页。

据表2-2-3，同顺号资本规模逐年增大，其中光绪二十七年（1901）至光绪二十九年（1903）为15 000两，大于兆成、同和号资本规模。合伙股东基本维持在九人以上，从入股资本金看，多者3 500两，少者300两，二者相差近十倍多，属于不等额投资。从股东名单可知，股东大多为其他商号的商人，似为不同家族成员。但是，濂荫堂、世厚堂、载福堂等均非个人，而是家族堂号名，其资本属于社会资本，说明同顺号除商人出资外，还吸纳了社会资本入伙。

二、合股合伙

合股合伙，也称股份合伙，合伙资本表现为一定等分的"股份"，资本以股份的形式存在。例如，民国初年，胡颂南、何光远等七人合股开设锦章祥布号，其资本构成采用了股份制。

> 立合同胡颂南、何光远、邵礼丞、邵镜湖、毕朝宗、孙济如、李家汝等，窃为吾人侧身商场，应图创业之举，顾念独立不足，众谋有余，溯自查君卓卿组织伊始，吾人不谋而合，开设锦章祥布号于屯溪八家栈。公举查卓卿为经理，以洋六千元正为坐股本，分十股。何光远君四股，洋二千四百元正；邵礼丞君一股，洋六百元正；胡颂南君一股，洋六百元正；邵镜湖君一股，洋六百元正；孙济如君一股，洋六百元正；毕朝宗君一股，洋六百元正；李家汝君一股，洋六百元正，共计洋六千元正，递年作八厘官息。决定副本每股作四百元，以十股核计，合四千元。除已收到何光远君副本洋一千六百元正，邵礼丞君一股副本洋四百元正，胡颂南君副本洋四百元正，李家汝君副本洋四百元正，仍有孙济如君、毕朝宗君、邵镜湖君三位副本（未收），候介到之日，由本店另出收据为凭。现已收之副本，本店概认为优先款，按年作一分二厘起息，候大众集齐之后再行，由经理人通告一律办法①。

可以看出，锦章祥布号的资本共洋钱 6 000 元，分为 10 股，每股 600元。其中，何光远 4 股，邵礼丞 1 股，胡颂南 1 股，邵镜湖 1 股，孙济如 1股，毕朝宗 1 股，李家汝 1 股，资本均以股份的形式出现。

在近代徽商经营的商号中，存在为数众多的杂货号。杂货号经营的商品虽然繁杂，棉布却是不可缺少的商品。文书资料所见，也有不少的杂货

---

① 《民国胡颂南、何光远等七人立合股开设锦章祥布号合同抄白》，原件藏于黄山学院图书馆。

商号，采用合股合伙的资本组合方式，例如清代光绪五年（1879）十一月章绍丰等立合墨所载：

> 立合墨章冠英、章绍丰、江施泉。因昔避兵遂安章村，相契遂联管鲍之□，故同治癸亥年在立本堂合开亦盛升记字号，布匹粮食杂货生业，比因资本无多，未立合墨，开张稍沾微利。甲子年正、八月两遭兵变，资本尽丧，难以复创。荷蒙吴复泰、金同发二号厚情，假货重开。乙丑岁议作四股合做。迨至戊辰年正月，共集成正本七申钱文六百两足。绍丰一股，应得七申钱一百五十两正。冠英一股，应得七申钱一百五十两正。施泉二股，应得施存记七申钱共三百两正。向则正月立盘簿二本，绍丰、冠英合收一本，施泉收一本，历来十二年矣，有沾余利经照股注明分派。且迩年来，生意艰难，实无利息。今年乙卯正月盘，只能保全资本六百两正。虽道同志合，而同人已老，若不议立合墨，恐启后辈子孙争端。又议酒糟、米糠归店养猪，稍补亏拆耳。自此之后，惟愿同心协力，兢业维持，毋得各怀己见，有负同舟共济之谊。至于生意赢亏，照股分派，休得异言。事关一体，贵乎同心一德，则生意兴隆，财源茂盛，拟继陶朱之富，以垂久远之基，特立合墨，一样三张，分书有、余、乐，各执一张，永吉昌存照。
>
> 章冠英（押）
>
> 光绪五年十一月　　日　　　　立合墨人章绍丰（押）
>
> 黟邑江施泉（押）①

章冠英、章绍丰和江施泉所立合墨，较为典型地反映了杂货商号合股合伙的资本组合形态。从合墨文书中可以看出，亦盛升号开设于浙江遂安县，经营布匹、粮食、杂货等，合伙资本共600两，"章冠英、章绍丰各一股，江施泉两股"。显然，600两资本被分割为四股，每股150两，合伙资

---

① 《清光绪五年十一月章绍丰等立合墨》，载刘伯山主编：《徽州文书》第一辑第五卷，广西师范大学出版社2005年版，第269页。

本表现出一定等分的"股份"，资本以股份的形式存在。从资本构成看，江施泉持有两股，资本300两，而章冠英、章绍丰则各持一股，不难看出，江施泉为主要股东。此外，合墨文书还反映了亦盛升号合伙股东既非家族成员，也没有亲属关系。非血缘关系人员能够结成经营中的合作伙伴关系，是由于"因昔避兵遂安章村"，在躲避同治年间的战乱中相遇、相识，反映了近代徽州布商信任范围的逐渐扩大。

亦盛升号开设于浙江遂安，而徽商在江西贵溪县上清镇开设的义昌杂货布匹店也表现出与其合股合伙相同的模式，如同治十二年（1873）的文书记载：

> 立代清晰店事字人汪世瑶、汪必林，缘予等之姐，均适江门，为同胞妯娌。而江宅昆仲四人，长名庆芳，次名庆华，三名庆福，四名庆年。惟长、次于道光年间，在贵溪县上清镇合开义昌杂货布匹店。八股之内，芳、华二人各得一股。三房庆福，向有疯疾，素在家乡，未曾婚配。年亦向在义昌店帮同照应。讵料今春年抱病回家，七日终寿。……其年昔年在店抱病、医药，长用店内洋银百余两，亦归年妻股下扣算，并今拨洋银一百十两归还丧费等项，用去股本不敷……
>
> 立代清晰字人　汪世瑶
> 必林
>
> ……
>
> 同治十二年又六月吉日　　　　　　立①

此份文书系股东去世之后，汪世瑶、汪必林等人为解决家庭经济纠纷而订立的合同。由上述议墨可知，江家四兄弟中，江庆芳、江庆华于道光年间与他人合伙投资，在江西贵溪县上清镇开设义昌杂货布匹店。义昌店股本共分为八股，"八股之内，芳、华二人各得一股"。合伙资本不仅以

---

① 《清同治十二年又六月吉日汪世瑶等立代清晰店事字》，载刘伯山主编：《徽州文书》第一辑第五卷，广西师范大学出版社2005年版，第261页。

"股份"的形式存在，而且还表现出一定等分的股份，与亦盛升号合股合伙模式基本相同。江庆芳、江庆华每人一股，说明二人均不是主要股东，但其四弟江庆年"亦向在义昌店帮同照应"。"帮同照应"，即接受股东兄长的委托，帮忙照顾、照料商号经营，甚至一定程度上含有监督之意。可以看出，次要股东参与了商号的经营管理。江庆年并无股份，可能只是供职于义昌店，但他在三位兄长相继去世后，"家外事宜俱年料理"，成为二位兄长股份的代理人。正因如此，江庆丰能够长期就职于义昌店，并因长期患病，欠下了大量医药费，去世后其家庭内部遂出现了经济纠纷。

合股合伙多出现于资本不多、规模不大的小型商号，如亦盛升号总资本仅有600两，即如前述汪乾初、汪全五合伙开设的张德胜字号，每人一股240两，合计才有480两。近代徽商经营的其他行业也存在类似情况，如光绪二十二年（1896），祁门金春清、祖保、茂松等17人，合伙开设福馨昌茶号，其资本按等额股份划分为17股，每股洋钱100元，合计1 700元①。由此可以看出，小型商号融资较为困难。也正是因为筹措资金不易，往往对入股股东的退出会做出较多的限制②，不同于普通合伙股东可以自由入伙、退出。

总之，商业账簿及相关文书资料揭示了近代徽州布商普通合伙和合股合伙两种合伙经营类型，可以看出，近代徽州布商合伙经营的现象较为普遍。尽管近代徽州布商中也存在独资经营、委托经营等多种形式，如上海最大的棉布商祥泰号由休宁汪厚庄独资开设，但其本人并不直接负责经营，而是委托汪宽也全权负责经营管理，成就了祥泰布号的辉煌，但是合伙经营仍是布业经营中最主要的经营方式之一，尤其是中小布号更是如此。

---

① 《清光绪二十二年六月金春清等立合伙约》，载刘伯山主编：《徽州文书》第一辑第十卷，广西师范大学出版社2005年版，第332页。

② 参见拙文：《晚清徽商合伙经营实态研究——以徽商商业文书为中心的考察》，《安徽师范大学学报》（人文社会科学版）2012年第4期。

三、合伙传统的延续与近代新变化

合伙经营始于明代，为明清徽州布商历史遗产之一。近代徽州布商不仅继承了此份历史遗产，同时也随着时代的发展，出现了新的变化。

第一，股东构成的非宗族化趋势。合伙商号的股东构成不仅反映了股东的持股比例，也反映了股东之间的社会属性。明清徽商多采用家族合伙经营，家族式经营成为徽商的特点之一。其原因在于人们利用宗族关系联合起来，可以互相支持，在竞争中维护自己的利益[1]，抵御投资风险。但近代徽商家族合伙、合股的现象越来越少，绝大多数合伙商号股东为异姓成员，例如亦盛升号股东章冠英、章绍丰、江施泉三人是在躲避战乱的过程中相识，进而结成合股股东[2]。同和号、兆成号股东邱集文、程鸣玉等人则是旧同事关系[3]，并非家族成员合伙经营。光绪年间，同顺号的股东多达8~11名，从股东姓名看，至少有五个不同的姓氏，这些异姓股东之间恐怕难以形成亲属关联，其股东构成也反映出非宗族性的特点。因此，近代徽州布商合伙制股东结构中，尽管存在家族合作的遗风，但随着徽商社会活动空间的扩大，股东的地缘关系逐步取代了传统徽商家族的血缘关系。股东之间社会关系的变化，也为商号融资和资本扩张提供了更为广阔的社会空间。

第二，股权流转相对自由。上述账簿文书资料显示，普通合伙布号中，股东入股和退股相当自由，均没有多少约束。例如同治八年（1869）郭济川加入兆成号，入股资本为商号总资本的47.6%，一举成为兆成号的主要股东。但光绪十二年（1886）郭济川即退出兆成号，此后的盘单均未见关于郭济川的记载。郭济川的入股和退股行为几乎没有受到限制，较为自由。又如，从同和号程鸣玉、王道南等五人所立合墨的内容看，对于合伙股东也只是提出"自合之后，惟冀协和，永同共济……"等笼统的要

---

[1] 张海鹏、王廷元主编：《徽商研究》，安徽人民出版社1995年版，第4页。

[2]《清光绪五年十一月章绍丰等立合墨》，载刘伯山主编：《徽州文书》第一辑第五卷，广西师范大学出版社2005年版，第269页。

[3]《清光绪十六年孟夏月邱应书立遗嘱》，载刘伯山主编：《徽州文书》第一辑第一卷，广西师范大学出版社2005年版，第200页。

求，没有具体的约束。再如，同顺号的股权流转也是如此，光绪二十七年（1901）许怡记入伙 1 500 两、成大仁记入伙 1 000 两，成为两大主要股东，但第二年这两名股东退股，可见入股和退股均较为自由。由此看来，作为兆成号、同顺号股东的主要股东和一般股东，不仅拥有随时入伙的权利，也有随时撤资退出的权利，股权流转较为自由。对照明清徽商合伙股东的入股、退股方式可以看出，近代徽州布商股东的行为模式和自由度与传统时代几无区别。

第三，利润流向商业投资。传统徽商在获得大量的商业利润后，一方面"以末致财，以本守之"，大量购置土地；另一方面用于奢侈性消费，以及建宗祠、置族田、修道路等"义举"[①]，利润大多不再进行扩大投资。商业利润封建化是传统徽商的特点之一，不仅难以扩大市场规模，也限制了其发生"商业革命"的可能。

根据上述文书资料的记载，近代徽州布商利润基本流向了商业投资领域。例如，同顺号的九名股东中，汪焕记、胡旭记、卢会记等八位股东均是在江西九江从事商业经营的商号，《徽州文书》第二辑第六卷中收录了这些商号的经营账簿，如《光绪十九年吉立升记浔店历年用账》等，从中可以看出其商业经营的基本形态。股东程鸣玉、邱集文等人均为同和号股东，在经营同和号之外，又投资开设兆成号。由于兆成号经营得当，股东获得稳定的收益，几位股东又将利润转向景德镇投资，开设恒足布号。如邱氏家族分家阄书记载，当年"幸兆成经营顺利，又就兆成胡、程、邱三姓原股，分得余资，在景德镇合设恒足布号"[②]。因此，近代徽州布商在经营和投资理念上出现了新变化，追加投资或再投资已经成为近代徽州布商的新特点。商业利润的再投资，有利于增加商品流通、扩大市场空间和规模，进一步促进市场的发展和繁荣。

---

① 张海鹏、王廷元主编：《徽商研究》，安徽人民出版社1995年版，第441页。
② 《民国九年季春月立邱集德堂椒字号阄书之二》，载刘伯山主编：《徽州文书》第一辑第一卷，广西师范大学出版社2005年版，第248页。

第三节　近代徽州布商合伙经营的利润分配

凡商业经营都会追逐利润，徽州布商概莫能外。利润不仅反映了资金增值能力，也反映了经营效益。由于文献资料少见布业经营利润的记载，故而近代徽州布商合伙经营的利润情况较为模糊。盘单账簿所见晚清合伙徽商主要采用利润均分、正余利制两种利润分配方式，与传统合伙经营的利润分配制度基本相同。

一、利润均分制

所谓利润均分，是指出资股东按照同等的资本年利率，进行利润分配的制度安排。如兆成号虽然各位股东入伙的股本数量不等，但依据利润均分制，股东均"照正本一分拨息""照正本一分五厘拨息""照正本二分一厘五毛拨息"，即股东间分配的利润率均等。例如同治十二年（1873）兆成号盘单具体记载了此类分配制度：

> 除该各存仍存曹宝纹四千零七十两正。
> 照正本一分拨分息。
> 郭济记正本曹宝纹二千两正，拨分息曹宝纹二百两正。
> 何棣记正本曹宝纹二百两正，拨分息曹宝纹二十两正。
> 胡蔚记正本曹宝纹五百两正，拨分息曹宝纹五十两正。
> 程志记正本曹宝纹二百两正，拨分息曹宝纹二十两正。
> 程鸣记正本曹宝纹四百两正，拨分息曹宝纹四十两正。
> 邱集记正本曹宝纹三百两正，拨分息曹宝纹三十两正。
> 程星记正本曹宝纹一百两正，拨分息曹宝纹十两正。
> 以上共拨分息曹宝纹三百七十两正。
> 除拨分息仍实存曹宝纹三千七百两正①。

---

① 《清同治十二年正月兆成抄照程鸣记盘单》，载刘伯山主编：《徽州文书》第一辑第三卷，广西师范大学出版社2005年版，第116页。

从上述盘单账簿内容可以看出，兆成号七名股东虽然入伙资本额度不等，分得利润数量也不相同，但由于采用利润均分制，每位股东均享受一分的资本利润率。因此，所谓利润均分实为利润率均等。

事实上，商号实施的利润分配制度，均来自开业之初股东的约定，即制度安排。例如，《咸丰八年二月程鸣玉等立开布店合墨》系同和布店重新开业之初，各位股东签订的合伙合同，合同中约定了同和布店利润率均等的分配制度。

> 立合墨程鸣玉、王道南得记、王心原、王懋修、邱集文等，窃闻生财有道，交易在人，觅利先于克己，同心必致如兰。今吾等同和一气，程鸣玉出正本曹平宝纹五百两正，王道南得记出正本曹平宝纹二千两正，王心原出正本曹平宝纹二千两正，王懋修出正本曹平宝纹二千两正，邱集文出正本曹平宝纹五百两正，共成正本曹平宝纹七千两正，在本县城中租寓，合开"同和"字号，棉花布疋生理，经手司事务须注账明白，议定递年正月眼同盘查，所获利金，照本均分，倘有不敷，照本均认，另立盘单付各股收执。自合之后，惟翼协和永同，共济行见，源源而来定然生生不息。为此共立合墨五张，各执一张，永远存照。
>
> 咸丰八年二月　日立合墨　　　　　　　　　程鸣玉（押）
> 　　　王道南得记：心原（押）容照（押）懋修（押）
> 　　　　　　　　　　　　　　　　　　　　王懋修（押）
> 　　　　　　　　　　　　　　　　　　　　邱集文（押）
> 　　　　　　　　　　　见　胡耀堂（押）①

据上述合墨记载，程鸣玉、王道南得记、王心原、王懋修、邱集文分别投入500两、2 000两不等数量的资本，合伙开设同和布店。股东之间约

---

① 《清咸丰八年二月程鸣玉等立开布店合墨》，载刘伯山主编：《徽州文书》第一辑第三卷，广西师范大学出版社2005年版，第79页。

定的利润分配方式为"所获利金,照本均分",就是按照均等的资本年利润率进行均等分配。

利润分配首先要有利润可分。然而,商业利润的获得需要相对稳定的社会环境和经营条件。同和号、兆成号分别经营于咸丰战乱时期和同光中兴之际,不同的社会环境导致了商业利润的变化。同和号采用了利润均分制,其盘单账簿所记历年股本、利润等情况如表2-3-1所示。

表2-3-1　同和号股本、利润及利润率

时间	股本(元)	利润总额(元)	利润率(%)
道光二十九年(1849)	6 000	360	6%
道光三十年(1850)	6 000	420	7%
咸丰元年(1851)	6 000	600	10%
咸丰二年(1852)	6 000	600	10%
咸丰三年(1853)	8 000	160	2%
咸丰四年(1854)	8 000	960	12%

资料来源:刘伯山主编:《徽州文书》第一辑第三卷,广西师范大学出版社2005年版,第54—63页。

据表2-3-1,同和号利润率最高为12%,最低为2%,其中10%～12%共3次,6%～7%共2次,2%只有1次,6个年度的平均利润率为7.8%。由于同和号获利能力相对较低,故而在咸丰八年(1858)进行了资本重组,再次签立合墨。同和号效益不佳的原因在于受到咸丰年间太平军与湘军争战的影响,由于同和号经营地黟县为两军交战的主战场之一,战争不仅破坏了销售市场,也断绝了布匹进货市场,商业经营十分艰难,故而7.8%的利润率属于非正常利率。

不难看出,稳定的社会环境是商业经营获利的基本条件之一。兆成号盘单账簿所记的同治五年(1866)至光绪三十四年(1908),正是社会趋于稳定,市场经营条件逐步好转的时期,故而兆成号的获利明显不同于同和号,其利润情况如表2-3-2所示。

表2-3-2　兆成号同治、光绪年间资本、利润及利润率

单位：两

时间	资本总额	利润	利润率（%）
同治五年（1866）	2 000	430	21.5
同治八年（1869）	4 200	756	18
同治九年（1870）	4 200	0	0
同治十年（1871）	4 200	252	6
同治十一年（1872）	4 200	420	10
同治十二年（1873）	3 700	370	10
光绪十二年（1886）	1 100	110	10
光绪十四年（1888）	1 100	55	5
光绪十六年（1890）	1 100	110	10
光绪十七年（1891）	1 100	55	5
光绪十八年（1892）	950	190	20
光绪十九年（1893）	1 100	220	20
光绪二十年（1894）	1 100	220	20
光绪二十一年（1895）	1 100	110	10
光绪二十三年（1897）	1 100	220	20
光绪二十六年（1900）	1 000	200	20
光绪二十七年（1901）	1 000	100	10
光绪二十八年（1902）	1 000	100	10
光绪二十九年（1903）	1 000	600	60
光绪三十一年（1905）	1 000	0	0
光绪三十二年（1906）	1 000	200	20
光绪三十三年（1907）	1 000	0	0
光绪三十四年（1908）	1 000	100	10

资料来源：刘伯山主编：《徽州文书》第一辑第三卷，广西师范大学出版社2005年版，第109—205页。

　　表2-3-2显示的23年中，兆成号利润率以光绪二十九年（1903）为最高年份，达到60%，最差年份无利润。其中60%为特例，仅1次，20%以上利润率共7次、10%以上9次，10%以下3次，无利3次，平均利润率为

14%，相当于年息一分四厘的水平。由于社会稳定，商号具有一定的赢利能力，股东也能从中获取稳定的投资收益，故而兆成号的经营前后持续了近70年之久①。

二、官利、余利制

官利，又称正利，不论商号盈利情况如何，是股东必须获得的收益。官利分配后有余，谓之余利②。同顺号盘单及账簿文书所记正利、余利内容十分详细，不仅具体呈现了正利、余利分配形态，而且为进一步研究二者之间的关系和影响提供了第一手资料。例如光绪十九年（1893）同顺号盘单账簿记载的股本结构及正利、余利分配：

存本染坊正本　计曹纹一千两。

存本染坊官利、租金　计曹纹一百九十两正。

存景（德）镇同和栈　计正本（曹）纹二千两正。

存同和官利　计曹纹二百正。

该汪涣记　正本曹纹九百两正。

该汪树记　正本曹纹九百两正。

该卢会记　正本曹纹六百两正。

该卢献记　正本曹纹六百两正。

该吴鳌记　正本曹纹六百两正。

该胡葆记　正本曹纹四百五十两正。

该胡旭记　正本曹纹四百五十两正。

该许润记　正本曹纹三百两正。

该八股正本官利曹纹四百八十两正。

该堆金　计曹纹四千一百八两二钱三分四。

该堆金利　计曹纹四百十两八钱。

①　汪崇篔：《清代徽商合墨及盘、账单——以〈徽州文书〉第一辑为中心》，《中国社会经济史研究》2006年第4期。

②　方行等主编：《中国经济通史·清代经济卷》，经济日报出版社1999年版，第955—956页。

堆金总共曹纹四千五百十九两三分四①。

同顺号盘单所列类目以同顺号"本染坊"及关联股东景德镇同和号为"存项",其他股东则为"该项",以体现借贷关系。从中可以看出,同顺、同和号及其他八位股东的官利按照10%的利润率提取。但余利并不在当年分配,而是在积累到一定数量之后再分配给各位股东,这在同顺号账簿中得到了反映。

汪焕记为同顺号股东,遗存同顺号账簿恰好具体记载了光绪十一年(1885)至光绪二十三年(1897)拨付股东"焕记"的正利和余利,较为具体地呈现了利润构成和利率,如表2-3-3。

表2-3-3 股东汪焕记所得正利、余利及利率

单位:两

结算时间	正本	正利	正利率	余利	余利率
光绪十一年（1885）	900	79.849	8.87%		
光绪十二年（1886）	900	90	10%		
光绪十三年（1887）	900	90	10%		
光绪十四年（1888）	900	90	10%	987.715	27.43%
光绪十五年（1889）	900	90	10%		
光绪十六年（1890）	900	90	10%		
光绪十七年（1891）	900	90	10%		
光绪十八年（1892）	900	90	10%	929.342	20.65%
光绪十九年（1893）	900	90	10%		
光绪二十年（1894）	900	90	10%		
光绪二十一年（1895）	900	90	10%		
光绪二十二年（1896）	900	90	10%		
光绪二十三年（1897）	900	90	10%		

资料来源:刘伯山主编:《徽州文书》第二辑第六卷,广西师范大学出版社2006年版,第390—391页。

---

① 《清光绪十九年九江同顺洋货号盘单》,载刘伯山主编:《徽州文书》第二辑第六卷,广西师范大学出版社2006年版,第189页。

由表2-3-3可见，汪焕记投入了股本900两，获正利90两，利润率为10%，这与盘单记载一致，如上文光绪十九年（1893）的盘单。但余利并不逐年分配，而是在经营一定时间后的四年或五年，进行总结算，进行再分配，九年的平均利润率为23.66%。若将同顺号正、余利合并计算，其利润率高达33.67%，远高于前述各商号的利润率。

上文已述汪焕记为同顺号股东，依据遗存的《便记》等账簿及往来书信可知，汪焕记名汪焕卿，黟县宏村人，经商于九江。因此，大体可以认定汪焕卿为直接参与商号经营的股东。由此可见，上述官利、余利分配制度反映了股东主持或参与布店经营管理的利润分配制度。

在为数众多的近代徽州布号中，除了股东直接经营管理的商号外，还有不少股东并不直接参与布店经营管理，而是聘用经理人员，委托其负责经营管理。委托经营管理的布号，虽然也采用官利、余利分配制度，但在余利分配上有所变化。例如光绪二十七年（1901），何星一、胡企文、胡寿山、胡辅卿、胡雨青等五人合议在屯溪合资开设益昌布店，为此签订合伙经营合同。

   立合同人何星一、胡企文、胡寿山、胡辅卿、胡雨青等。缘身等各出英洋二百元，共合资本英洋一千元正，在黟城北街开益昌布店。公同议定：递年应取官利一分，其利随年抽拨，于新正盘账后按股缴付，不得拖延。如有余利，则候五年之后，作为七股分派。除各东各取一股外，仍余二股则以一股酬正、副执事之勤劳，以一股酬众朋友之辛苦。各东除应取官利之外，不得向店中宕空钱洋，亦不得向店中赊取货物年底不归。自□之后，所有盈亏五股均摊，勿得推诿。今欲有凭，立此合同一样五张，各执一张，永远为据。

   光绪二十七年五月　日 立合同　　　　何星一（押）

　　　　　　　　　　　　　　　　　　　　　　胡企文（押）

　　　　　　　　　　　　　　　　　　　　　　胡寿山（押）

　　　　　　　　　　　　　　　　　　　　　　胡辅卿（押）

　　　　　　　　　　　　　　　　　　　　　　胡雨青（押）①

---

① 《清光绪二十七年五月何星一、胡企文、胡寿山等立开布店合同》，原件藏于黄山学院图书馆。

据上述合同记载，五位股东约定每人出资500元，在黟县县城北街合伙开设益昌布店。五位股东每年收取一分的官利，官利收取的时间为正月盘账之后，这与股东直接经营布号的官利分配方式基本相同。又据合同约定，官利支付之后所结余的利润才是余利，每隔五年分配一次。余利分配时，共分成七股，"除各东各取一股外，仍余二股则以一股酬正、副执事之勤劳，以一股酬众朋友之辛苦"。即股东需从余利中提取七分之二的利润，用于奖励经营管理人员和普通伙计。从中不难看出，五位股东并不直接参与益昌布店的日常经营管理，而是采用委托经营管理的方式，聘用专业的正、副执事负责益昌布店的经营管理。显然，由于经营管理人员构成的变化，益昌布店的余利分配方式有所变化，以七分之二的余利奖励经营和管理人员。通过奖励的方式，调动经营管理人员的工作积极性，以此保证每位股东每年获得稳定的官利收入和一定的余利收益，实现股东利益最大化的追求。

据《清宣统元年程石记、郑镛记、郑际记立合同墨据》记载，程石记、郑镛记、郑际记三位股东合伙资本洋钱5 000元，在苏州开设仁大洋货布店。三位股东并不参与布店的经营管理，而是"兹请邹琴清兄为执事"，采取了委托经营管理的方式。三位股东商定，仁大洋货布店实行官利、余利分配方式，"官利周年一分行息，闰月不算，余利以三年期满照股均分"。官利年利率及余利分配时间，与前述股东直接经营管理的布店基本相同，但是在余利分配的安排上，"议年终盘账，除各项开支外，得有盈余，作十成匀派：公积提二成，执事与各朋友得二成，其余按股均分"[①]。

又据《民国胡颂南、何光远等七人立合股开设锦章祥布号合同抄白》，胡颂南、何光远、邵礼丞、邵镜湖、毕朝宗、孙济如、李家汝等股东合股资本洋钱6 000元，在屯溪八家栈开设锦章祥布号。七位股东也不参与锦章祥布号的经营管理，而是"公举查卓卿为经理"，委托其负责布

---

① 《清宣统元年程石记、郑镛记、郑际记立合同墨据》，转引自刘伯山：《从一份康熙年间的合同书看清代徽商经营方式的转变》，载陆勤毅主编：《安徽文化论坛2013：徽商与徽州文化学术研讨会论文集》，安徽大学出版社2014年版，第236页。

号的日常管理。

　　另定各项章程附列于后：

　　一、议正、副股本官息，递年正月清楚之后，由经理人分送，平日均不得先支，以昭慎重。

　　二、议自开张以往递年除开支官息之外，概为红利，以三年后总计。除酬劳店友之外，仍余照股分派，设有亏耗宜然。

　　三、议上年设有亏耗，下年除开支官息之外，应补足上年亏耗之数，仍余方为红利。

　　四、议红利以十分之二酬劳店友，八分照股分派①。

　　同顺号能够获得丰厚的利润，除了光绪年间市场和社会稳定等外在的原因之外，还与经营商品的种类、正余利制兼顾到投资和经营者双方利益等因素有关。前文已述，同顺号经营新式洋布，其价格、质地均优于传统土布，产品优势自然也有力地促进了销售收入，增加了利润。正余利制对于商业经营及优化经营效益能够发挥一定的激励作用。相关研究表明，采用正余利分配体制的合伙商号大多所有权与经营权分离。通过固定正利率的方式，保障了资本所有者获得稳定的收益，降低了资本风险，增加了投资信心；又以余利的形式将经营者本身收益与经营效益联系起来，有利于提高经营者的积极性，使经营效益达到最大化，同时又可增加所有者的收益。因此，合伙商号的正余利制不仅可以兼顾所有者和经营者的双方利益，而且能调动经营者的经营热情，优化经营效益②。

　　总之，近代徽州布商合伙商号中，利润分配制度主要采用利润均分制和正余利制。如上文所述，两种分配制度均为明清徽商所用，表明近代徽州布商的利润分配制度完全沿袭了传统制度，没有出现新的变化。虽然股东结构、利润流向上表现出一定程度的变化，但股东入股、退股较为自

---

　　① 《民国胡颂南、何光远等七人立合股开设锦章祥布号合同抄白》，原件藏于黄山学院图书馆。

　　② 王裕明：《明代商业经营中的官利制》，《中国经济史研究》2010年第3期。

由，又与传统合伙机制高度吻合，即便在民国初期徽州布商举办的纺织企业中，仍然沿用了这样的机制。因此，在近代徽州布商的合伙经营机制中，出现了传统与近代交织的现象，既有浓厚的传统色彩，又具有明显的近代变化。传统与近代交织的双重色彩，对徽商的近代发展影响极大。在第三章至第五章的分析中可见，近代徽州布商经营的棉布商品种类花样翻新极快，不断追逐市场新潮，虽然会有局部经营手段的变化，但是总难以出现制度的创新，由此决定了近代徽州布商经营规模难以有新的突破，尤其是中小商人始终处于满足为"生计"而经营的阶段。倘若从近代社会变迁的角度来看，"半殖民地半封建"的近代中国社会，某种程度上就是新与旧、传统与近代交织的社会。那么，近代徽州布商所体现的传统与近代交织的双重色彩，正是近代中国社会转型、过渡的真实写照和具体表现，如此看来，近代徽州布商的"双重色彩"在一定程度上反映了中国近代社会的变迁。

第三章　近代徽州布商棉布批发贸易

通商口岸是近代中国经济发展的前沿地区，同时也是近代棉布批发贸易和转运中心，对内地棉布市场具有较强的辐射和影响力。本章以通商口岸的徽州布商棉布批发业务为中心，从洋布、土布两类商品的批发贸易中，展示近代棉布市场的变迁。

第一节　洋货号的洋布批发贸易

一、上海清洋布店的洋布贸易

（一）清洋布店的出现

近代中国棉布市场的第一个变化，就是西方纺织品洋货进入了中国市场。早在鸦片战争以前，洋布由广州运销上海，但为数甚微。五口通商后，上海开埠，洋布进口量逐年增加，后来超过鸦片，居于进口货的首位。约在道光三十年（1850），始有专营洋布的清洋布店出现。至道光三十八年（1858），这种专业洋布店增至十五六家，洋布行业开始形成，洋布公所振华堂亦于是年成立①。

据振华堂洋布公所相关资料记载，上海最早的十五六家清洋布店中，即有两家由徽商投资开设，分别是同治元年（1862）左右开业的恒丰信、

---

① 中国社会科学院经济研究所主编：《上海市棉布商业》，中华书局1979年版，第1页。

鼎裕洋货布号①。之后，又有光绪二十七年（1901）开设的巨成昶、履泰昶等洋货号②。据《上海市棉布商业》一书考证，洋布进入上海市场的初期，主要利用京广杂货店兼营的方式向市场推广③。所以，上海清洋布店大多由京广杂货店蜕变而来④。又据文献记载，洋布尚未大量进口前，上海的"歙县人经营京广杂货""业内批发店全是安徽歙县人所经营，范围很大，资力也厚。内中如巨成昶、永隆、利泰昌、怡源等，都相当著名"⑤。显然，巨成昶洋货号即是由京广杂货店蜕变而来的。

据振华堂洋布公所档案资料记载，恒丰信洋货布号开设于上海大东门城外，以姚少春为经理，从事门市兼零匹批发业务⑥。恒丰信的投资老板姓名不详，仅知其为"徽州茶商"合伙⑦。鼎裕洋货布号亦开设于上海大东门城外，以吴华堂为经理，也从事门市兼零匹批发业务。鼎裕的投资老板姓名未见记载，仅简略叙其为"安徽茶漆商合伙"⑧。结合徽商经营行业可知，茶、漆是徽州地区输出的大宗商品，同治元年（1862）前后经营茶、漆生意的安徽商人也主要是徽商。因此，鼎裕洋货布号为徽商开设应无异议。两家洋货布号由徽州茶商独资，或茶商与漆商合资，且经营地均为上海，其原因与近代茶叶市场的变化有关。五口通商之后，徽州外销茶叶大多已改由上海出口，故而上海一地徽州茶商云集⑨。西方洋货的涌入，迅速成为上海市场销售最旺的商品。显然，徽州茶商是从洋布市场销售的趋势和利润回报中看到了经营洋布的市场前景，遂有投资清洋布店

① 中国社会科学院经济研究所主编：《上海市棉布商业》，中华书局1979年版，第10、29页。
② 程必定、汪建设等主编：《徽州五千村：歙县卷》下，黄山书社2004年版，第16页。又据1947年上海徽宁会馆有关资料记载，巨成昶洋货号开设于上海金陵东路，经理为方晓之，时年77岁。参见《徽宁会馆歙县籍董事》，及1947年11月上海市社会局徽宁会馆注册登记等文件，上海市档案馆藏，档号Q6—9—110。
③ 中国社会科学院经济研究所主编：《上海市棉布商业》，中华书局1979年版，第8页。
④ 许涤新、吴承明主编：《中国资本主义发展史 第二卷 旧民主主义革命时期的中国资本主义》，人民出版社2003年版，第190页。
⑤ 吴拯寰：《旧上海商业中的帮口》，载上海市文史馆、上海市人民政府参事室文史资料工作委员会编：《上海地方史资料（三）》，上海社会科学院出版社1984年版，第102—106页。
⑥ 中国社会科学院经济研究所主编：《上海市棉布商业》，中华书局1979年版，第27页。
⑦ 中国社会科学院经济研究所主编：《上海市棉布商业》，中华书局1979年版，第10、27页。
⑧ 中国社会科学院经济研究所主编：《上海市棉布商业》，中华书局1979年版，第29页。
⑨ 张海鹏、王廷元主编：《徽商研究》，安徽人民出版社1995年版，第228—229页。

之举。

恒丰信、鼎裕之所以选择在大东门城外开设清洋布店，主要考虑到市场的闹静和居民的繁稀。其时，上海的销售市场以大东门城内和城外一带最为热闹，作为居民衣着需要的土布店都开设在这一地区。洋布店为了争夺土布销售市场，自然以此地区作为开店的首选地①。一般清洋布店的从业人员12~16人之间，如经理一人兼进货，会计出纳2~3人，学徒2~3人，外勤栈司、炊事员各一人，其余为营业员。在营业员中有头柜、二柜（负责零售业务）之分，也有兼做内庄批发的营业员②。

（二）清洋布店经营变化与洋布批发方式

1. 清洋布店与洋布进口国的变化

洋布最初由英国输入，英国输入的棉布主要有原布、花色货及印花货三个种类。原布主要为细布、细斜、粗布、粗斜等，花色货主要有漂布、洋红布、泰西缎、元羽绸、洋纱等，印花货主要是印花花布、花门帘布、花羽绸、花木耳纱、花洋纱等。19世纪后期，美国白布进口大增，几乎控制了中国白布市场③。美国棉布品种主要是各种本色白布，如粗布粗斜、细布细斜、洋标、绒布等，特别是美国的粗布和斜纹布因其布质地厚，质量非常好，一直受到中国人的喜爱。光绪二十六年（1900）左右，日本棉布开始运销来华，最初仅有丝布、绸布、卷筒布等数种。到宣统二年（1910），日商阿部市、伊藤、江商、益记、东棉、茂木、大文、野泽组等洋行相继成立，进口商日益增多，所销棉布主要有洋标、粗布粗斜、细布细斜、斜纹绒、漂布、红棉呢、洋红布、花标等，其中尤以细布、细斜的销路最旺。日商大多都懂中国话，且能说上海话，善于笼络钻营，加上日本棉布成本低、到货快，能够经常更新品种，又有日本在上海的洋行进行推销，使得日本棉布在非常短的时间内倾销到全国，甚至把美国白布挤出了中国市场。于是，原来经营英美货的华商，逐步改营日本货，其中徽商

---

① 中国社会科学院经济研究所主编：《上海市棉布商业》，中华书局1979年版，第11页。
② 中国社会科学院经济研究所主编：《上海市棉布商业》，中华书局1979年版，第14页。
③ 中国社会科学院经济研究所主编：《上海市棉布商业》，中华书局1979年版，第4、12页。

恒丰信洋货布号即从经营西洋洋货改营日本东货①。因此，清洋布店经营洋布种类的变化，在一定程度上反映了洋布商品在中国市场的起伏变化。

2. 清洋布店与拆货批发

洋货打开销路后，上海成为进口洋货吞吐集散的枢纽，各地棉布商都纷纷来沪设立申庄，采购数量逐年上升。由于各地棉布商资本不多，范围较小，无力购买洋布原件，只能向零售店批购。由于这种交易的频繁，逐渐促使部分零售店转向零匹批发业务发展。在此背景下，恒丰信放松了门市交易，转以零匹批发为主要业务。零匹批发（亦称内庄批发）开始时为现款交易，习称现批。旋因部分客户（内地零售店）因批购较多，带款不足，要求下次付清。批发店为笼络老顾客，推广业务，对熟悉的客户，就同意通融办理。后来逐渐成为习惯，形成拆货批发号一种半现半赊的特有批发形式。另一方面，因为赊销关系，使一部分零售店弃用了现批交易。由于内地零售店的增加和赊销的集中，恒丰信的零匹批发业务走向专业化。该店全年营业额为三四十万两，除去各项开支后，净利在5 000至1万两之间。其经营模式成为上海棉布行业初期发展的新类型②。

3. 集益公司与迢批进货

前文已述，清洋布店经营的洋布需从上海的外国洋行采购。民国二十六年（1937）一月春节前夕，同丰号联合源茂盛、敦和、宏业、庆顺、恒信丰、日新昶、余昌祥、协大祥、宝大祥、履泰昶11家同业，集体向英商纶昌印染公司一次性采购三种印花布500箱（计二万匹），得到百分之五的让价。进货后，11家同业达成协议，所进洋布仍按市价加上利润出售，洋行的百分之五让价作为额外利润收入。11家清洋布店中，目前已知恒信丰、履泰昶为徽商开设的洋货号，说明徽州布商参与了此次集体采购行动。从此次集体采购中，洋货号认识到集中迢批进货的好处：一是市面灵，见解多；二是资金足，进货量大；三是销售快，利润高。于是，"八一三"沪战发生后，以源茂盛为主体，租赁宁波路张崇新弄内一间客堂楼，成立集益公司。其中，恒信丰、履泰昶均为集益公司成员单位。

---

① 中国社会科学院经济研究所主编：《上海市棉布商业》，中华书局1979年版，第57页。
② 中国社会科学院经济研究所主编：《上海市棉布商业》，中华书局1979年版，第25页。

集益公司是既无资金，又无固定组织形式的虚设机构，其成员平时各自经营，不受任何约束。遇生产厂商有趸批出售棉布时，该公司推出与厂家地理位置较近的批发号独家出面，整批买进，再按成员号的业务范围，认定比例，分别开出支票向出面字号出货。对议定的统一售价，各成员号必须严格遵守，以保持高额利润。集中趸批进货不仅能使批发商获得高利润，也盘活了厂家积压的棉布，解决了其资金的压力，荣丰棉纺厂和光中、大隆染织厂等均为典型事例，从中也可以看出，清洋布店已从洋行进货转入国内纺织企业进货。集益公司趸批进货方式，在日本占领上海，强迫实现棉布收购政策后即告停止①。

总之，专营洋货的清洋布店是英、美、日等国家对华棉布商品倾销的必然结果，它的出现反映了门户洞开之后中国市场的变化，在一定程度上折射出了中国半殖民地市场的特有现象。徽商经营的洋货布店数量不多，规模不大，在上海的洋货市场中也不是主导力量，但是其开创的拆货批发、集中趸批进货的经营模式则是新式经营类型。这一经营模式，有利于洋布以上海为中心，向内地输送，进入内地城乡市场，从而为洋布市场的拓展，以及洋布全国销售网络的形成发挥重要作用。洋布输入内地市镇，尽管存在扩大西方工业品在华市场的一面，但洋布在华销售和市场扩展，让中国民众首次亲见工业产品，其社会影响远远大于洋布本身的价值。

二、九江洋货商号的批发贸易

上文已述，洋货以上海为中心，形成了一个庞大的市场网络，逐步向内地市场推进，最终在中国棉布市场占据了主导地位。但是，洋布进入内地市场，仍然需要借助内地口岸城市的批发商，才能将其分销到乡镇市场。因此，内地口岸城市的批发商在洋布进入内地的过程中发挥了关键作用。为了深入考察洋布在内地口岸城市的批发贸易，本书选择九江徽商洋货商号作为考察对象。之所以选择以九江徽商洋货商号作为考察对象，有如下两个方面的理由：

---

① 中国社会科学院经济研究所主编：《上海市棉布商业》，中华书局1979年版，第286—288页。

第一，九江位于长江中游，是近代第二批通商口岸。九江地处江西省北部，长江中下游交接之处。与上游的汉口直线距离仅有360里，与下游的上海水路650里，乘轮船仅需1～2日即可到达，交通极为便捷。第二次鸦片战争结束后，据《天津条约》的规定，九江被辟为通商口岸。九江开埠通商后，一跃成为长江上、中游贸易中心，自然也就成为洋布进入内地的转输中心口岸。因此，考察九江及九江徽商洋货商号具有典型意义。

第二，九江是徽商云集之地。九江开埠通商，带动了商业繁荣，吸引了周边地区商人在此经营，"苏、浙、皖、鄂、闽、粤诸省人，皆在此经营商业"①。徽商亦云集于此，出口洋庄茶、销售进口洋布等，随之也出现了类似上海清洋布店的洋货布号。据文献记载，九江的布店、绸缎店"以徽帮人居多""生意兴旺，获利较其他行业较厚"②。此外，九江徽商洋货商号与江西境内南昌、景德镇等城市，以及县级市镇的徽州布商联系紧密，而且所遗存商业账簿和其他文书资料较为丰富，为研究提供了丰富的资料。

（一）九江徽商洋货号经营的洋布商品

九江开埠通商后，洋布、洋纱等西方洋货随之进入九江市场。据文献记载，自同治六年（1867）开始，英国的棉布在九江的进口量大大增加，出现了"九江开埠以来从未着用洋布的人们开始着用洋布"③的现象。由于土布的抵抗，到19世纪80年代末，洋布因价格低廉，在竞争中取得优势，终于代替了土布，在整个九江市场上兴盛起来。统计资料显示，光绪十四年（1888），洋布从九江"进口总额达270 627镑，这一年增长了16%以上。近五年来数字在稳步增加，目前差不多比1884年增长了一倍"④。遗存九江徽州布商账簿反映了洋布在九江销售的历程。据光绪年间徽商在九江开设的同顺号账簿记载，光绪十五年（1889）经营的商品为"绸绫洋

---

① 秦山僧：《九江指南·居民》，九江指南社1932年编印。

② 夏海涛：《近百年九江商业的变迁》，载《九江百年》，政协九江市第十一届文史委员会1999年编印，第379页。

③ Trade Reports，1867年，九江，附录，P.4. 转引自姚贤镐编：《中国近代对外贸易史资料1840—1895》第三册，中华书局1962年版，第1351页。

④ Commercial Reports，1888年，九江，P.2. 转引自姚贤镐编：《中国近代对外贸易史资料1840—1895》第三册，中华书局1962年版，第1359页。

货梭布"①，光绪二十九年（1903）仍是销售"绸绫洋货"②。绸绫洋货实为花色货，据《江西进口棉布类别表》、上海进口洋布等相关资料记载，主要有织花羽绸、杂色素羽绸、泰西缎、冲西缎、泰西宁绸、斜羽绸等，均来自英国③。而《光绪十九年正月立焕记历年浔店用账》所记洋布商品的名称则较为具体，如光绪十九年（1893）销售的洋布商品：

正月廿一，支三九红吱七尺五，七分，计文（纹）五钱二分五。

九月初四，支天祥人九洋土二丈，二一五，计文（纹）四钱三分。

支红羽毛四尺八寸，五八五，计文（纹）二钱八分一。

支仙鹤次漂一丈二尺，一二，计文（纹）一钱四分四④。

账簿所记洋布名称还有元羽布、粗布、新路灯漂、印花面巾、格字面巾、红绒、双印绸布、月灰洋土、青灰绒布、天福花标、单美人红羽毛、鹅黄羽毛、蓝竹布等。据《江西进口棉布类别表》⑤所列进口棉布名称，账簿所记上述名称均为西方洋布，由此可知焕记所经营棉布商品均为洋布。

志成布号经营于江西乐平县，属于棉布零售商，而洋布却是其销售的主要棉布品种之一。据志成布号进货账簿《各路色布码》⑥记载，其经销的洋布从南昌批发而来。但南昌洋布是由九江转输而来，尔后再分销到江西各地⑦。因此，志成布号经销的洋布当是九江进口的洋布。账簿记载所

① 《清光绪十四年九江同顺洋货号盘单》，载刘伯山主编：《徽州文书》第二辑第六卷，广西师范大学出版社2006年版，第172页。

② 《清光绪二十年九江同顺洋货号盘单》，载刘伯山主编：《徽州文书》第二辑第六卷，广西师范大学出版社2006年版，第196页。

③ 江西省社会科学院历史研究所、江西省图书馆选编：《江西近代贸易史资料》，江西人民出版社1987年版，第121—122页。

④ 《清光绪十九年正月立〈焕记历年浔店用账〉》，载刘伯山主编：《徽州文书》第二辑第六卷，广西师范大学出版社2006年版，第444—445页。

⑤ 江西省社会科学院历史研究所、江西省图书馆选编：《江西近代贸易史资料》，江西人民出版社1987年版，第121—122页。

⑥ 原件藏于黄山学院图书馆。

⑦ 陈晓鸣：《中心与边缘：九江近代转型的双重变奏（1858—1938）》，上海师范大学2004年博士学位论文，第66页。

销售的洋布名称及价格如下：

色洋货

硃红大呢，共六丈八尺，八五，五十七千八百。

元青大呢，共三丈六寸七，六五，二十四千四百四十。

宗色大呢，一丈二尺，六六，七千九百二十。

洋大呢，一丈三尺五寸，七二，九千七百二十。

黄色大呢，五尺，九五，四千七百五十。

色零大呢，共一丈五尺，七百，十千零五百。

佛青羽毛，半版，二十二千七百二十。

硃红羽毛，共四丈一尺，三五，十四千三百五十。

……

官绿哗吱，半版，六千七百二十。

黄色哗吱，五丈三尺，二三，十二千一百九十。

……

藏青线布，三匹，七四，八千八百八十。

……

洪洋绿洋布，一匹，五六，五千六百。

洪漂白洋布，一匹，六，六千[①]。

上述洋货记载共分为四个部分：一是"色洋货"名称，如大呢、羽毛、哗叽、线布、洋布等；二是销售后余存的洋货数量；三是洋货的具体单价；四是余货所值金额。由于志成号账簿所记内容仅限于19世纪五六十年代，因此账簿有关洋货记载反映了洋布在华销售初期阶段的具体情况，具有十分重要的史料价值。

从账簿记载中可以发现，洋布在与土布的竞争中，采用了销价竞争的策略。例如硃红大呢、元青大呢，咸丰元年（1851）的价格为每尺850、

---

① 《志成号咸丰二年壬子正月吉立盘存各货总录》，"壬子盘辛亥"。

650文，而咸丰八年（1858）时则降为每尺650、590文①，降价幅度达24%、9.2%，所降价格及降价幅度较大，这使得洋货在与中国土布的竞争中居于有利地位。毫无疑问，徽州洋货商号只是境内销售商，降低洋布价格，并非徽州洋货商号因经营效率的提高，而进行的主动降价。洋布售价的降低，实为英、美等西方纺织工业国家为排挤中国土布而采取的竞争策略，由此实现扩大其棉纺织品在华市场的份额。据文献资料记载，19世纪六七十年代后，西方棉纱、棉布在中国的售价开始大幅度降低，与土纱、土布相比，价格优势开始逐渐显现出来，到19世纪八九十年代在价格方面的优势已经非常明显了，如表3-1-1是同治九年（1870）至光绪十八年（1892）中国进口外国产品售价变动表，可以看出进口洋货售价在不断降低。

表3-1-1　1870—1892年中国进口供国内消费的外国产品价格统计

单位：关两／担

年份	原色布	英粗斜纹布	标布（中等）	美粗斜纹布	英棉纱
同治九年（1870） 至同治十三年（1874）	1.48	2.50	1.36	3.26	2.85
光绪元年（1875）	1.31	2.16	1.30	3.01	2.80
光绪二年（1876）	1.28	1.98	1.26	2.70	3.00
光绪三年（1877）	1.12	1.75	1.17	2.54	2.80
光绪四年（1878）	1.19	1.71	1.11	2.48	2.33
光绪五年（1879）	1.16	1.80	1.18	2.49	2.40
光绪六年（1880）	1.15	1.95	1.14	2.61	2.50
光绪七年（1881）	1.23	1.90	1.10	2.70	2.55
光绪八年（1882）	1.17	1.80	1.09	2.70	2.56
光绪九年（1883）	1.10	1.76	1.08	2.34	2.47
光绪十年（1884）	1.09	1.86	1.07	2.21	2.30
光绪十一年（1885）	1.11	1.95	1.05	2.25	2.20
光绪十二年（1886）	1.06	1.83	1.07	2.25	2.20
光绪十三年（1887）	1.10	1.81	1.16	2.34	2.40

---

① 《志成号咸丰九年乙未岁次新正月立三号盘存货簿》，"咸丰乙未年正月初四日盘存戊午梭布"。

年份	原色布	英粗斜纹布	标布（中等）	美粗斜纹布	英棉纱
光绪十四年（1888）	1.16	1.95	1.05	2.43	2.30
光绪十五年（1889）	1.13	1.92	1.19	2.38	2.20
光绪十六年（1890）	1.02	1.88	1.05	2.43	2.00
光绪十七年（1891）	0.98	1.80	1.04	2.43	2.07
光绪十八年（1892）	1.01	1.86	1.01	2.26	2.00

资料来源：李必樟译编：《上海近代贸易经济发展概况：1854～1898年英国驻上海领事贸易报告汇编》（张忠礼校订），上海社会科学院出版社1993年版，第823—826页。

从表3-1-1可以看出，原色布在同治九年（1870）每担价格为1.48关两，到光绪六年（1880）降到1.15关两，光绪十七年（1891）又降到0.98关两，21年中下降了0.50关两，降价幅度达33.8%；美粗斜纹布同治九年（1870）每担价格3.26关两，光绪六年（1880）降到2.61关两，光绪十年（1884）仅为2.21关两，14年中每担价格降了1.05关两，降价幅度约为32.2%；英粗斜纹布同治九年（1870）每担价格为2.5关两，光绪六年（1880）降到1.95关两，光绪十七年（1891）又降到1.80关两，21年中下降了0.7关两，降价幅度达28%。洋布如此之大的降价幅度，势必进一步增强其市场竞争力，刺激中低收入普通民众的购买欲望，从而有利于扩大市场。例如，九江就是因洋布价格降低，从而导致洋布市场扩大的生动案例。据时人报告，"1867年洋布售价的低落，就是九江开埠以来从未着用洋布的人们开始着用洋布的原因"[1]。可以看出，洋布的销价竞争策略，扩大了消费市场，排挤、压缩了土布消费市场。

（二）九江徽商洋货号的资本构成

九江同顺号遗存商业账簿始于光绪十三年（1887），迄于光绪三十三年（1907），内容丰富，较为细致地呈现了九江徽商洋货号经营实际形态。据其商业账簿记载，其资本主要有正本、附本（副本）两部分构成。

---

① Trade Rports，1867年，九江，附录，P.4.转引自姚贤镐编：《中国近代对外贸易史资料1840—1895》第三册，中华书局1962年版，第1351页。

正本是同顺号经营的主要资本，是其资本构成的主体。账簿有关正本数量的记载显示，同顺号能够持续吸引众多投资者的入伙，或追加资本，经营资本呈现出逐年增加的态势。如光绪十三年（1887）至光绪十七年（1891），入伙股东九名，资本总计5 800两；光绪十八年（1892）至光绪二十二年（1896），增加股东一名，共有十名股东，资本增加到7 800两，增长率约为26%；光绪二十三年（1897）至光绪二十六年（1900），股东构成未变，但资本增加到9 300两，增长率约为38%，原因是股东之一的同和号追加了1 500两；光绪二十七年（1901）至光绪二十九年（1903），股东发生变动，汪树记、卢会记等股东退出，新增加濂荫堂、世厚堂等社会资本，且新入股股东的资本额最少1 000两，最多2 000两，故而此一阶段的资本总额达到历史最高的15 000两，比光绪十三年（1887）增长了约61%；光绪三十年（1904）至光绪三十三年（1907），股东虽有减少，但资本总额仍然保持在12 250两至11 250两之间。资本持有人的投资，关注的首要问题无非就是资本回报利润率。显然，同顺号洋货的经营，能够为投资股东带来较为稳定的收益，故而不断有股东入伙，或追加投资。而资本总量的增加，又有利于商号扩大经营规模，获取更多的利益回报。

附本（副本），是指资金持有人将其自有资金委托他人代为经营，收取一定利息的资本，即所谓的"附本经商"。"附本经商"，借以图利的现象普遍存在于明清徽商之中，成为明清徽商资本组合的主要形式之一[①]。据账簿记载，附本也是同顺号资本构成之一，如光绪十九年（1893）盘单账簿记载：

一、该汪焕记　副本曹纹三百七十二两五钱一分六。

二、该卢献记　副本曹纹一百五十五两四钱二分八。

三、该许润记　副本曹纹四百三十三两四钱五分一。

四、该胡葆记　副本曹纹二百五十四两一钱五分八。

---

① 张海鹏、王廷元主编：《徽商研究》，安徽人民出版社1995年版，第78页。

五、该胡旭记　副本曹纹七百零九两零九分六①。

由上可见，同顺号资本有正本、附本两部分组成。附本的添加，扩大了资本规模，有利于商号经营业务的发展。仅以光绪十九年（1893）为例，正本7 800两，附本1 924.649两，二者合计9 724.649两。据文献记载，咸丰八年（1858）上海振华堂洋布公所成立时，上海清洋布店约十五六家，其商业资本最大者为宁波商人孙增来开设的增泰号，资本10 000两；其次为宁波商人翁某开设的大丰号，资本3 000两；再次为上海本地商人开设的同春、义泰、协丰，资本均为2 000两②。显然，同顺号正本和副本两部分资本的总和，与早期上海清洋布店资本最大者大体相当。

（三）九江徽商洋货号的洋布批发

由于文献资料的缺乏，同顺号的经营方式不甚明确。不过，从盘单账簿有关内容的记载中，仍然可以看出同顺号从事洋布批发贸易。历年的账簿中均记载"存现出货"和"存各路账"类目。"存各路账"，顾名思义，是与同顺号存在洋布生意往来商号的往来账，所谓"存"自然意味着该笔账目为同顺号的应收款。而"存现出货""存现售货"，则是盘单结算时间点上已经售出，但是并未立即发出的货物，因而其物权为同顺号所有，故而被列为存项。据账簿记载：

（光绪十三年）存现售货共合曹纹七百两正。存各路账共合曹纹两百两正③。

（光绪十四年）存现出货曹纹八百两正。存各路账曹纹七百两正④。

（光绪十七年）存现出货曹纹一千八百两正。存各路账曹纹七百

---

① 《清光绪十九年九江同顺洋货号盘单》，载刘伯山主编：《徽州文书》第二辑第六卷，广西师范大学出版社2006年版，第189页。

② 中国社会科学院经济研究所主编：《上海市棉布商业》，中华书局1979年版，第10页。

③ 《清光绪十三年九江同顺洋货号盘单》，载刘伯山主编：《徽州文书》第二辑第六卷，广西师范大学出版社2006年版，第166页。

④ 《清光绪十四年九江同顺洋货号盘单》，载刘伯山主编：《徽州文书》第二辑第六卷，广西师范大学出版社2006年版，第172页。

两正^①。

（光绪十八年）存现出货曹纹三千两正。存各路账曹纹七百两正^②。

（光绪十九年）存现出货曹纹七百两正。存各路账曹纹五千四百六十八两正^③。

（光绪十九年）存现出货曹纹一千五百两正。存各路账曹纹两千四百两正^④。

（光绪二十三年）存现出货曹纹三千两百两正。存各路账曹纹两千四百两正^⑤。

不难看出，盘点时间所"存现出货"最高为3 200两，最少700两，显然不是零售金额，应是大量批发之后的大额交易结果。从中还可看出，伴随着批发量的上升，同顺号的应收款"存各路账"也显著升高。由此可以基本判定，同顺号的洋布经营主要采用批发的方式。

账簿还记载，同顺号的多名股东中包括了景德镇同和号。账簿同时记载了同顺号与景德镇同和号的经济往来账，如光绪十九年（1893）"存同和往来……曹纹九百四十两"、光绪二十四年（1898）"存同和往来，曹纹二千八百□□两五钱七分一"。在双方经济往来中，同顺号的应收款从初始的940两，一路飙升到2 800多两之多。显然，每笔应收款都不是小额生意，只有在大量批发的情况下，一个年度中才会出现如此大额的赊欠款。前文谈及，上海徽商经营的清洋布店之所以出现拆货批发方式，允许客户赊欠进货款，目的是为了笼络客户。景德镇同和号作为同顺号股东，自然具有信用关

① 清光绪十七年九江同顺洋货号盘单》，载刘伯山主编：《徽州文书》第二辑第六卷，广西师范大学出版社2006年版，第186页。

② 《清光绪十八年九江同顺洋货号盘单》，载刘伯山主编：《徽州文书》第二辑第六卷，广西师范大学出版社2006年版，第187—188页。

③ 《清光绪十九年九江同顺洋货号盘单》，载刘伯山主编：《徽州文书》第二辑第六卷，广西师范大学出版社2006年版，第189页。

④ 《清光绪二十年九江同顺洋货号盘单》，载刘伯山主编：《徽州文书》第二辑第六卷，广西师范大学出版社2006年版，第196页。

⑤ 《清光绪二十三年九江同顺洋货号盘单》，载刘伯山主编：《徽州文书》第二辑第六卷，广西师范大学出版社2006年版，第204页。

系，无需笼络，也必定从同顺号进货，进而说明两家商号之间是批发商和进货商的关系，于此不难看出景德镇为同顺号洋布批发的分销市场。

（四）从徽商洋布经销看九江口岸与上海洋布市场关系

上海成为全国洋布批发基地后，各地商号纷纷设立申庄，向原件字号采购棉布，运销本地城乡①。因此，申庄实际上承担着将上海进口洋布转输内地的功能，从申庄的洋布采购中可以窥见上海洋布中心市场与次级市场的关系。徽商也在上海开办申庄，接受内地徽州商号的委托，采购洋布等，例如同顺号历年账簿的"该"类目中，均列有同顺号该欠上海申庄资金条目，其中光绪十三年（1887）盘单账簿记载"该申庄"曹纹5 170两②，光绪十四年（1888）记载"该申庄"曹纹5 452两③，光绪十七年（1891）记载"该申庄"曹纹8 366两④，光绪十九年（1893）记载"该申庄"曹纹10 876两⑤。同顺号与申庄的经济往来，实际上反映了九江洋布市场与上海市场的关系。同顺号该欠申庄资金数量的逐年上升，表明其货源与上海洋布市场的联系日益紧密，在一定程度上折射了九江洋货与上海洋布市场的依赖关系。

之所以出现九江洋布依赖上海市场的现象，主要原因在于洋布打开九江市场后，成为九江最时兴的棉布商品。但是，由于地理位置、交通等因素的影响，九江进口的洋布无法满足市场需求，不得不依赖上海的洋货供应。英国驻上海领事的贸易报告，反映了两地棉布市场的关系。据该报告所列数据，光绪四年（1878）九江从上海进口原色布175 581匹、标布64 253匹、白色布29 543匹、英国和荷兰粗斜纹布1 845匹、美国粗斜纹布785匹、英国和荷兰细斜纹布300匹、英国粗布4 345匹、美国粗布960匹、染

---

① 张仲礼主编：《东南沿海城市与中国近代化》，上海人民出版社1996年版，第30页。

② 《清光绪十三年九江同顺洋货号盘单》，载刘伯山主编：《徽州文书》第二辑第六卷，广西师范大学出版社2006年版，第166页。

③ 《清光绪十四年九江同顺洋货号盘单》，载刘伯山主编：《徽州文书》第二辑第六卷，广西师范大学出版社2006年版，第172页。

④ 《清光绪十七年九江同顺洋货号盘单》，载刘伯山主编：《徽州文书》第二辑第六卷，广西师范大学出版社2006年版，第186页。

⑤ 《清光绪十九年九江同顺洋货号盘单》，载刘伯山主编：《徽州文书》第二辑第六卷，广西师范大学出版社2006年版，第189页。

色布 1 764 匹、白色提布和点布 45 匹、染色提布和点布 2 665 匹、染色台布 2 匹、印花布 3 042 匹、印花标布 60 匹、印花哗叽 1 585 匹、红布 2 636 匹、天鹅绒 1 628 匹、小呢 4 734 匹、冲衣着呢和哆哆呢 1 091 匹、羽毛 12 920 匹、哗叽 10 560 匹、羽绫 5 221 匹、棉羽绒和羽绸呢 820 匹、素色骆驼绒 152 匹、织花骆驼绒 1 881 匹、手帕 19 714 打[①]。

光绪七年（1881）九江从上海进口原色布 201 647 匹，标布 96 980 匹，白色布 183 348 匹，英国和荷兰粗斜纹布 12 410 匹，美国粗斜纹布 795 匹，各种细斜纹布 580 匹，各种粗布 7 305 匹，紫色、染色、白色、市布 44 890 匹、印花布 3 988 匹，印花哗叽 1 535 匹，红布 1 060 匹，天鹅绒与棉绒 3 237 匹，小呢 5 360 匹，冲衣着呢和哆哆呢 1 537 匹，羽毛 11 512 匹，哗叽 9 760 匹，羽绫 3 989 匹，给羽绫 60 匹，棉羽绫 368 匹，素、织花和绉纹绒、驼绒 3 663 匹，稀洋纱、稀麻布等 516 匹，手帕 23 840 打。[②]陈晓鸣研究了光绪元年（1875）至光绪六年（1880）九江从上海进口的原色布的总体情况，如表 3-1-2。

表 3-1-2　1875—1880 年九江从上海进口原色布

单位：匹

年份	上海分销各口总量	九江分销数量	占上海分销总量的百分比（%）
光绪元年（1875）	4 554 000	208 100	4.57
光绪二年（1876）	4 816 000	211 600	4.39
光绪三年（1877）	4 370 000	167 600	3.86
光绪四年（1878）	4 137 200	149 500	3.62
光绪五年（1879）	5 987 850	176 029	2.93
光绪六年（1880）	4 870 081	223 488	4.59

资料来源：陈晓鸣：《中心与边缘：九江近代转型的双重变奏（1858—1938）》，上海师范大学 2004 年博士学位论文，第 111 页。

---

① 《领事达文波 1878 年度上海贸易报告》，载李必樟译编：《上海近代贸易经济发展概况：1854～1898 年英国驻上海领事贸易报告汇编》（张忠礼校订），上海社会科学院出版社 1993 年版，第 673—674 页。

② 《领事许士 1881 年度上海贸易报告》，载李必樟译编：《上海近代贸易经济发展概况：1854～1898 年英国驻上海领事贸易报告汇编》（张忠礼校订），上海社会科学院出版社 1993 年版，第 601 页。

表3-1-2及英国驻沪领事贸易报告表明，九江洋布商品相当一部分依靠上海转口贸易，九江已经成为上海洋布分销市场的重要组成部分。从中可以看出，上海作为中国最大的洋布基地，承担着西方洋布在华销售的中心功能，而九江等第二批口岸城市则成为承接上海输送洋布的关键节点、次级中心，再经第二批口岸城市将洋布转输广大的城乡市场，其市场销售层级可以简化为：上海口岸—九江口岸—城乡市场。由此说明，以上海口岸为中心，以第二批通商口岸为节点的全国洋布商业网络已经逐步形成。

三、近代徽州布商洋布销售的历史作用

洋布从上海登陆，进而向内地市场推进的过程中，徽商以及其他商人开设的洋货商号扮演了极为重要的角色。洋布等洋货在华倾销，历来被视为西方国家对中国经济侵略的具体表现。徽州布商销售洋布的经济行为，固然有助于洋布在华市场的扩大，但其历史作用不能一概否定，仍需历史地、客观地进行评价。

第一，洋布的销售，对于普通消费者而言，有了更多的棉布商品选择的机会，进而满足人们对衣饰的多样性需求，有利于改进民生。在普通消费者看来，洋布具有美观、质优、价廉等优于土布的特点，这些特点正是驱动人们购买洋布的原因所在，也是洋布之所以能够向内地市场推进，在与土布的竞争中最终胜出的原因所在。因此，棉布作为民生用品，对于普通消费者而言，不论国内产品，还是国外产品，只要价廉物美，有利于改善民生，都有购买的意愿。这就是经济学所谓，只有市场对路的产品才能拥有市场。因此，洋布在华销售，对于中国普通民众来说，至少增加了选择棉布商品品种的机会，在一定程度上改进了民生。

第二，洋布的销售，直接促进了中国近代第一批机器纺织企业的产生，或谓引起了中国最早的产业革命。中国第一家棉纺织工厂是光绪十六年（1890）开车生产的上海机器织布局。其后，上海华新纺织新局、湖北织布局、上海华盛纺织总厂、上海裕源纱厂、上海裕晋纱厂等七家纺织企业在光绪十七年（1891）至光绪二十一年（1895）间相继建成、开车。第

一批纺织企业中，以李鸿章创办的上海机器织布局、张之洞筹办的湖北织布局规模较大。这些纺织企业的开办，均与洋布的销售有关，李鸿章、张之洞等人请求开办纺织企业的奏议和言论中，十分明确地指出了二者之间的关系。张之洞认为之所以筹办纺织企业，是因为"洋布销流日多，年中以千余万计，大利所在，漏卮宜防"①。又说，"自中外通商以来，中国之财溢于外洋者，洋药而外，莫如洋布、洋纱……今既不能禁其不来，惟有购备机器，纺纱织布，自扩其工商之利，以保利权"②。李鸿章、张之洞等人热衷开办纺织企业，莫不以抵制洋货、挽回利权为标榜，其背后实为利益驱使。纺织企业乃"洋务"之一，既可以拿"洋务"当政治资本，依以自重，又可以凭"洋务"利润当营私窑穴③，为本集团的扩充提供更多的经济支撑。问题是，在纺织企业未开设之前，李、张等人何以知悉纺织企业可以获取高额利润呢？显然，洋货商号的贸易活动以及业绩、效果，是他们做出判断的重要参考依据。洋货商号的洋布销售，导致"通商大埠及内地市镇城乡衣大布者十之二三，衣洋布者十之八九"④。民众遍着洋布，应是可以观察到的现象。洋布销售的经济效益"年中以千余万计"，对于粤督张之洞来说，也是不难获悉的经济信息。洋货商从二三千两银子起家，往往能在不太长的时间内，积累起雄厚的资本⑤，乃至清洋布店的铺面成为上海最为显眼的建筑，都是显而易见的事实。因此，洋货商号的洋布经营活动，导致了社会各界思想观念的转变，正是从这个特点角度来看，洋货商号的洋布经营刺激了中国第一批机器纺织企业的出现，引发了中国的产业革命。

第三，洋布的竞争，促使了土布行业的改良。洋布向内地市场扩张，自然以土布市场的压缩和利益受损为代价。土布为了与洋布抗争，被迫进行一定程度的改良和纺织技术的改进。土布织造中，逐渐放弃了全部土纱

---

① 张之洞：《张文襄公奏议·电奏二》，民国刻张文襄公全集本。
② 张之洞：《张文襄公奏议·奏议二十六》，民国刻张文襄公全集本。
③ 严中平：《中国棉纺织史稿》，科学出版社1955年版，第117页。
④ 郑观应：《盛世危言新编》卷七《开源三·纺织》，光绪二十三年（1879）刻本。
⑤ 许涤新、吴承明主编：《中国资本主义发展史 第二卷 旧民主主义革命时期的中国资本主义》，人民出版社2003年版，第184页。

织布，从最初的土纬洋经，到洋经洋纬，传统的纺织结合模式就此解体。采用洋纱作为土布织造原料，省却了纺捻等工序，提高了织布生产效率。据测算，使用洋纱作经，织布生产效率提高了20%。全用洋纱织布，成布时间比前者又缩短了10%。宣统二年（1910）前后，手拉机引入纺织业。使用手拉机织布，其生产效率比传统织布机器投梭机又提高了50%，多的甚至达到一倍[①]。

第二节　土布字号的土布批发贸易

一、近代土布业经营的新变化

（一）近代土布市场的变化

土布自明清以来一直是中国普通民众衣饰的主要用料，拥有庞大的市场。所谓土布，又称"老布"，因其经纬都是用手纺土纱，在手投梭机或手拉机等人力机械上织造，所以质地粗厚，布幅狭窄，一般一尺左右，故又常称为小土布。各地生产的小土布品质繁多，规格不一，名称各异。据相关统计，仅上海地区所产土布就有72种之多，按其用途可分为官布（指充赋税入官或官用的布匹）、商品布（指上市贩卖的布）和自用布（指织户自己留用的布）。商品布是土布中的大宗，其中有少量是织造精细的高级品种，如番布、云布、斜纹布等。这些品种市场流通量很少，多为少数达官富户专用。市场上大量流通的商品布有三个品种，即标布（亦称大布或东套）、扣布（亦称小布或中机）、稀布（亦称阔布）。扣布密而窄短，稀布疏而阔长[②]。

鸦片战争之后，国门洞开，西方洋纱、洋布大量进口，对中国传统土布市场造成了巨大冲击，进而导致了中国近代土布市场出现了新的变化。这些变化，主要表现为以下两个方面。

---

① 徐新吾主编：《江南土布史》，上海社会科学院出版社1992年版，第246页。
② 中国近代纺织史编委会编著：《中国近代纺织史》上卷，中国纺织出版社1996年版，第142页。

变化之一：土布市场空间的压缩。

洋布大量进口之后，逐渐向内地侵入，尤其是销价竞争的策略，为洋布赢得了市场价格的优势，从而得以排挤土布，挤占土布市场，如表3-2-1是光绪十二年（1886）进口布和中国布的价格比较，从中可以看出，洋布在售价上的优势和中国土布的价格劣势。

表3-2-1　光绪十二年（1886）进口布和中国布的价格比较

进口布品种	每平方尺零售价（分）	上海制造的中国棉布	每平方尺零售价（分）
粗布	1.00	漂白细布	2.15
80筘白市布	1.19	红光蓝细布	2.41
8筘爱尔兰市布	1.28	北京蓝细布	2.00
64筘白市布	—	上海蓝细布	1.63
5磅红标布	1.53	黑色细布	2.23
墨西哥标布	1.13	浦东白粗布	1.28
英国粗斜纹布	1.36	浦东绿粗布	2.11
		浦东灰粗布	1.57
		农村白细布	1.57
		农村红细布	2.41
		土布	1.45

资料来源：参见李必樟译编：《上海近代贸易经济发展概况：1854～1898年英国驻上海领事贸易报告汇编》（张仲礼校订），上海社会科学院出版社1993年版，第705页。

从表3-2-1可以看出，适合缝纫劳动装的上海浦东白粗布每平方尺零售价为1.28分，浦东绿粗布每平方尺零售价2.11分，浦东灰粗布每平方尺零售价1.57分。而同样适用于制作劳动装的进口粗布，每平方尺批发价仅0.83分，每平方尺零售价也仅为1.00分，可见国产棉布的零售价格高于进口粗布价格。洋布价格低廉，势必会扩大其市场，从而压缩土布的市场空间。此外，光绪十六年（1890）之后，洋务派举办的纺织企业也已开工生产，国产机制棉布大量面世，又进一步排挤了土布市场，在内外双重压力之下，近代土布业市场不断压缩。据徐新吾匡算，光绪二十年（1894）全国土布总产量中，被洋布和国内机制布排挤掉的市场份额约占14%；至民国二年（1913），被排挤约35%的市场；进入20世纪，土布对洋布的抵抗能力不断减弱，20年代以后，土布在全国市场中仅有约39%的份额①。

变化之二：土布改良与品种变化。

在洋布进口的同时，西方洋纱也大量进口。洋纱的大量输入，对中国传统纺织业的破坏力更大，直接导致了传统纺织业中纺与织的分离。众所周知，纺纱是纺织系统中耗费时间最长的工序，是制约织布产量的最主要因素。由于洋纱纱支较粗，与土纱相埒，而售价又廉，加以纱支均匀，捻度紧密坚韧，不易断头，渐为织布农家所采用②。手纺土纱逐渐为洋纱所排挤、代替，农村织户以洋纱为经纱，织出了洋经土纬的土布，其后则完全放弃土纱，全部改用洋纱织成洋经洋纬的土布，故而也有学者将此种洋经洋纬的土布称为"新土布"③。洋纱的利用，节约了纺纱时间，提高了织布产量。同时，洋纱较土纱为细，所织土布在重量和厚度上都有改变。

光绪二十二年（1896）之后，市场上出现了改良土布。所谓改良土布，是指用手拉机织出的土布。手拉机仍是手工织机，但在结构上有所改进，把投梭机的双手投梭改为一手拉绳投梭，故又称拉梭机。织造时布幅不受双手投梭的限制，可加宽到二尺左右。可用土纱或洋纱为经纬，但以洋纱为主，且多以双股线作经，单纱作纬，上机前多经过染色或漂白。用手拉机生产改良土布在20世纪30年代达到鼎盛时期，之后逐步发展到用铁木机织造仿机织布。改良土布的产地和品种繁多，其中较有代表性的有甬布和安徽厂布。甬布原产于宁波，幅宽二尺二寸，匹长30码，用32英支双股线作经，16英支纱作纬，常织为格子或条子，并经过轧光上浆。20世纪初在上海生产的甬布也采用这种规格，以后根据市场的需要改变了规格并发展出花色品种。早期的安徽厂布是白地蓝条布，以后又发展出大灰

---

① 徐新吾主编：《江南土布史》，上海社会科学院出版社1992年版，第148页。
② 徐新吾主编：《江南土布史》，上海社会科学院出版社1992年版，第115页。
③ ［日］森时彦：《中国近代棉纺织业史研究》（袁广泉译），社会科学文献出版社2010年版，第10页。

条和小灰条①。改良土布纯以机纱为原料，生产效率比之投梭机可提高50%至一倍。改良土布实际上是在洋布冲击下手织业挣扎图存的产物，是手织土布能够与机制布抗衡于一时的原因之一②。自然，这些土布也就成为徽州土布字号市场销售的主要产品。

（二）近代徽商土布批发商经营的新变化

前引洋布对土布市场排挤的数据中，较为清晰地显示出土布受排挤、市场不断受到压缩的过程。不过，上述数据也表现出另外一面，土布虽受洋布的冲击和排挤，但其市场仍然存在，还有65%至86%的市场空间。土布的耐用，以及民众的穿着习惯，使得土布在市场冲击中，具有一定程度的抵抗能力，也有一定的市场空间。尤其是，东三省作为土布的主要销售市场，基本没有受到洋布的冲击。惟其如此，近代土布商业不仅持续经营，而且在适当的市场机遇出现时，也能表现出一定程度的兴旺和繁荣。近代徽州土布商人在市场受到冲击之时，适时地进行了经营策略的调整，在经营方式上出现了新的变化。这些变化主要表现为以下几个方面。

第一，介入生产环节，开发土布新产品。大体而言，传统棉布市场属于卖方市场。产地纺织何种商品，商人即销售、贩运何种产品，不会考虑销售地及消费者的需求。近代徽州土布字号在市场竞争中，逐渐转变观念，依据市场和消费者的需求，介入生产环节，开发新产品。例如，祥泰布号是土布批发大户，在经理汪宽也的主导下，选用优质棉布，购买上等染料，开发出祥泰牌毛蓝棉布新品牌。祥泰牌毛蓝布质地细密耐用，色泽鲜艳，永不褪色。用其制作衣服，无论是长衫、短褂、背心、学生装、套裙，都能广泛适用，吸汗、凉爽、舒适。其质量超过当年信孚洋行所销190号阴丹士林布。祥泰牌毛蓝棉布以其质优价廉行销全国，远销东南亚和法国。此后，祥泰还开发了祥泰牌印花头巾、面巾、包袱、被单、青花蓝布帐等系列新产品，既扩大了祥泰名牌的影响，又适应了城乡用户的需

---

① 中国近代纺织史编委会编著：《中国近代纺织史》上卷，中国纺织出版社1996年，第143页。

② 徐新吾主编：《江南土布史》，上海社会科学院出版社1992年版，第397页。

求①。

　　绩溪商人张宗廉（字静甫），咸同年间在南通开设同春得记布庄，经营土布批发贸易。南通本是中国传统土布生产中心之一，所产土布质地优良，经久耐用。张宗廉从东北布商口中了解到，南通土布虽然优良，但门辐太窄，且过于松软，难以适应东北地区寒冷天气的穿着。东北布商认为需要改变南通土布的规格，放宽门辐，增加长度，加强密度，使土布质地更加坚挺厚实，方能满足东北地区民众御寒的需求。此类棉布因一律白色，故定名为白大布，可由他们包销。张宗廉与部分同业计议，认为这样改革，可以开拓南通的土布市场，便决定与东北布商合作。于是，在与农民织户交易时，劝导他们除继续生产小布②外，改织一部分大布，由布庄收购后，按质量成分搭配，每40匹卷成一捆，打上各家牌号，用沙船运至上海，再转东北营口、牛庄等地销售。从此，南通土布除小布继续行销苏北外，增添了"关庄"一门。得记年销关庄土布达到10万匹，成为南通地区经营关庄业务的主要布号，其牌号在原有的基础上，又增加了同春得牌号③。得记与世昌德、同兴宏、章源大并称为南通"世""得""宏""章"四大名牌④。

　　第二，以上海为土布交易批发中心。鸦片战争之后，上海迅速崛起，不仅成为中国最大的通商口岸，也成为中国商品交易、转运和信息交流的中心。明清徽州布商多集中于苏松地区，近代以后徽州布商基于市场中心的转移，逐渐向上海聚集，开布店，设申庄，上海随之成为土布交易、中转的中心。据《黟县志》记载，黟县商人在上海开设的布号就达九家，申庄八家⑤。"其中历史较久的，有城内三牌楼的'余源茂'，小东门的'周益大'，大东门的'祥大'，北市石路中旺弄的'恒大''和大''同昌'和棋盘街的'林大成'等。至于批发绸缎庄，在北市里弄中，黟县人开设的

---

　　① 余宗圣：《旅沪徽商汪宽也》，载中国人民政治协商会议安徽省黄山市委员会文史资料委员会编：《近代商人》，黄山书社1996年版，第202—203页。

　　② 小布即门辐较窄的土布。

　　③ 邵之惠：《"得记"兴衰古通州》，载《徽学丛刊》第九辑，安徽省徽学学会2012年编印，第130—131页。

　　④ 徐新吾主编：《江南土布史》，上海社会科学院出版社1992年版，第625页。

　　⑤ 黟县地方志编纂委员会主编：《黟县志》，光明日报出版社1989年版，第319页。

也不少。"①上海休宁籍土布字号商人也较多，其中汪厚庄开设的祥泰布号更是上海地区土布行业势力最大的布号，其经理汪宽也甚至被选为上海市绮藻堂布公所（上海市土布业商业同业公会）总董，成为上海棉布商界的领袖人物。云集上海的徽州土布字号，依托上海的中心地位，收购上海地区所产土布并将其批发销售到内地市场，形成了一个完整的土布收购、加工、出售的服务网络。

第三，北帮、南帮：土布字号按批发销售市场分类。上海土布字号依据其销路划分为北帮、南帮，表3-2-2是20世纪初期上海地区几种土布的规格和产销地区，在一定程度上反映了上海土布的销售市场和北帮、南帮的区分。

表3-2-2 20世纪初期上海地区几种土布的规格和产销地区

品名		规格		产地	销地
正名	又名	长（尺）	阔（尺）		
东稀		17.5—19	1.12—1.18	东北各乡，光绪后多数系西稀织户改织	本色销东三省，销南洋、两广者均染色
西稀	清水布	16—17.5	1.07—1.14		东三省、直隶、山东等地，间有染色后销广东
套布	东套北套加套28套	16—18	0.93—0.98	东南各乡临邑所产临邑所产临邑所产	东三省、北京、山东、浙西等地
白生	小标	13—13.5	0.95—0.98	洋泾、高行、张家桥、东沟等处	东三省、山东等处
龙稀		22	1.1	龙华镇附近	本市门庄
芦纹布		19—21.5	1.35—1.5	塘湾、闵行各乡村	苏、杭、徽州等处
柳条布	分蓝柳、白柳	19—21.5	1.35—1.5	塘湾、闵行各乡村	苏、杭、徽州等处
格子布		19—21.5	1.35—1.5	塘湾、闵行各乡村	苏、杭、徽州等处
雪青布		19—21.5	1.35—1.5	塘湾、闵行各乡村	苏、杭、徽州等处
高丽布	洋袍		0.92—0.98	洋泾、金家桥、张家桥等处，有28、33、37袍	辽东及本埠各布店，亦有改作高丽巾者

---

① 吴拯寰：《旧上海商业中的帮口》，载上海市文史馆、上海市人民政府参事室文史资料工作委员会编：《上海地方史资料（三）》，上海社会科学院出版社1984年版，第102—106页。

品名		规格		产地	销地
正名	又名	长（尺）	阔（尺）		
高丽巾			0.92—0.98	洋泾、金家桥、张家桥等处，有24、28、25、33巾四种	本埠及闽、粤、山东等处
斗纹布			0.9—0.95	洋泾、金家桥、张家桥等处，有28、32、36之别	本埠及闽、粤等处

资料来源：徐新吾主编：《江南土布史》，上海社会科学院出版社1992年版，第93页。

　　表3-2-2既反映了土布字号销售土布的名称、规格，也反映了以上海为中心的三条土布销售线路。一是销往东北三省和京津地区，即北帮、关庄贸易；二是销往广东、广西、香港及南洋地区的南帮贸易；三是利用长江航运的便利，将土布销往长江中上游地区的内地贸易。

　　三条销售线路中，徽州土布字号占据着主导的地位。北帮、南帮中，北帮的贸易额最大，故而上海棉布公所的总董一直由经营北帮贸易的字号经理担任[①]。祥泰布号是经营北帮、关庄贸易的大户，其销售的东套、清水布均占上海市场的第一位，如表3-2-3、表3-2-4所示，其经理汪宽也一直担任布业公所总董职务。

　　南帮贸易主要行销两广、南洋地区，其中徽州布商开设的余源茂号最为典型。民国二十二年（1933）《中国实业志》记载，"江苏各地布庄，多依其所营交易种类之不同，分为各种帮或庄。例如上海较大之布庄有四十五家，其中（1933年）以广帮最多，计有余原（源）茂、北（兆）祥……等十八家"[②]。据民国十二年（1923）布业公所选举名册，余源茂经理为郑廷柱[③]。又据民国二十五年（1936）十一月徽宁会馆董事会董事选举名册，其中所选董事余阶升，时年63岁，黟县人，开设余源茂布号，担任董

---

　　① 徐新吾主编：《江南土布史》，上海社会科学院出版社1992年版，第256页。
　　② 《中国实业志·江苏省》第八编，实业部国际贸易局1933年印行，第97页。转引自徐新吾主编：《江南土布史》，上海社会科学院出版社1992年版，第358页。
　　③ 上海市档案馆藏，档号S232-1-14。

事会董事，住址老北门城内元和里内升恒里三号①。余源茂布号经营人员二十一二人，为中型规模②。据相关统计，民国三年（1914）至民国十一年（1922）的棉布销售中，售出东稀布1 000包，150 000匹；北套500包，80 000匹；扣套60 000匹③。每年的营业额二三十万两，最多时达到五六十万两。一般年份能够盈余三四千元或五六千元④。

第三条销往江浙、徽州的线路中，也有不少徽商经营，至于销往徽州本地的棉布更是由徽商经营。例如，徽人汪松涛在浙江杭州开办的德记布庄，营运资本在五六万元，其土布多运销浙、赣、皖等地⑤。又如浙江西部的兰溪、寿昌等地也有众多的徽州布商从事棉布贸易，仅兰溪一地抗日战争之前由歙县布商开设的布号多达八家，几乎垄断了该地棉布贸易，其所销售棉布均从上海批发而来⑥。光绪二十一年（1895），黟县人汪德滋在上海开设汪德记申庄，专代芜湖布商办货，并在芜湖设宏大永布号，在黟县开公兴绸布庄，继在安庆又设公兴绸布庄，在长江沿线专营绸布生意⑦。

二、土布批发字号的经营管理——以祥泰布号为例

前文已述，祥泰是土布行业势力最大的布号，也是近代徽州布商的典型代表。祥泰从初设时期的小型布号，到上海首屈一指的商界首领，乃至最终歇业，较为典型地反映了徽州土布商人的近代命运，因此深入剖析祥泰土布经营变化具有重要的意义。

（一）祥泰布号的兴革

祥泰布号大约开设于道光三十年（1850），投资人为休宁县海阳城内北街商人汪厚庄，聘请汪宽也为经理。布号成立之时，仅有资本八百千制

---

① 上海市档案馆藏，档号Q6-9-110。
② 徐新吾主编：《江南土布史》，上海社会科学院出版社1992年版，第271页。
③ 徐新吾主编：《江南土布史》，上海社会科学院出版社1992年版，第265—267页。
④ 徐新吾主编：《江南土布史》，上海社会科学院出版社1992年版，第271页。
⑤ 徐新吾主编：《江南土布史》，上海社会科学院出版社1992年版，第630—631页。
⑥ 宁文广：《兰溪的徽商》，载中国人民政治协商会议安徽省黄山市委员会文史资料委员会编：《近代商人》，黄山书社1996年版，第217页。
⑦ 胡时滨、吴卫华：《黟县徽商名录》，载黄山市徽州文化研究院编：《徽州文化研究》第三辑，黄山书社2004年版，第579页。

钱，约银500元，其后不断发展，光绪年间达到鼎盛。祥泰老员工的回忆，在一定程度上反映了祥泰鼎盛时期生意红火的场面。

> 祥泰的店房共有七进。第一进三间第二进五间都是楼房，第三进三间第四进五间都是平房，第五进是五间楼房，第六七进都是七间平房，这许多房屋大部分堆满了布。为了防止霉变，必须经常翻桩。
>
> 另有沙船一艘，专门装布去东北，回沪时带来豆油等物，但自己装运土布的业务只占总营业额的很小部分。
>
> 附属机构有正记染坊设在南市陆家浜，房子也很多。
>
> ……
>
> 祥泰本店有职工一百二十人左右……四处坐庄共有二十六人。正记染坊正式编制二十多人，连临时工有三十人左右，总共一百七十多人，另外挂名支薪的还有六七十人。
>
> 祥泰自开业到辛亥革命前一个较长的时期里，总的情况是不断发展的。在光绪二十二、三年（1896年左右）营业达一百五六十万两银子，估计全年销四百万匹布[1]。
>
> 1921年以后，营业逐步降低，利润已大不如前。到1925年，生意既无起色，而投资于汉口鼎泰油行和上海谦泰昌茶栈，复以"抛空"失败，亏蚀巨万；加上原经理汪宽也死后，小辈争夺家产，兄弟阋于墙，新任经理无力应付，祥泰即告歇业[2]。

从上述资料可以看出，祥泰布号为典型的小本起家，逐渐积累资本，最终成为上海土布商业的大户、领袖。

（二）经营方式

祥泰布号的发展，与其经营方式密切相关。据档案等文献资料的记载，祥泰布号的土布经营主要表现为以下几个方面：

第一，棉布收购。祥泰的土布收购主要有门市收购和设庄收购两种方

---

[1] 徐新吾主编：《江南土布史》，上海社会科学院出版社1992年版，第254—255页。
[2] 徐新吾主编：《江南土布史》，上海社会科学院出版社1992年版，第280页。

式。祥泰的门市收布，大多由上海四郊如浦东的三林塘、六里桥、北蔡、周浦、川沙；西郊的北新泾、诸翟、南翔、真如；西南面的七宝；南面的龙华、闵行；北面的吴淞、江湾、大场等处的当地小布庄收购后，再转卖给它，占门市收购量的大多数①。祥泰还在中心河、陈家行、题桥、漕河泾、泗泾等地设庄，每一分庄均有五六人，多至七八人②。棉布收购中，祥泰采取了"放价"的策略。每于阴历年底农民因急需而出卖较多棉布产品时，祥泰不但不杀价，反而比平时的收购价放宽一些。每匹按市价加上一二十文钱，在拣选上也放松一些，借此在农民织户中形成良好的印象③。

第二，品牌建设。土布销售中，由于客户只认品牌购买，所以几乎家家商号都有牌子。但"土布店好开，牌子难打"。祥泰作为上海首屈一指的土布店，其牌子、品牌建设也有一个过程。据资料记载，祥泰初创时因新打牌子没有市场知名度而吃不开，不得不租用市场品牌德大牌子经营，在卖100包德大牌给老主顾时，搭卖20包祥泰新牌，请其试销。由于祥泰特别讲究新牌子的规格质量和售价，逐渐将新牌子做出，得到市场认可。祥泰牌子在所有的土布字号中最多，共有187扇，最出名的有五六扇。清水货三扇牌子中，最出名者是大裕元，其次是益成亨，再次是谦恒义；东套的二扇牌子是锦美元和瑞兴亨；京庄的二扇牌子是正谊维和文奎福；还有副次货印贴长庆寿等牌子；销往奉天的副牌叫祥顺维等④。

由于牌子对于土布字号的意义重大，故而徽商土布字号的牌子常被其他商号假冒。例如余源茂的牌子即有被假冒的记载，"顷据余源茂余曜卿先生来会面称，在广德隆见有裕成布牌加阔加长纱布发现，询悉系宝号出售与彼。查裕成布牌，早经余源茂在敝会注册，有案可稽，他人不得冒称。用特予以警告，并盼即日明白示复为幸。此致同成（城）布号"⑤。正是屡有假冒布牌现象，上海布业公所不得不一再登记、注册"牌谱"，保护知名品牌，打击假冒，"同业中如有顶冒他号已经注册之同路同货牌

---

① 徐新吾主编：《江南土布史》，上海社会科学院出版社1992年版，第326页。
② 徐新吾主编：《江南土布史》，上海社会科学院出版社1992年版，第326—327页。
③ 徐新吾主编：《江南土布史》，上海社会科学院出版社1992年版，第329页。
④ 徐新吾主编：《江南土布史》，上海社会科学院出版社1992年版，第366页。
⑤ "上海市工商联档案"，上海市档案馆藏，档号S232-1-22。

号，经本所查明，或被本牌呈报，查有实据者，将冒牌之货尽数充公"①。

第三，"摸指论价"。祥泰布号是专做东北帮生意的大户，在经营中唯恐同业了解售价，和他竞争，故在交易时非常秘密。在民国元年（1912）前，祥泰派人去北方销售土布，成交时，买卖双方都把手缩在袖子管里，凭事先约定的暗号"摸指论价"，这样即使有人在场旁观，也无从知悉成交价格②。

第四，销售市场和经营业绩。祥泰的土布专销东北地区，即所谓北帮生意，产品以东套、清水布为主。东套又名标布，产自浦东各地。阔九寸二三分至一尺，标准长度一丈八尺。高档销京庄、东北，中下档销关庄，每包100匹。民国三年（1914）至民国十一年（1922）祥泰所销东套布如表3-2-3所示。

表3-2-3　上海各土布号平均年销东套布数量表（1914—1922）

庄号	销售包数	匹数
许鼎茂	4 000	400 000
祥泰	12 000	1 200 000
王天和	3 000	300 000
曹合昌	2 000	200 000
汤义兴	2 000	200 000
瑞兴	1 000	100 000
陆万丰	1 000	100 000
川沙同益等	3 000	300 000
其他小户	2 000	200 000
共计	30 000	3 000 000

资料来源：徐新吾主编：《江南土布史》，上海社会科学院出版社1992年版，第265页。

从表3-2-3可以看出，祥泰所销东套布无论是包数，还是匹数，均是市场第一位，占整个上海东套布市场的40%。清水布也是祥泰销往北方的

① 《丙辰二月初十日一时全体大会提议修整牌律案事》，上海市档案馆藏，档号S232-1-14。
② 徐新吾主编：《江南土布史》，上海社会科学院出版社1992年版，第359页。

主要棉布。清水布即西稀，又名清水大布，产自上海西南各乡，阔一尺零七分至一尺一寸四分，长十六尺至十七尺五寸，销关庄为主，每包42对，计84匹。民国三年（1914）至民国十一年（1922）祥泰所销清水布数量如表3-2-4所示。

表3-2-4　上海各土布号平均年销清水布数量（1914—1922）

庄号	销售包数	匹数
祥泰	15 000	1 260 000
森生云	1 000	84 000
永和	5 000	420 000
共计	21 000	1 764 000

资料来源：徐新吾主编：《江南土布史》，上海社会科学院出版社1992年版，第266页。

从表3-2-4可以看出，祥泰所销清水布包数、匹数也是市场第一，其销售量是上海销售清水布销售总量的71.4%。东套、清水布的销售量统计数据表明，祥泰布号是上海土布商业界最大的商号。

第五，经理汪宽也与祥泰布号。祥泰布号的发展，与经理汪宽也的经营管理密不可分。汪宽也在祥泰布庄做学徒时，由于精明能干，办事负责认真，30岁即被店主汪厚庄提升为经理，并放手让其经营。汪宽也感念知遇之恩，倾注全力，悉心经营，终于将祥泰布号发展成为上海市最大的土布商号。汪宽也为人正直，"性格爽快，律己咸任，公益事勇"[1]，深得同行敬重。清末民初，他出面联合上海布业反对官府的苛捐杂税，"有清之季，供布未罢，官责布商运输，名曰津贴，公目为苛政。丁未春，合王书、田异晓、耕红孙诸君，禀请督抚，咨部撤销，积年秕政一旦豁。民国纪元，公以布捐由榷局散征，苦苛扰，不若由同业公认汇，节其繁费"[2]。汪宽也的业绩和威望使他担任了上海布业同业组织——绮藻堂布公所的总董，成为上海布业界的领袖。他在民国十一年（1922）病逝后，上海布业公所捐资为其铸造了纪念铜像，立于豫园湖心亭东侧[3]。

---

① 《上海绮藻堂布公所百年来事迹》，上海市档案馆藏，档号S232-1-14。
② 《上海绮藻堂布公所百年来事迹》，上海市档案馆藏，档号S232-1-14。
③ 《上海市土布业商业同业公会土布公所前总董汪宽也先生纪念像》，上海市档案馆藏，档号S232-1-14-4。

（三）从祥泰布号兴衰看近代土布市场变迁

1. 祥泰鼎盛时期的土布市场（1890—1913）

前文已述，祥泰鼎盛时期约在光绪十六年（1890）至民国二年（1913），其土布贸易的繁荣，主要有三个方面的因素。

其一，土布市场的存在与土布改良后产量的增加。19世纪末至20世纪初，土布虽然受到洋布的冲击、排挤，但是还保持着若干传统市场，如东三省、两广、福建等处的销路未减或减少有限，外销南洋等地的土布呈现出逐年增加的趋势。土布生产也在洋布的冲击下，逐渐放弃了传统的手工纱，改用进口洋纱。洋纱代替传统手工纱，不仅提高了纺织效率，增加了棉布产量，也降低了棉布生产成本，使价格下跌。因此，土布产量的增加和价格的下跌，为祥泰进一步扩大市场销售提供了可能。正因如此，祥泰能从初设时期的500元资本，到光绪二十二年（1896）、光绪二十三年（1897）扩大了一百五六十万两的规模。

其二，祥泰与政府的密切关系。光绪二十六年（1900）义和团运动时期，北方交通受阻，经商有风险，做北帮生意的布号一度陷入呆滞状态。由于市面萧条，银钱业抽紧银根，祥泰布号无法贷款收布。但祥泰是上海市场土布经营大户，对市场影响较大，民谚"祥泰一天不收布，四乡农民要造反"正是祥泰市场影响力的具体体现。加之祥泰经理汪宽也与官府关系密切，时任上海道台特地开库拨出数十万两银子，借给祥泰收布，为祥泰解决了经营资金缺少的困难。

其三，抓住了市场机遇。光绪三十年（1904）至光绪三十一年（1905）的日俄战争，又为土布提供了一次市场机会。日、俄两国在上海购买了大量棉布以资军用，海参崴棉布交易极为活跃，土布销路大畅，北帮业务再次旺盛。祥泰、王大昌、森生云、王天和等数十家土布商，各户营业自几千包至二三万包不等，盈利数千两至数万两不等。正因如此，光绪二十八年（1902）至光绪三十一年（1905）土布商号营业旺盛、利润丰厚，其中"做北帮的祥泰，在民国二年（1913）以前营业较好，最多的一年做到一百五六十万两银子"①。但是，日俄战争中日本取得胜利，日本势力渗透东北，并仿造套布和清水布，上海地区土布销路大受影响，业务逐年下降，祥泰也从鼎盛走向维持经营的阶段。

2. 祥泰的维持经营与土布业的短暂回升（1914—1922）

民国三年（1914）至民国十一年（1922）间，祥泰之所以能够维持经营，主要有两个方面的原因。

第一，调整销路，拓展广帮业务。第一次世界大战爆发后，西方国家忙于战争、市场受阻，洋纱、洋布进口数量显著减少。过去受到压抑的土布业，复趋活跃。当时由于市场需求和洋布价格上升，土布国内市场扩大；而出口也有所增加，土布生产急剧回升，土布商业亦见复兴之象，其中尤以广帮（包括经香港出口）的发展为最快。民国元年（1912）至民国九年（1920）间，广帮销路不断转旺，北帮业务却逐步下降。祥泰虽以销北帮东套为主，但因为是百年老店，牌子好，业务范围广，广帮生意也做，福建一路也做，东套、清水布、东稀都做，所以总的说来，营业所受影响不大②。

第二，调整棉布品种，改营低档商品。民国成立后，禁止缠足，衣履式改变，原来销京津一路用作缠足、外套、靴、履的上等标套销路骤减，祥泰不得不调整经营策略，改营低档东套，绝大部分销东北牛庄。祥泰此时收布每天约需银洋四五千元，合七八千匹。在阴历年关前每天收布高达一万多匹。祥泰这一时期的营业额每年仍有一百一二十万两左右。第一次世界大战结束后逐年减低，民国十年（1921）以后不过一百万两，甚至低到七八十万两③。

3. 祥泰歇业与土布业的衰落（1923—1937）

第一次世界大战期间，输入我国的西洋布减少了，日本乘机而起，东洋布进口数量骤增，取代英美霸占了中国棉布市场。民国九年（1920）起，东洋布大量输入，由于上海和内地水陆交通日益发展，洋布得以渗入

① 徐新吾主编：《江南土布史》，上海社会科学院出版社1992年版，第256页。
② 徐新吾主编：《江南土布史》，上海社会科学院出版社1992年版，第269页。
③ 徐新吾主编：《江南土布史》，上海社会科学院出版社1992年版，第269页。

内地的城镇和农村。与此同时，西方国家对华棉纺织业的资本输出扩大；民族纺织印染工业亦有发展，机制布产量逐步提高。特别是这一时期机制布加强了价格攻势。土布遭到国外输入和国内生产的机制布的不断排挤，受创深重，市场日渐缩小。另一方面，由于南洋等地许多橡胶园破产，马来西亚、荷属东印度、越南、缅甸等又限制进口或提高税率，加以国内军阀连年混战，使得土布业遭到很大程度的破坏。民国十四年（1925），祥泰在内外因素的压力下，被迫关门歇业。民国十九年（1930）前后的土布市场，因日本东洋布进一步削价倾销，终因在价格上无法抗争而益见衰落。九一八事变后，东北沦陷，东北市场为日本垄断，北帮土布业务自此一蹶不振。民国二十六年（1937）前夕，北帮生意几等于零，南帮亦见萎缩，土布经营商户锐减，行业进入了衰落时期。

第四章　近代徽州布商棉布零售经营

第一节　零售经营的多样形态

所谓棉布零售商，是指将棉布商品直接销售给消费者的商号。根据商业账簿，以及文献资料等记载，棉布零售存在多种经营方式，其主要类型有如下几种。

一、布匹杂货店

所谓布匹杂货店，是指经营商品以棉布为主，同时又兼营其他各种日用商品的商号。例如，婺县江庆芳、江庆华兄弟二人自道光年间始，即在"贵溪县上清镇合开义昌杂货布匹店"[①]。婺县章冠英、章绍丰、江施泉三人于同治年间，在浙江遂安开设亦盛升号，以"布匹粮食杂货生业"[②]。歙县蓝田人叶光衍于咸丰年间在芜湖经商，后因战乱迁至浙江衢州开设叶万源号，经营粮食、棉布、杂货等。其子接手后，又在衢州坊门街创设叶泰兴布号，布号内附设纸号，兼营土纸制造、运销。资本稍有积累后，又在水亭街设立叶震兴布号、叶震兴烟丝号，二店同设在三开间的店铺内，

---

① 《清同治十二年又六月汪世瑶等立代清晰店事字》，载刘伯山主编：《徽州文书》第一辑第五卷，广西师范大学出版社2005年版，第261页。
② 《清光绪五年十一月章绍丰等立合墨》，载刘伯山主编：《徽州文书》第一辑第五卷，广西师范大学出版社2005年版，第269页。

东边为烟丝号，西边为布号①。又如歙县人仇星农在衢州水亭街开设仇恒顺棉布纸庄店，伙计达30多人；还在下街头开设仇恒裕布店纸店②。一般而言，布匹杂货店以满足消费者多种日用品需求为目的，其经营地点多见于县级中小市镇，如浙江衢州、遂安和贵溪县上清镇均属于此种类型市镇。

二、绸布店

绸布店经营的商品大多以绸缎、呢绒为主，棉布商品虽也是经营内容之一，但是主要特色还是在于绸缎商品。据记载，光绪二十年（1894）黟县布商汪德滋在黟县、安庆等地开设公兴绸布庄，经营商品为绸缎、棉布等③。开业于同治九年（1870），续营于民国十九年（1930）的屯溪大同布店，经营绸、布、绒等多个品种④。民国年间，歙县王汉山在上海合资开设庆大祥绸布店⑤；婺源人曹凤声在上海经营大昌祥绸缎局，其前身即是经营绸布的大昌绸布店⑥。民国十三年（1924），姚省度在歙县深渡镇开设丰泰绸布庄⑦。在江西南昌，休宁商人吴仲和开设的新盛绸布庄业务兴盛时，几乎垄断了江西绸布业。休宁人金云峰父子在南昌开设的日升绸布店，资本超过10万银元。程友恭在乐平县开设程永和绸布店，并在上海、南昌设有分庄⑧。相对而言，绸布店商品档次略高于普通布匹杂货店，消费者需要有一定的购买能力，故而绸布店经营地点多为县内重点商业集

---

① 柯灵权：《歙县蓝田"叶半城"及其老字号》，载黄山市徽州文化研究院编：《徽州文化研究》第三辑，黄山书社2004年版，第301—302页。

② 仇名虎：《衢州徽商第一家——记仇星农》，载中国人民政治协商会议安徽省黄山市委员会文史资料委员会编：《近代商人》，黄山书社1996年版，第118页。

③ 胡时滨、吴卫华：《黟县徽商名录》，载黄山市徽州文化研究院编：《徽州文化研究》第三辑，黄山书社2004年版，第579页。

④ 孙秋香、毛新红：《屯溪徽商老字号名录》，载黄山市徽州文化研究院编：《徽州文化研究》第三辑，黄山书社2004年版，第491—492页。

⑤ 歙县地方志编纂委员会编纂：《歙县志》，中华书局1995年版，第701页。

⑥ 萧诚：《上海"大昌祥绸缎局"》，载黄山市徽州文化研究院编：《徽州文化研究》第三辑，黄山书社2004年版，第289页。

⑦ 张恺：《歙县徽商名录》，载黄山市徽州文化研究院编：《徽州文化研究》第三辑，黄山书社2004年版，第342页。

⑧ 汪顺生、余坚：《休宁徽商老字号名录》，载黄山市徽州文化研究院编：《徽州文化研究》第三辑，黄山书社2004年版，第473页。

镇，如歙县深渡镇、休宁屯溪镇，以及县级以上的市镇、大中城市等。

三、布号、布店

布号、布店与绸布店有相似之处，即所销商品中包含部分绸缎。如光绪二年（1876）万铨布店盘底账簿记载，经营商品除布匹外，绸缎有二八青天孙贡缎、二八元青福素缎、二八元青零缎、二六天青杭库缎等①。二者不同之处在于，布号棉布商品种类多样、齐全，以售布为主。棉布零售商中，以布号、布店数量最多，例如程鸣玉等人于道咸之际，在屯溪、黟县碧阳镇、景德镇等处开设同和布号、兆成布号、恒足布号②。民国初年，黟县吴绍伊在芜湖长街开设共兴布店③。光绪三十二年（1906），歙县程率先在浙江寿昌的江裕泰布店做学徒，民国十三年（1924）被聘为裕茂昌布店经理④。1920年代，歙县人程质文在浙江寿昌开设程广隆布店⑤。等等。就遗存商业账簿而言，布号、布店所遗商业账簿数量最多，如道咸年间的兆成号盘单账簿，咸丰年间志成号商业账簿、同和号盘单账簿，光绪年间亦盛升号商业账簿、殷余记商业账簿、永美号商业账簿、万铨号商业账簿等。这些商业账簿详细记载了棉布商品零售诸多经营细节，较为细致地呈现了棉布零售商经营实态。商业账簿中均使用印章，以此说明商号的经营性质。例如，《志成号咸丰二年壬子正月吉立盘存各货总录》《志成号咸丰五年乙卯正月吉立盘存各货录》等账簿的首页上都钤盖一枚2.3cm×2.3cm红色四方印章，印文为"志成布号"，其布号性质一目了然。以印章表明商号性质，也并不为徽商所独有，其他商帮如晋商的商业账簿中也存

① 原件藏于安徽省档案馆。转引自严桂夫、王国健：《徽州文书档案》，安徽人民出版社2005年版，第301页。

② 参见刘伯山主编：《徽州文书》第一辑第三卷《程氏文书》，广西师范大学出版社2005年版。

③ 叶荫藩：《芜湖"共兴布店"》，载黄山市徽州文化研究院编：《徽州文化研究》第三辑，黄山书社2004年版，第285页。

④ 程迪壬：《寿昌徽商——程率先》，载中国人民政治协商会议安徽省黄山市委员会文史资料委员会编：《近代商人》，黄山书社1996年版，第121页。

⑤ 郭安口述、李干才整理：《程广隆布店》，载中国人民政治协商会议安徽省黄山市委员会文史资料委员会编：《近代商人》，黄山书社1996年版，第123页。

在这样的商业惯例[1]。

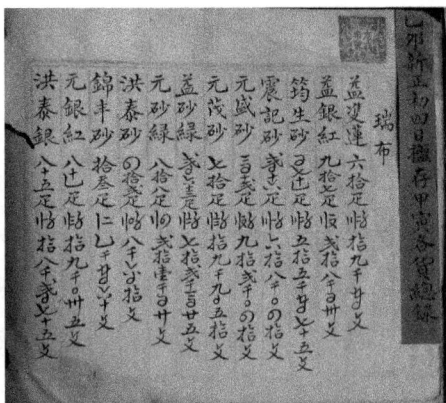

图4-1-1　《志成号咸丰五年乙卯正月吉立盘存各货录》首页

四、布号与染坊的混合经营

与土布经营联系较为紧密的行业是染坊。土布织成下机时为原色白坯
布，但民众衣着所需棉布大多是经过染坊染成的蓝、灰等颜色的色布，故
而染坊是棉布加工的下游产业。然而，洋布输入之后导致了土布用量减
少，染坊经营也逐年困难。为了改变生意清淡的局面，土布经营者逐渐从
各自独立经营转向综合经营，同治年间染坊与布号的议墨合同反映了这样
的趋势，原文如下：

> 立议墨人周怀荣、姚正和……兹缘在城永利区南门大街五社善后
> 局店屋一所，于同治五年租赁开设洪泰染坊，迄今递年生意清淡，屋
> 有宽余。今因方福兴、汪殿候欲开布业，彼此妥商，愿以门面转赁汪
> 殿候、方福兴开设布业。洪泰染坊移归后步，两相获益，愿各兴隆。
> 所有门差使费，挨月轮流，不得推诿。余外各项，两无干涉，各归各
> 号。其店面另有租券，无用细载。惟有招牌仍取洪泰，另加昌号。此
> 亦彼此商定，以壮外观。倘有一切来往银钱，各号自立戳记。昌号来
> 往，不涉洪泰之事；洪泰来往，不与昌号相干。一切章程，凭中面

---

① 行龙：《走向田野与社会》，生活·读书·新知三联书店2007年版，第434页。

酌。立此议墨纸，各执一纸，诚恐日后先易后难，有亏雅谊。从今议定章程之外，日后不得毫忽，加添事出。两相情愿，并无委曲；恐口无凭，永远存执。

同治十年月吉日立议墨人（略）①

上述合同从表面上看，是洪泰染坊因"递年生意清淡"，不得不寻求与布号合作，将染坊移至后面，腾出店面另租布号开业，从而实现各自负担一半房租，达到"两相获益"的目的。事实上并不仅限于此，汪殿候、方福兴能够在染坊原址上开设布号，说明棉布市场依然存在，只是洪泰染坊的来料——土布已见萎缩。布号经营者汪殿候、方福兴之所以愿意与洪泰染坊达成合作意愿，是因为双方合作之后，可以形成"前店后坊"的经营格局，有利于布匹的销售。所以双方商定，原有字号"洪泰"不改，只另加"昌号"，以造成扩大业务之声势。因此，无论是布号，还是染坊，试图以综合经营的模式，扩大自己的业务，这才是"两相获益"的目的所在。

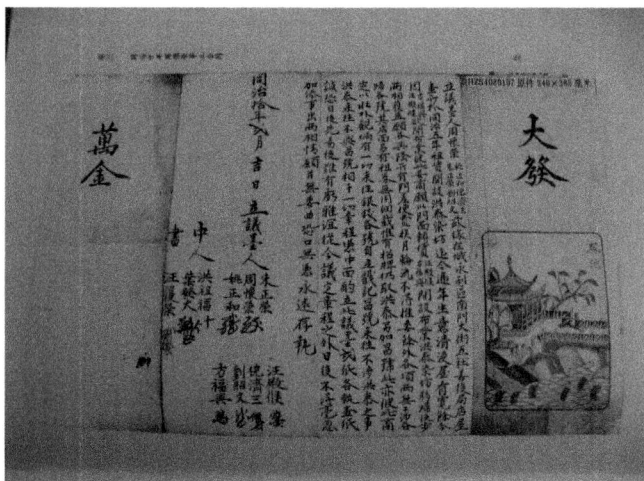

图4-1-2　同治十年周怀荣等立合同

总之，就棉布零售而言，徽商采取了多种销售方式。徽商之所以采取

---

① 中国社会科学院历史研究所收藏整理：《徽州千年契约文书：清·民国卷》第三卷，花山文艺出版社1991年版，第58页。

多样的销售方式，既与销售市场规模、消费者购买能力有关，也与洋布的输入，以及明清徽商多样经营规避市场风险的传统有关，其背后存在着多方面较为复杂的原因。

第二节　零售布号的商品市场

一、零售布号的商品构成

由于棉布生产和销售的阶段不同，零售布号的商品构成也呈现阶段性变化，因此需要按不同阶段对其商品构成进行详细的分析。

（一）咸同年间零售布号的商品构成

志成布号经营于道光三十年（1850）至同治二年（1863），遗存商业账簿中记载了历年所经销的棉布商品，较为典型地反映了咸同年间零售布号的商品构成。例如咸丰二年（1852）盘存账簿记载有瑞布、省布、苏布、汉布、色缎、色洋绸、色绸绫绣货、洋货、川绸纺罗夏布、土布等10种类型。苏布应为苏州地区棉布的简称，汉布为湖北荆州、武昌、汉阳等地所出棉布。江西省是我国夏布的主要产区，志成号账簿所记省布即夏布，产于江西省瑞州府，据《瑞州府志》记载，苎麻"绩其皮治以为布""本色曰苎布，又有省布、腰机、扁纱等名"[1]。从名称中可以看出，这些棉布来自江苏、湖北、江西、四川等地。而土布即白布、白坯布，据其账簿记载的土布名称，如太湖布、望江布、广济布、湖口布、兴国布、淮安布、湖广布等，说明这些土布产自江苏、湖北、安徽等地。

从账簿所记棉布商品可以看出，土布、省布、苏布、汉布等棉布，是志成号销售的主要产品，但均属严格意义上的国产土布。而洋货、色洋绸等商品，已如第一章所述，均是来自英国的纺织品。表明志成号是土、洋布兼营的布号。

由于志成号经营于19世纪五六十年代，可以看出洋布在此时间内已经

---

① 黄廷金修、萧浚兰等纂：《瑞州府志》卷二《地理志》，同治十二年（1873）刊本。

进入内地市场，比文献记载略早。严中平认为，光绪十六年（1890）之前，洋布逐步由通商口岸深入腹地城乡市场，由少数市民偶一着用的消费物变为广大人民群众的生活必需品①。但是，"1890年之前"似乎较为笼统。徐新吾对洋布在中国市场的推进给出了一个具体的"时间表"，认为洋布输入中国，最初仅为沿海城镇中部分人所着用，19世纪80年代中期以后，洋布市场进一步扩大，但以洋布的消费尚局限于城市②。不过，志成号经营地乐平县城只是江西省东北部一个小型市镇，且据账簿记载表明，洋布消费恐怕不限于城市，而是在19世纪50年代即已进入到了内地市场。

（二）光绪年间零售布号的商品构成

19世纪90年代至20世纪初年，国内时局稳定，市场得以较快发展，尤其是光绪十六年（1890）之后上海机器织布局、湖北织布局等一批中国纺织企业的开车生产，国产机制布开始投放市场。由于国产机制布价格较洋布便宜，所以迅速受到市场的欢迎。市场的变化，在棉布零售商的经营中迅速得到反映。例如光绪年间殿余记商业账簿记载：

> 光绪十五年五月吉日立
> 支九八钱三串，机布四匹。
> 支九八钱二串一百六十，机布三匹。
> 支九八钱八百五十，机布一匹。
> 支九八钱七百六十，机布。
> 支九八钱八百二十，机布。
> 支九八钱八百三十，机布。
> 支九八钱八百二十，机布③。

机布即机制布的简称。洋布实际上也是机制布，但民间多因其从外洋

---

① 严中平：《中国棉纺织史稿》，科学出版社1955年版，第69页。
② 徐新吾主编：《江南土布史》，上海社会科学院出版社1992年版，第116页。
③ 《清光绪十二年桂月立账簿之六》《清光绪十二年桂月立账簿之七》，载刘伯山主编：《徽州文书》第一辑第二卷，广西师范大学出版社2005年版，第134—135页。

输入，故而称洋货、洋布，而国产机制布的初期阶段倒是多仿制洋布，故而多笼统称为机布。殷余记布号为小型商号，账簿所记的五月份，一个月之内即有七次购进机制布的记录，表明机制布的销路较为顺畅。机制布销路旺盛，固然与新品种引发的市场效应有关，但主要原因在于机制布的质地和价格优势。但是，就国产机制布的总体规模而言，产量小于进口洋布，因而其市场份额并不大，难以取得主导地位。市场的这种变化，在永美布号商业账簿中也得到了反映。据《永美光绪二十年甲午春盘存草估》账簿记载，光绪二十年（1894）至光绪二十七年（1901）永美布号销售的商品，主要有各色洋货绸绫、省汉市瑞布、卡边庄冶布等。其中，洋货绸绫以呢、羽绒、绸绫、各色洋布、贡缎等为主，省汉市瑞布以各种翠、绿、黄、青、红等色机制布为主，卡边庄冶布为各种皮布、土布[①]。可以看出，机制布成为永美布号销售的棉布种类之一，表明机制布在面世之后迅速得到市场认可，进入了流通环节。

（三）民国年间零售布号的商品构成

民国初期的20多年，是中国棉纺织业所谓的"黄金时代"。"黄金时代"的出现，主要是内外两种因素影响的结果。第一次世界大战和20世纪30年代的经济危机，导致了西方洋布进口锐减，日本东洋货顺势推进中国。由于日本棉纺织品的倾销，至20世纪30年代，英国、美国等西方洋布在中国日渐衰落，甚至在上海市场销声匿迹[②]，日本棉布等纺织品在中国获得了独占地位[③]。自五四运动始，继之五卅运动，国内掀起了抵制洋货运动，发声明、做讲演，提倡穿用"爱国布"等运动，如火如荼，有利于国产棉布的销售和商业经营。这些内外因素，为中国纺织业创造了发展契机。从相关统计数据中，可以更具体了解此一阶段中国棉布商品市场的结构，如表4-2-1。

---

① 原件藏于安徽省档案馆。转引自严桂夫、王国健：《徽州文书档案》，安徽人民出版社2005年版，第302页。需要说明的是，是著将永美号定性为绸庄，恐有误。据账簿封面题名，以及所列盘存商品名称，可初步确定为布号。

② 中国社会科学院经济研究所主编：《上海市棉布商业》，中华书局1979年版，第89页。

③ 严中平：《中国棉纺织史稿》，科学出版社1955年版，第166页。

表4-2-1　民国时期国内纱厂所产棉布销售情况

年份	总销量（%）		粗布销量（%）			细布销量（%）		
	粗布	细布	华商	日商	英商	华商	日商	英商
1932—1933	82.5	17.5	40.9	48.1	11.0	17.0	79.2	3.8
1933—1934	80.8	19.2	40.1	51.7	8.2	19.4	80.4	0.2
1934—1935	80.0	20.0	39.2	53.7	7.1	18.6	80.7	0.7
1935—1936	78.7	21.3	32.6	61.5	5.9	21.5	71.5	7.0

资料来源：严中平：《中国棉纺织史稿》，科学出版社1955年版，第217页。

　　表中所见，细布市场中日商占主要地位，而粗布市场中，华商仅略小于日商。这是由于粗布适用于劳动装，农村市场较为欢迎的缘故。例如，《聚源王记民国戊午七年春王正月吉立四路誊清》[①]《聚源民国十六年丁卯吉立誊清》[②]账簿记录了聚源号经销的商品。据其民国十六年（1927）账簿《镇上办货总登》记载可知，聚源号开设于乡村。又据两册账簿所记销售客户的地理名称，如汪村、李门、长安里、杨林里、查源、八里坑、上汪、叶源、大江村、港上、上湾等，大体可以确定其经营于祁门县二十二都[③]。账簿记载其销售的商品种类有去提尖金青、竹布、土布、卒红布、娇红布、金青布、洋标、蓝竹布、青土布、介子布、月白布、毛蓝布、洋缎、针青布、白洋标、蚂蚁布、本庄加元布、提尖短机洋、提尖毛蓝、盛标洋、红边布等。所记棉布如蚂蚁布、蓝竹布、白洋标、洋标等均属机制粗纹布，而土布及改良土布如青土布、毛蓝布等，也是耐用、耐穿的粗布。

　　程广隆布店开设于20世纪20年代，经营地点为浙江梅城。据口述资料记载，程广隆布店以经营棉布零售为主，兼营绸缎呢绒、京广洋货，同时对乡村小店开展小额批发业务。其经营的棉布商品主要有石门产光边标布、26寸阔幅无色棉黄呢、元羽绸。20世纪30年代，由于城镇居民爱穿丝光蓝布，布店直接从上海、杭州等地厂家进货，其中从上海购进的晴雨

---

① 原件藏于黄山学院图书馆。

② 原件藏于黄山学院图书馆。

③ 祁门县地方志编纂委员会办公室编：《祁门县志》，安徽人民出版社1990年版，第43页。

牌阴丹士林，包括深蓝190号、中蓝160号、浅蓝130号。由于农民喜爱16磅蓝粗洋布、特尖等级的龛山土布（又称乔司布），布店更是备足货源①。从程广隆布店经销的棉布商品可以看出，标布、阴丹士林、粗洋布、黄呢、元羽绸等棉布，既有粗布，也有细布，均为仿制洋布的国产机制布。

纺织企业的快速发展不仅为市场提供了大量棉布产品，毛巾、手帕、棉袜等针织品的产量也在此时期迅速增加，投放市场，即使是乡村布匹杂货店中亦在出售此类商品。民国年间，庆丰布匹杂货店经营于歙县上丰村，为典型的山区小型商号，遗存有货源账簿、流水账簿等三册。据其账簿记载，销售的纺织品主要有男大号袜带、男袜带、女线袜、洋头绳、格麻纱手帕、九鸡毛巾、童袜、大号毛巾、童军带、16寸手帕、开四米袜、驼绒男袜、中人袜等，以及彩格布、细纱条布、府绸、士林红布、纹布、套格布等棉布②。可以看出，不仅机制布进入了乡村市场，针织品也推进到了农村市场，反映了农村与城市市场联系的加强。

吴承明认为，市场扩大，只是商品流通的一个侧面，它的性质和作用，还要看进入流通的是些什么商品，以及其交换的对象③。从近代徽州零售布号经营的棉布商品来看，土布、洋布、国产机制布以及针织品均出现于城乡市场，产品种类的丰富，反映了市场的活跃和发展，尤其是机制布和针织品的流通，体现了中国近代纺织业逐步发展的新态势。就农村市场而言，各类棉布及针织品的进入，满足了农民的需求，反映了近代棉布市场扩大的一面。但农民购买棉纺织产品，实现消费需要，必然以其经济能力为基础，而农民经济收入的改善，则有赖于农村商品经济的发展，因此，棉布在农村市场推进的过程，也是近代农村商品经济发展的过程。

二、零售布号的购销渠道

前述各不同时期零售布号所经销的棉布商品，可谓品种多样，种类丰

---

① 郭安口述、李干才整理：《程广隆布店》，载中国人民政治协商会议安徽省黄山市委员会文史资料委员会编：《近代商人》，黄山书社1996年版，第123—124页。
② 《庆丰民国二十九年货源》，原件藏于黄山学院图书馆。
③ 吴承明：《中国的现代化：市场与社会》，生活·读书·新知三联书店2001年版，第123页。

富。但是，零售布号的商品则依赖供货商的供应，即零售布号需要建立一定的进货渠道，才可以保证其经销商品种类的丰富。资料所见，近代徽州棉布零售商号的进货渠道，一是由批发商进货，二是由上海申庄、汉口汉庄等代办机构代购。民国之后，随着纺织企业的发展，部分布号亦从厂商直接进货，纺织企业随之成为交易主体之一，但仍以前二者为主。

（一）进货与分销

前文提及志成号经销的棉布商品共有瑞布、省布、苏布、汉布、色缎、色洋绸、色绸绫绣货、洋货、川绸纺罗夏布、土布等10种类型，属于品种较为齐全的布号，因此对志成号进货渠道进行分析具有一定的典型意义。又由于志成号经营于江西省乐平县乐平镇，为长江中游地区典型的市镇。据县志资料记载，乐平镇地处江西省东北腹地，为县治所在地。清代人口万余人，面积1.2平方公里。民国时面积基本未变，人口近2万①。其规模与江西省市镇平均数相当②，为典型的内地市镇。在学术界看来，市镇经济是评估近代中国市场发育程度、各区域商品经济发展状况及社会变迁轨迹的重要指标，因此对市镇中棉布零售商号的进货情况进行分析，有助于了解市镇商业与其他市场的关系，而且对经营于乐平镇的志成号进货渠道的研究，也具有一定的理论意义。

志成号遗存有多册进货账簿，不仅记载了进货商品种类及价格信息，也记载了批发商名称、地点等内容，例如《咸丰元年正月立各路色布码》是专门用于记录批发商名称、棉布尺码、价格，以及与批发商达成交易共识的口头协定等内容的进货账簿③。账簿共分两部分：第一部分"姑苏谢长兴字号布价单抄后"抄录可供批发棉布如毛宝魁、毛宝锦、毛宝赛、洋宝锦、毛双锦等120条棉布商品价格信息；第二部分"各路布匹号码单抄左"则抄录有"道光三十年正月吉日省垣万源布号定码""道光三十年正月吉日宏发振记定码""道光三十年正月吉日新泰布号定码""道光三十年

---

① 乐平县志编纂委员会编：《乐平县志》，上海古籍出版社1987年版，第29页。
② 据任放统计，江西省市镇人口平均23 218人。参见任放：《明清长江中游市镇经济研究》，武汉大学出版社2003年版，第113页。
③ 原件藏于黄山学院图书馆。

正月吉日洪聚布号定码""道光三十年正月吉日日盛生记定码""省垣怡顺号",以及辛亥袁长盛号布码、辛亥裕升号布码、辛亥济美号布码、壬子济美号布码、辛亥允美号布码、辛亥怡裕号布码、辛亥裕兴号布码、壬子吴万和大记苏布码、壬子义承号苏布码、壬子怡和号布码等近800条棉布商品价格目录。从中可以看出,志成号进货市场主要集中于苏州和江西省会南昌两地。

苏州是明清时期中国棉布生产中心,也是布商进货的主要货源地。近代以后,虽因上海的崛起而退居次要地位,但太平天国战争之前的苏州土布商业还比较兴盛,"之后,苏州商业的集散作用向上海转移"[1]。《咸丰元年正月立各路色布码》账簿登录于咸丰元年(1851),此时战事并未扩散至苏州,故而苏州仍是土布交易中心之一。上文叙及,志成号经营地江西省乐平县城,为长江中游地区的内陆市镇,说明远离贸易中心的徽商零售布号凭借批发商的中介媒体,融入苏州棉布市场的体系之中,内地市镇也由于徽商的贸易渠道与全国市场连接起来,其商品的输入和输出均成为全国市场的组成部分之一。

另一货源地南昌,不仅是省会城市,也是江西重要的棉布生产、集散、贸易中心之一。据资料记载,南昌盛产箔布"乡村百里无不纺纱织布之家,勤者男女更代而织,鸡鸣始止,旬日可得布十匹,赢利足两贯余,耕之所获不逮于织"[2]。南昌"广润门棋盘街,向为抱布贸易之所,每早乡民百十成群,拥挤于此"[3]。第二次鸦片战争后,九江开埠,与鄱阳湖及九江相连接的赣中、赣北地区成为江西进出口贸易的主要渠道。市场重心亦随之向赣北地区位移,这使省会城市南昌的地位日显突出。江西出口土货以此聚集而至九江出口;进口洋货亦以九江入口至南昌集中,尔后分销各处[4]。作为区域棉布集散、贸易中心的南昌,与乐平镇距离较近,水

① 徐新吾主编:《江南土布史》,上海社会科学院出版社1992年版,第594页。
② 光绪《南昌县志》卷五十六。
③ 《申报》1880年10月11日。
④ 陈晓鸣:《中心与边缘:九江近代转型的双重变奏(1858—1938)》,上海师范大学2004年博士学位论文,第66页。

路仅有230公里的路程①，交通较为便捷，因此南昌批发购进的棉布成为志成号商品的主要来源。例如《志成号咸丰十年庚申各路货源》②账簿记录的批发商有恒裕宝号、洪聚宝号、恒茂宝号、周双顺宝号、宏顺宝号等，对照《志成号咸丰十年庚申正月立大道生财》③账簿，可以发现均是南昌地区的批发商号，从中反映出交通、成本等因素在批发市场中的影响。还是由于交通便捷的缘故，志成号经营者可以与批发商直接见面，甚至达成口头协定，如账簿记载双方达成的银钱兑换办法，"依面议九五兑、洋肚足兑、竞纹九九兑、曹纹九八（兑）""咸丰元年面议定：钱码八八兑，□□□实，合八五扣实洋肚，曹纹照市九八兑，方镜纹九九兑""面议八四兑票钱"④。可以看出，乐平镇的零售布号与区域经济中心南昌保持着紧密的联系。

据账簿记载，志成号棉布除销售本镇外，也以附近农村为分售市场。例如咸丰二年（1852）《旧该》账簿记载，志成号客户主要分布在本城、西乡、东乡、南乡、北乡等地⑤。本城即乐平镇，而东、西、南、北四乡自然属于农村市场。咸丰九年（1859）、咸丰十年（1860）、咸丰十一年（1861）志成号设有誊清账簿，分别为《本城誊清》《各乡誊清》《城乡誊清》账簿，从账簿名称中即可了解其销售市场分为市镇、农村两个部分。

志成号的进货和分销模式，在相关文献资料中也得到了印证。民国年间徽商开设的程广隆布店，其经营地梅城镇为浙江建德县县治所在地，属于县级市镇。所经销的丝光蓝棉布、阴士丹林棉布采购于经济中心上海，以及区域经济中心杭州。与此同时，程广隆布店还对乡村小店开展小额批发业务，其棉布市场由梅城镇推进到农村市场⑥，其市场经营方式与志成号基本相同。

---

① 乐平县志编纂委员会编：《乐平县志》，上海古籍出版社1987年版，第31页。

② 原件藏于黄山学院图书馆。

③ 原件藏于黄山学院图书馆。

④ 《咸丰元年正月各路色布码》，"道光三十年正月吉日宏发振记定码""道光三十年正月吉日洪聚布号定码""道光三十年正月吉日日盛生记定码"。

⑤ 《志成号咸丰二年壬子正月吉立旧该》。

⑥ 郭安：《程广隆布店》，载中国人民政治协商会议安徽省黄山市委员会文史资料委员会编：《近代商人》，黄山书社1996年版，第123页。

农村集镇属于初级市场，是中国市场层级的最低一级，但农村集镇最贴近农民生活，与农民的联系也最为紧密。因此，通过对农村集镇棉布零售商号购销环节的研究，可以更好地了解农村集镇市场与其他区域市场的关系。《清光绪二十七年二月景镇成记等抄照孙靖生等扎存单》保存了景德镇成记与农村市镇布店往来的记录，其中王村所记的商号有永大、松茂、德盛等五家，朱村则有怡盛、三和、日升昌等三家商号，南源口记录的有程义兴、兴泰隆、同泰仁、汪长春、长源、同源隆等九家，薛坑口有吉祥茂、德裕怡、庄同泰等六家，以及深渡的仁聚、福记、永隆、德和等①。据县志记载，朱村、王村、深渡、薛坑口、南源口等地分别位于歙县十四都五图、二十四都九图、三十一都三图、三十六都五图和三十七都十图②，故而可以确定这些商号的经营地点为农村集镇。查阅该扎存单所记载商品，全部为棉布，如埠青、新青、老青、中标青等青布，由此可知景德镇成记经营棉布贸易。显然，如果没有业务往来，成记扎存单自然不会将20多家商号名称、地点记录于文书之中，以此推测，景德镇成记与歙县农村集镇商号的关系，应是批发商与零售商的关系。景德镇为中型城市，其经济地位略低于南昌、九江，第三章所论九江同顺号的账簿中，即有景德镇同和号从同顺号分销洋布的记载，说明景德镇棉布商品部分来自九江，属于次级市场。而成记扎存单表明，中型城市、次级市场是农村集镇棉布零售店与市场联系的重要渠道，其商品仰赖次级市场的再批发。

从批发进货环节可以看出，市镇零售布号与棉布交易中心苏州（后转向上海）、区域中心南昌建立有商业网络，而农村市镇的零售布号则与次级市场、中型市场建立了市场网络。从中可以看出，棉布市场逐渐由中心市场向次级市场，再由次级市场向农村市场推进，其推进的过程实际上是国内市场发育、发展的局部反映。

（二）上海申庄、汉口汉庄等代办机构的代购

前文已述，长江中下游地区是近代徽州布商经营的主要地域。在长江

---

① 《清光绪二十七年二月景镇成记等抄照孙靖生等扎存单之十一》，载刘伯山主编：《徽州文书》第一辑第三卷，广西师范大学出版社2005年版，第159页。
② 民国《歙县志》卷一《舆地志·都图》，民国二十六年（1937）石印本。

流域内，分布有中国经济中心和棉布交易中心上海，而汉口是仅次于上海的中国第二大商业都市，明清以来即是仅次于长江三角洲的重要棉布市场①。正因如此，中心城市均设有为数众多的徽商代办机构申庄、汉庄，为各地棉布零售商号代购各类棉布商品。

管见所及，申庄、汉庄以及其他地区的代办机构所遗存商业文书数量较多，从中可以看出代办机构为零售商提供代购服务的具体环节，亦能看出通过代办机构的桥梁作用，众多的零售布号与中心市场和区域市场的联系。据账簿记载，兆成号委托上海、汉口等地代办机构代购棉布，如光绪二十七年（1901）账簿记载：

余克明兄申庄代办货，二四曹宝纹四千零七十八两三钱七分五。

程康甫记汗（汉）庄办货，二四曹宝纹六千四百念（廿）四两零六分三。

□□□□布庄办布，洋一千三百零六元八角二，扣二四曹宝纹七百八十四两零八分二②。

据账簿记载，兆成号委托上海、武汉、浙江余姚等地代办机构代购棉布，表明其所销棉布来自这些地区的市场。但兆成号经营地为休宁县屯溪镇，属于内地山区的商业市镇，不难看出，内地山区市镇的零售布号凭借着申庄、汉庄等代办机构的桥梁作用，将其与中心市场和区域市场联系起来，反映了内地市镇的商业经济已经融入全国市场体系之中。

一般情况下，庄客代零售商购进棉布商品，首先应有零售商向庄客发出代购信函，如"托购"信函一通：

托购

天福中号折一百个，约价二三分银。

---

① 任放：《明清长江中游市镇经济研究》，武汉大学出版社2003年版，第333、190页。

② 《清光绪二十七年兆成号抄照程鸣玉盘单》，载刘伯山主编：《徽州文书》第一辑第三卷，广西师范大学出版社2005年版，第150页。

烦交福兴信局，另信送景镇。

振康钱号收其力资，望批镇例。

其折款望付小店矣，并候

秋安。

程康甫仁翁大人费心

壬寅七月十一日　托①

上述托购信函中，零售商明确提出了求购商品名称、数量、价格，以及约定交货、付款办法等内容。代办庄客依据零售商代购要求，将所代购棉布发送至零售商经营地，如：

共付布二千三百五十五匹，

合九六钱六百八十四千六百五十五文。

又叨庄号钱九串四百廿，

又付功德钱一串，

又蒲包、绳子、下力等钱一千五百廿，

总共九六钱六百九十六千五百九十五文，归九八钱六百七十九千五百卅五文。

八二六申九八五平文五百六十一两二钱九分。

同成德宝号照。　九月初三　彭永顺抄②。

上述抄照同成德账单，当是彭永顺发货之后寄送同成德商号的账单，详细记录发送棉布数量、价格，以及各项开支和佣金"叨庄号钱"等。至此，庄客与零售布号完成了代购交易。在代购交易中，庄客将内地市镇的零售商与棉布贸易中心和次级市场连接起来，使其获得稳定、丰富的货

---

①《清光绪二十八年七月景德镇恒足号托程康甫购货清单》，载刘伯山主编：《徽州文书》第一辑第三卷，广西师范大学出版社2005年版，第182页。

②《清中后期彭永顺抄照同成德号账单》，载刘伯山主编：《徽州文书》第一辑第三卷，广西师范大学出版社2005年版，第228页。

源，为布号的长期、稳定经营发挥了极为重要的作用。例如兆成号持续经营时间长达70年之久，个中原因不能不与上海、汉口等地稳定的货源供应有关。

又如光绪二十年（1894）徽商汪德滋在上海开设汪德申庄，专代芜湖等地布商办货①。汪德申庄的代购行为，将上海棉布市场与长江沿线安徽境内的市镇联系起来，将安徽沿江市镇的商业经济融入上海中心市场之中。不难看出，申庄、汉庄等代办机构对于连接内地市镇与棉布贸易中心发挥了重要作用，是徽州布商市场网络中重要的一环，故而在近代徽商组织体系中享有一定的地位，其中较为典型者当推黟县卢象三。据档案资料记载，卢象三在上海开设卢象记申庄，住上海北苏州路德安里信昌隆报关行。他不仅为零售商提供代购服务，还为徽州本地纺织企业培本有限公司提供资金支持、棉纱供应（详见下章），为徽商故里的近代工业发展做出了重要贡献，所以在上海徽宁会馆董事会董事选举中被选为董事。②查阅所有董事会董事名单，以申庄身份担任董事会董事的只有卢象三一人，表明作为代办机构庄客的卢象三在徽商群体中具有一定的影响力和社会地位。

综上所述，近代徽州棉布零售商号经营的商品品种多样，种类丰富，从中可以看出，洋布自19世纪50年代即进入了内地市场，其推进速度和进程非文献所记仅限于口岸和城市。而国产机制布和针织品的销售，反映了中国纺织工业及深加工业的发展。土布的继续销售，既与人们的穿着习惯有关，也与此时期改良土布的出现有关，表明土布在与洋布、机制布的竞争中，仍然存在一定的市场。零售商所销棉布产品，均依赖批发商与申庄、汉庄等代办机构的供应。他们的批发、代购服务活动，将内地市镇和农村集镇经济与中心市场，或次级中心市场连接起来，使之融入市场体系之中。其融入的过程，既是棉布市场发展的过程，也是全国市场发育、发展的过程。

---

① 胡时滨、吴卫华：《黟县徽商名录》，载黄山市徽州文化研究院编：《徽州文化研究》第三辑，黄山书社2004年版，第579页。

② "上海市社会局档案"，上海市档案馆藏，档号Q6-9-110。

第三节 零售布号的财务状况

一、零售布号财务状况的静态分析

徽州布商账簿中存在一种特殊类型的账簿，即盘单账簿。盘单又称红册。按照徽商经营惯例，农历新年正月开门营业后的第一件大事，即是对上一年度的经营进行盘存，通过盘存计算库存、开支等内容，最后得出上年度经营利润，以及利润分配方案。盘存结果需要送达各位合伙股东审阅，以便股东了解上年度的经营和获利情况。由于盘单记载有即将分配给股东的利润，属于喜事之列，故而多用红色纸张书写，或许正是盘单又称红册的原因。由于盘单内容主要有存、该、余等部分，因此学界认为盘单属于会计报告性质①，是商号财务分析的重要资料。基于此，本文对近代徽州布商经营情况的分析，也以盘单为基本素材。所见近代徽州布商最早的盘单，出现于道光二十九年（1849），照录如下：

> 道光二十七年二月初一日：
> 收王道南得记存正本洋钱二千元正；
> 收王懋修记存正本洋钱二千元正；
> 收汪培基堂存正本洋钱一千元正；
> 收邱集文记存正本洋钱五百元正；
> 收程鸣玉记存正本洋钱五百元正；
> 以上共存正本洋钱六千元正，
> 本年未盘。
> 道光二十九年正月初二日盘：
> 存各货共计洋钱三千零三十九元七角八分；
> 存余胜远兄手办余姚布洋钱九百元零二角五厘；

---

① 见图1。

存程鸣玉记萧安绍布洋钱一千九百七十二元四角二分；

存人和夏布行手办河口夏布洋钱二百七十九元六角四分；

存协记仍省布洋钱一百五十五元九角；

存店友暂记各该洋钱三十二元，折实做洋钱十六元；

存家伙洋钱二十五元正；

存现银九十九两七钱八分八，七六五，申洋钱一百三十元四角四分；

存现洋钱二千零九十九元正；

存现洋钱三百六十元正；

存现钱二十八千八百二十五文，六八，折洋钱十九元六角；

以上共存洋钱八千九百九十七元九角八分八。

该道记存曹宝纹六百两，七六五，申洋钱七百八十四元三角一分八；

该道记存洋钱四百四十元正；

该懋记存曹宝纹三百二十九两零七分；

该懋记存洋钱八百七十四元五角九分八；

该集记存洋钱九十四元五角零五厘；

该存簿各存洋钱十三元九角一分八；

以上共该存洋钱二千六百三十七元四角五分八，

除该各存仍存洋钱六千三百六十元五角三分，

照正本六厘拨息。

王道南得记拨分息洋钱一百二十元正；

王懋修记拨分息洋钱一百二十元正；

汪培基堂拨分息洋钱六十元正；

邱集文记拨分息洋钱三十元正；

程鸣玉记拨分息洋钱三十元正；

以上共拨分息洋钱三百六十元正，

除拨分息洋钱，仍实存洋钱六千元零五角三分。

上

程鸣玉照　　　　同和盘单①

　　从盘单所记的进货商品，如余姚布、绍布、夏布等，可以看出，同和号为布号。将上述道光二十九年（1849）盘单与同和号后期盘单，以及其他布号盘单进行比较，发现该份盘单略有不同，其首部多出了八行说明性文字。八行文字主要有两方面的内容：一是说明道光二十七年（1847）二月初一日收到了王道南、王懋修等人共计洋钱6 000元的合伙资本；二是交代"本年未盘"。所谓"本年未盘"，即没有对道光二十七年（1847）的经营进行盘存，亦没有编写道光二十八年（1848）的盘单，其原因可能是同和号开业时间与结算期不满有关。据二月初一日收到的五家合伙正本来看，同和号可能开张于道光二十七年（1847）二月初一日。由于二月初一日开张至第二年的正月初二日，在时间上不能构成一个完整的财务结算周期，所以无法盘存。正因如此，其后所抄录的内容乃是道光二十九年（1849）正月初二日对上一年度盘存的结果，思路和递进的层次较为合理。以此看来，前八行文字实际上是解释、说明为何在道光二十九年（1849）正月才开始编写盘单的原因。

　　在上述说明性文字之后，"道光二十九年正月初二日盘"即为盘单的正式内容。从内容来看，盘单包括以下几个组成部分：

　　（1）存项。存项共有五个部分构成：一是"商品库存"金额，即上一年度销售剩余的所有棉布商品货币总额，如"存各货共计洋钱三千零三十九元七角八分"；二是"采购预付款"，因采购棉布而预付给批发商或庄客的款项，如预付余胜远购买余姚布、人和夏布行购买夏布等；三是"店友暂记"款，为伙计、股东等人从布号借支的暂借款；四是固定资产，如"家伙"；五是余存现金。

　　（2）该项。它是指客户存于布号的货币，或为生息，或为购买棉布的预付款。利润分配方案及其执行情况。盘单根据存、该账目计算出本年利润，最后提出本年"照正本六厘拨息"的分配方案，即按照合伙股东投入

_____

　　① 《清道光二十九年正月同和抄照程鸣玉记盘单》，载刘伯山主编：《徽州文书》第一辑第三卷，广西师范大学出版社2005年版，第54页。

资本数量，按照六厘平均分配利润。

（3）总结余。即利润分配之后最后实际的现金余存，如"仍实存洋钱六千元零五角三分"。

总之，盘单账簿详细记载了零售布号的资金来源、资金占用，以及经营利润等内容，较为动态地呈现了布号财务状况，以此为基础，可以编制出布号的资产负债表、损益表，进而分析其资金分布、使用、存在的状况，如表4-3-1。

表4-3-1　道光二十八年（1848）同和号资产负债表

单位：元

项目		数量	比例（%）
存项	商品库存	3 039.78	33.78
	采购预付	3 308.21	36.77
	店友暂欠	16	0.18
	固定资产	25	0.28
	货币现金	2 609.04	28.99
	合计	8 997.988	100
该项		2 637.458	
年度利润		360	
余存资产总额		6 000.53	

资料来源：刘伯山主编：《徽州文书》第一辑第三卷，广西师范大学出版社2005年版，第54页。

表4-3-1反映的是同和号道光二十八年（1848）经营起步时期的资产负债情况。在会计学中，资产负债表亦称财务状况表，反映了企业在某一特定时期（如月末、季末、年末）全部资产、负债和所有者权益情况的会计报表，它表明权益在某一特定时期所拥有或控制的经济资源、所承担的现有义务和所有者对净资产的要求权。它是一张揭示企业在一定时点财务状况的静态报表。就程序而言，资产负债表为簿记记账程序的末端，是集合了登录分录、过账及试算调整后的最后结果和报表。就性质而言，资产负债表则是表现企业体或公司资产、负债与股东权益的对比关系，确切反

映公司营运状况，因此其功能与盘单账簿的原理相通，据此可以对零售布商的财务状况进行分析。从表4-3-1可以看出，同和号在道光二十八年（1848）经营起步时期的主要特点：

第一，表4-3-1所显示的资金使用比例中，商品库存33.78%，采购预付36.77%，构成了布号存项的主要部分，表明资金始终处于流动状态，反映了布号经营状况良好。

第二，表中所示最终余存资产总和6 000.53元，与合伙资本金持平，反映了布号债务不多，具有较强的偿付债务能力。

第三，布号持有的余存现金2 609.04元，其比例高达28.99%，表明闲置资金较多。资金闲置，固然强化了抵御债务的能力，但是从资金利用的角度看，其价值没有得到充分发挥。

第四，本年度利润360元，资本年利润率约为6%，仅有六厘，略低于民间借贷中常见的一分利率。可见，布号获利水平不高，可能与布号刚开始经营、市场没有打开、知名度不够有关。

第五，或许是商业贸易的缘故，固定资产有限，所占比例极小。

以上是同和号道光二十八年（1848）经营起步阶段财务状态的静态分析。

亦盛升号开设于同治二年（1863），从合墨文书可以看出，其在光绪五年（1879）仍然在持续经营。在经营期间，亦盛升号于同治十一年（1872）进行了盘存，并将盘存结果登录于账簿之中。与同和号不同的是，亦盛升号是经营中的盘存，反映了经营中的财务状况，如表4-3-2。

表4-3-2 同治十年（1871）亦盛升号资产负债表

单位：两

项目			数量		比例（%）
存项	商品库存		461	519.5	37.83
	货币现金		58.5		4.80
	待收欠款	客户拖欠	768	869	57.37
		股东透支	101		
		统销呆账 上年	130	170	

项目		数量	比例（%）
	今年	40	
	实拟收回	699	
	存项合计	1 218.5	100
该项		498.5	
年度利润		120	
余存正本		600	

注：原表由汪崇筼制作。

资料来源：刘伯山主编：《徽州文书》第一辑第五卷，广西师范大学出版社2005年版，第238—258页。

表4-3-2所见，亦盛升号资本600两，为规模不大的小型棉布杂货商号。年度资本利润共120两，利润率为20%，可见其经营获利颇为丰厚。从其商品库存来看，仅461两，符合小型布号的特点。但是，库存量不大亦有其优势，可以加速资金周转，从而得以增加棉布花色品种的供应，有利于扩大销售量。

表4-3-2中特别之处是其客户拖欠的应收款较高，多达768两。据汪崇筼的统计，欠账客户共345户，说明亦盛升号采取了允许顾客赊账的经营方式。采用赊账经营方式，可以刺激客户消费，但是从实际情况来看，多与客户的消费能力有限有关。

赊销经营意味着商号需将欠款利息计入商品的售价之中，因此商品售价往往高于正常的零售价格。显然，拖欠款高达768两，已超出亦盛升号的资本总额，正是售价较高，加之历年滚动积欠的结果。据汪崇筼研究，拖欠款中包括部分呆死账，即表中"实拟收回"项。据其统计，统销呆死账后的拖欠款仍高达699两（含股东透支），占盘存总额的57.37%。可见其比例之高，不利于商号的正常运转。

此外，由盘存结果还可知，亦盛升号对供货商金同发、吴复泰的货款拖欠，是其"该项"的主要部分，可见亦盛升号对供货商也是采取了赊账的方式，而光绪五年（1879）诸位股东签订的合墨文书也证实了此一采购方式，这与同和号、兆成号的预付款制正好相反①。

总之，通过对零售布号起始和经营期中两个阶段财务状况的静态分析可以看出，零售布号的经营均能盈利，资金大多投入主业，分布较为合理，表明商号资金处于良性运行状态。

二、零售布号财务状况的动态分析

静态分析只能反映布号一个财务年度的财务状况，而动态分析则可以动态地考察布号发展中的状态。为此，将同和号道光二十八年（1848）至咸丰七年（1857）资产负债情况绘制成表4-3-3，据此对其历年的资金分布与使用情况进行分析。

表4-3-3　道光、咸丰年间同和号资产负债表

项目		道光二十八年（1848）		道光二十九年（1849）		咸丰元年（1851）		咸丰二年（1852）	
		数量	比例	数量	比例	数量	比例	数量	比例
存项	商品库存	3 039.78	33.78	3 429.54	27.55	852.12	7.55	7 636.53	
	采购预付	3 308.21	36.77	6 444.158	51.77	6324.526	55.99	3 465.847	
	店友暂欠	16	0.18	300	2.41	906.37	8.02	1 745.826	
	固定资产	25	0.28	25	0.2	114.4	1.01	105	
	货币现金	2 609.04	28.99	2 249.368	18.07	3097.71	27.43	2 506.571	
	合计	8 997.988	100	12 447.51	100	11 295.02	100	17 736.3	
该项		2 637.458		6 023.22		4 694.46		11 135.76	
年度利润		360		420		600		600	
余存资产总额		6 000.53		6 004.29		6 000.56		6 000.54	

---

① 汪崇筼：《清代徽商合墨及盘、账单——以〈徽州文书〉第一辑为中心》，《中国社会经济史研究》2006年第4期。

项目		咸丰三年（1853）		咸丰四年（1854）		咸丰六年（1856）		咸丰七年（1857）	
		数量	比例	数量	比例	数量	比例	数量	比例
存项	商品库存	6 587.54	38.96	7 799.186	50	3 075.13	21.18	5 238.19	37.61
	采购预付	5 138.047	30.39	4 335.636	27.8	8 624.048	56.6	5 285.856	37.83
	店友暂欠	3 271.923	19.35	792.611	5.08	1 289.258	8.46	859.848	6.15
	固定资产	108	0.64	94	0.6	62	0.4	50	0.36
	货币现金	1 801.201	10.65	2 575.141	16.51	2 185.3	14.34	2 538.33	18.17
	合计	16 906.711	100	15 596.571	100	15 235.736	100	13 972.217	100
该项		8 727.811		6 617.257		8 355.726		5 970.533	
年度利润		160		960		0		0	
余存资产总额		8 018.9		8 019.314		6 880		8 001.684	

注：由于咸丰二年存项总金额与分项金额合计不一致，故表中未进行比例的计算。
资料来源：刘伯山主编：《徽州文书》第一辑第三卷，广西师范大学出版社2005年版，第54—75页。

第一，历年的商品库存与预付款比例显示，二者仍然是同和号资金使用的主要方向。不过，咸丰元年（1851）、咸丰六年（1856）预付款比例高达56%左右，说明其资金在一定程度上为批发商所占用。尤其是咸丰六年（1856）预付款比例约为56.6%，但是本年度没有盈利，说明预付款没有实现预期的经济目标。经营状态不佳的原因，可能与此时期同和号所在的徽州境内太平军和清军交战有关。

第二，从表4-3-3中可以看出，咸丰三年（1853）后同和号现金持有的比例明显下降，与表4-3-1相比，下降了10～18个百分点，反映了资金利用率在上升。由此，说明同和号发展的过程中，资金分布基本合理，大多处于运行状态。

第三，与表4-3-1不同的是，店友暂欠的比例有所升高，最多的年份达到19.35%，存在一定程度的资金占用情况。据账簿记载，欠款人主要为邱集文和汪培基堂，二者均为同和号股东。徽商合伙经营较为常见的惯例是，股东一旦入伙，多将商号视为私有财产，可以任意从商号中支取现金。甚至个别商号因为股东过度支取，导致商号经营出现周转金的困难。

上文已述，兆成号经营时间长达近70年，而同和号于咸丰六年（1856）、咸丰七年（1857）无利，被迫在咸丰八年（1858）进行了重组。考虑到兆成号的主要股东与同和号的主要股东相同，而且两家布号均经营于徽州境内的休宁县屯溪镇和黟县碧阳镇，因此将二者进行动态地比较，既可以发现其共性，也能看出差距。同治年间兆成号资产负债情况如表4-3-4。

表4-3-4　同治年间兆成号资产负债比例统计（%）

时间	商品库存	采购预付	店友暂欠	固定资产	现金余存	百分比合计
同治五年（1866）	47.139	40.383	1.494	0.55	10.434	100
同治八年（1869）	7.53	69.29	0.37	0.09	22.72	100
同治九年（1870）	27.29	59.46	0.63	0.10	12.52	100
同治十年（1871）	16.44	58.23	4.21	0.08	21.05	100
同治十一年（1872）	6.90	74.59	6.00	0.06	12.45	100
同治十二年（1873）	19.29	73.57	0.31	0.06	6.77	100

资料来源：刘伯山主编：《徽州文书》第一辑第三卷，广西师范大学出版社2005年版，第109—116页。

从表4-3-4中可以看出，兆成号的商品库存率明显低于同和号。兆成号的商品库存率最高年份约为47.139%，但仅有此年，其后两个年度均低于10%，两个年度均在20%左右。反观同和号，商品库存率最高约为50%，虽然仅有一年，但30%以上共三次，两个年度均在20%以上，最低7.55%仅有一次。说明兆成号的市场销售好于同和号。其次，从现金余存的比例来看，兆成号也低于同和号。前者多数年份在13%以下，后者多数年份在14%以上，说明兆成号的资金利用率较高。而店友暂欠一项中，在兆成号所占比例极小，远远低于同和号。正因如此，兆成号能够将更多的资金投入到采购预付中，预付比例甚至达到74%以上，最低也有40%，相对而言，同和号的采购预付就要逊色得多。兆成号能够经营近70年的原因固然较多，仅从资金利用的四个方面看，其分布较为合理，闲置、占用及商品库存率均较低，说明绝大多数资金处于被利用状态，如此自然能够逐年盈利，长期经营。

兆成号的资金分布合理，并长期经营，逐年有所盈利，是否意味着盈利状态较好，尚有待于进一步地分析。依据兆成号账簿所记历年利润数据，绘制成表4-3-5，表中利用逐年比较法和基年分析法两种方法进行了统计。所谓逐年比较法，是指以相邻两年的资料进行比较，计算增减金额和变动百分比，这种方法的优点是能够反映各年度之间的变化程度，缺点是不利于反映整个时期的变化趋势。基年分析法是指选定最早的年份为基年，各年的数据均与基年数据进行对比，计算增减金额和变动百分比。这种方法的优点是便于反映在一定时期内的整体变动趋势和平均发展速度[1]。

由于同治十二年（1873）数据与光绪十二年（1886）数据相隔13年，且分处同治、光绪两个时期，故而表4-3-5中将两个时间段进行了区分。从表4-3-5的分析可以看出，无论是同治时期，还是光绪时期，兆成布号的利润均呈现一定程度的起伏，这种起伏在光绪时期表现得最为明显。17个年度中，只有光绪十八年（1892）至光绪二十六年（1900）的六个年度连续高于或等于基年数据，盈利状态较好。而其余的11个年度均处于起伏、波动状态，反映了商号盈利极不稳定，说明商号经营较容易受到内外各方面因素的影响，如成本上升、资金占用或外部市场变化等因素。就兆成号而言，股东自由进出可能是其主要影响因素之一。由于合伙体制中，对股东进出没有多少限制，股东入伙自然能够增加商号的资本金，扩大经营，例如股东郭济川的入伙，带来了2 000两的资金，迅速扩大了资本规模。但是，两年后郭济川又退出兆成号。股东的随意退出打乱了商号的资金分配和调度，影响了商号的经营业绩和利润。

---

① 隋英杰编著：《资产负债表与损益表的编制》，经济管理出版社2001年版，第172—173页。

表4-3-5　兆成号利润总额变动分析简表

| 净利润 | 逐年比较法 | | 基年分析法 | |
	比上年增减额	比上年增减率（%）	比基年增减额	比基年增减额（%）
同治五年 （1866）	430				
同治八年 （1869）	756	326	75.81	326	75.81
同治九年 （1870）	0	−756	−100	−430	−100
同治十年 （1871）	252	252		−178	−41.39
同治十一年 （1872）	420	168	66.67	−10	−9.76
同治十二年 （1873）	370	−50	−11.9	−60	−13.95
光绪十二年 （1886）	110				
光绪十四年 （1888）	55	−55	−50	−55	−50
光绪十六年 （1890）	110	55	100	0	0
光绪十七年 （1891）	55	−55	−50	−55	−50
光绪十八年 （1892）	190	135	245.45	80	72.72
光绪十九年 （1893）	220	30	15.78	110	100
光绪二十年 （1894）	220	0	0	110	100
光绪二十一年 （1895）	110	−110	−50	0	0
光绪二十三年 （1897）	220	110	100	110	100
光绪二十六年 （1900）	200	−20	−9.09	90	81.81
光绪二十七年 （1901）	100	−100	−50	−10	−9.09
光绪二十八年 （1902）	100	0	0	−10	−9.09

净利润	逐年比较法		基年分析法	
	比上年增减额	比上年增减率（%）	比基年增减额	比基年增减额（%）
光绪二十九年（1903） 600	500	500	490	45.45
光绪三十一年（1905） 0	−600	−100	−110	−100
光绪三十二年（1906） 200	200		90	81.81
光绪三十三年（1907） 0	−200	−100	−110	−100
光绪三十四年（1908） 100	100		−10	−9.09

资料来源："兆成布号同治五年至十二年、光绪十二年至三十四年盘单"，载刘伯山主编：《徽州文书》第一辑第三卷，广西师范大学出版社2005年版，第109—205页。

第四节　零售布号的财务清算与处理

在合伙经营的徽州布号中，由于股东之间的矛盾等原因，部分股东提出撤资、分立，其结果导致棉布商号或者歇业，或者重组。不论是歇业，还是商号重组，均需要进行财务清算，也就是将布号的财产和债权债务关系进行清理、处分和分配。本节以万铨布号账簿文书为中心，具体研究万铨布号财务清算的步骤和流程，进而探讨财物处分和分配中所依循的原则。

一、《万铨布号盘簿》辨析

《万铨布号盘簿》一册，原件收藏于安徽省档案馆[①]。账簿纵29厘米，横22.5厘米，筒子页，共14页，28面。封面写有"寿""禹"两字，封底粘贴有屯溪古籍书店"古旧书刊简目"，内容为：光绪阄分货物案，1册，1.00（元）。据"简目"内容，该账簿似为1950年代的屯溪古籍书店所收

[①] 安徽省档案馆藏，档号46.158.1。

购，在进行了初步的整理后，流入古旧书刊市场，最终为安徽省档案馆收藏。显然，账簿名称《万铨布号盘簿》应是安徽省档案馆研究人员在对账簿进行第二次整理之后，重新拟定的名称。账簿题名不仅增加了万铨布号的商号名称，还对账簿的类别和属性进行了认定，认为该账簿是光绪二年（1876）万铨布店收支总计和盘库账簿。在严桂夫、王国健所著《徽州文书档案》一书中，将《万铨布号盘簿》作为典型盘底账簿进行了介绍①。

由上可知，前后两次账簿整理，对账簿名称与账簿属性得出了两种截然不同的看法，到底哪种看法更为准确呢？为了更好地理解万铨布号账簿的名称、类型与属性，兹将账簿主要内容抄录如下（原文为竖写）：

二八天青孙贡缎：七尺五寸，五（钱），三两七钱五分。

二八元青福素缎：一匹，一三（两）五（钱），拾三两五钱。

二八元青零缎：三段，七尺五寸，三钱，二两二钱五分。

二六天青杭库缎：一尺三寸，五（钱）五（分），七钱一分五（厘）。

…………

共计货纹六百八十七两九钱八分五，除十七两，六百七十两九分七（厘）。

计货十二件，货箱一只。

计开

一、存现货纹二千二百三十一两三钱九分七。

一、存旧盘现纹八十六两二钱六分。

现洋钱三十七元，七三扣文（纹），二十七两一分。

现钱三十八千三百八十文，五四扣文（纹），二十两七钱二分半。

一、存新售并收账纹一百十二两八钱半。

洋钱六十二元，七三扣文（纹），四十五两二钱八分。

---

①严桂夫、王国健：《徽州文书档案》，安徽人民出版社2005年版，第301—302页。

钱十千一百十一文，五四扣文（纹），五两四钱六分。

支付禹计副本款纹一百四十三两六钱六分，二共。

支付还六吉号纹七十两正。

支付还郭并补色纹七两二钱七分。

支付还店纹十两一钱三分七厘，还生甡、万益、莹盛三号。

支付纹十九两七钱一分二，伙支用过。

除支实存曹纹二千二百七十九两一钱三分四厘。

付辑记用过货并现洋银钱共纹六十九两一钱五分三。

付振记全，共纹五十一两八钱五分一。

付禹记全，共纹三十六两三钱六分三。

付宝记全，共纹一两一钱三分九。

一、辑记正本纹四百五十两九钱六分二，除上用过文（纹），仍实文（纹）三百八十一两八钱九厘，共一千五百六十二两二钱五。

一、振记正本纹六百两正，仍实纹五百四十八两一钱四分九。

一、禹记正本纹六百两正，仍实纹五百六十三两六钱三分七。

一、宝记正本纹六十九两八钱正，仍实纹六十八两六钱六分一。

除正本外，仍实余货厚纹七百十六两八钱八分三。

六股半派，每股分得纹一百十两二钱九分。

辑记并货厚实分得纹六百零二两三钱八分四。

振记全，得纹七百六十八两七钱二分。派认今收旧账外除夕廿六两六钱，入转页振记算。

禹记全，得纹七百八十四两二钱一分七厘。

宝记全，半股，得纹一百二十三两八钱六厘。

合上实纹二千二百七十九两一钱三分四厘。

外存饷票八百两，作实纹五十两，归诚记收。

又纹二十六两六钱正，系今收旧账，振记认出与诚记收。

计开阄得：

振记得福字货纹六百八十七两九分半。

辑记得禄字阄货纹六百八十八两六钱七分六厘。

禹记得寿字阁货纹六百八十七两九钱八分半。

宝记得喜字阁货纹一百六十七两六钱四分一厘。

振记 令剐过支，交出纹一百四十两正。

六股半分派，每股得文（纹）二十一两五钱三分二。

付文（纹）二两三钱一分与宝记造边屋后屋费。

付文（纹）二十六两六钱正，认出今收旧账。

收分得叔记等过支纹四十三两六分四厘。

收分得旧账折纹九十二两三钱一分。

收分得新账实纹一百五十三两八钱四分四。

收分得福字阁货欠纹八十一两六钱三分四。

收分得除付应得曹纹二百零一两九钱四分二，诚记找出付讫。

辑记分得叔记等过支纹四十三两六分四厘。

付纹二两三钱一分，派兑宝记屋费。

禹记分得叔记等过支纹四十三两六分四厘。

付纹二两三钱一分，分派兑宝记屋费。

宝记分得叔记等过支纹十两七钱六分六厘。

收分得边后屋价纹六两九钱三分，振、辑、禹记三人派出。

收分得旧账折纹二十三两八分。

收分得新账实纹三十八两四钱六分。

付分货多得纹四十三两八钱三分半。

除付应得纹三十五两四钱零一厘，诚记找出付讫。

所有万铨店各股分得货物，今已载簿明晰。该店新旧店底账目，凭中折扣。今胡振记、韩宝记两姓出股，应得店底银两，系诚记找出，注明账中。现吴辑记、胡禹记接开，应分店底不及备载，至于胡叔记经手银洋钱，以及各友押包字据等件，一概交出与诚记收执。

光绪丙子年四月初十日中批。

从上述账簿内容来看，将万铨布号账簿认定为盘簿，恐与账簿第1—8页登载的内容有关。在第1—8页中，所登载信息均为商品名称、数量、单价和总价等信息，例如二八天青孙贡缎，共余存货七尺五寸，每尺单价五钱，合计三两七钱五分；再如二八元青福素缎，共余存货一匹，每尺单价一钱三分五厘，合计十三两五钱。这些内容与盘存账簿的盘货记录格式颇为相似，故而安徽省档案馆可能据此认定万铨布号账簿为盘存货物的盘簿。

但是，仅仅依据上述所记内容，能否判断万铨布号账簿一定就是"盘簿"呢？所谓盘簿，又称盘底账簿、盘库账簿，是商号月底或年终盘点以及其他缘故，如托店、分红等清点库存货物，结算盈亏的登记簿册①。即便按照这一概念界定，盘簿的立簿时间应该是月底或年终，而万铨布号账簿的立簿时间为光绪丙子年四月初十日。毫无疑问，四月初十日既非月底，更不是年终盘点的时间，因此从立簿时间来看，恐难以确定该账簿为盘存货物的盘簿。

其实，商号在正常盘存的情况下，记录盘存货物的盘簿都有一定的书写格式。盘存账簿不仅在封面上明确标识为盘存账簿，还在账簿的第一页详细记录盘存货物的时间、货物的大类以及具体商品的名称、尺寸、单价和总价，最后是本类货物合计总额。例如，咸丰年间志成布号所遗盘存账簿多达三册，分别是《志成号咸丰二年壬子正月吉立盘存各货总录》《志成号咸丰五年乙卯正月吉立盘存各货总录》和《志成号咸丰九年己未岁次新正月立三号盘存货簿》等。这些账簿，在其首页均写有明确的盘存货物时间，如咸丰二年（1852）盘存账簿的第一页第一行，就记有"新正初四日盘货总录""壬子盘辛亥"，较为清晰地表明盘存时间为正月初四日，盘存的货物系上年即辛亥年销售的余货。此后则按照色缎、色洋绸、袍套料、土布等商品大类，对余存货物进行清点盘查，最后总计余存货物的总额，如图4-4-1、图4-4-2。

---

① 严桂夫、王国健：《徽州文书档案》，安徽人民出版社2005年版，第301页。

图4-4-1 志成号咸丰二年盘存各货总录封面

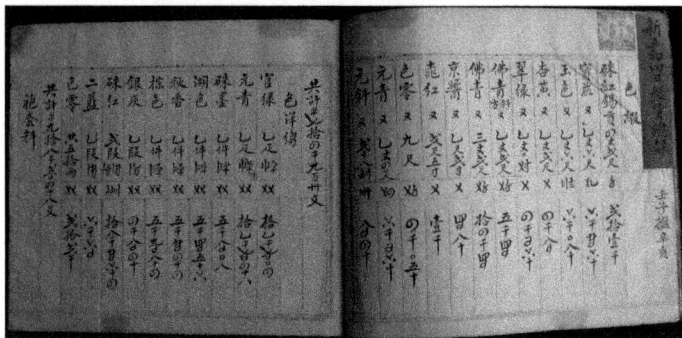

图4-4-2 志成号咸丰二年盘存各货总录内页之一

尤其是，正常经营的商号盘簿还有连贯性的特点，如咸丰二年（1852）盘存账簿不仅记录了本年对上年度（即辛亥年，咸丰元年）的盘存，还记录了咸丰三年（1853）、咸丰四年（1854）分别对其上一年度余货的盘存情况，持续记录了三年时间。咸丰五年（1855）的盘存账簿则记录了咸丰五年（1855）、咸丰六年（1856）、咸丰七年（1857）、咸丰八年（1858）分别对上一年度的盘存情况，持续时间达四年，而咸丰九年（1859）盘存账簿记录的是咸丰九年（1859）、咸丰十年（1860）、咸丰十一年（1861）三个年度的盘存，持续时间为三年。对照志成号盘存账簿可以看出，万铨布号账簿不是月底或年终盘点的盘簿。

其次，从万铨布号账簿的内容来看，该账簿也不是商号分红时所立的盘簿。商号在分红时，多以盘单的形式送交股东，报告年度经营情况以及利润分配等事宜。盘单又称结册，为商业账簿类型之一，因其多用红色纸张书写，故而也称红单、红账、红册①。揆诸遗存盘单账簿，均有一定的书写格式，如安徽大学徽学研究中心"伯山书屋"所藏盘单，在其首行题有"盘单"二字，或者在盘单的最后一行写有明确的"盘"存时间。例如，光绪二十七年（1901）同顺号的盘单，如图4-4-3、图4-4-4，其首行题有"盘单"二字，其后详细开列了存货、开支、余存等内容，在最后一行写有"光绪二十七年盘二十六年"等字样，以说明盘单所立时间为光绪二十七年（1901），盘单所记内容为光绪二十六年（1900）的经营情况。经过比对可以看出，万铨布号账簿并不是分红时所立的盘簿。

图4-4-3 同顺号盘单之一

图4-4-4 同顺号盘单之二

总之，万铨布号账簿既不是盘存账簿，也不是盘单账簿。综合其内容来看，它实际上是万铨布号股东对布号的钱、财进行清算，并处理其债权、债务的财务清算报告，不属于商业账簿系统的文书档案。之所以认定

①郭道扬：《会计发展史纲》，中央广播电视大学出版社1984年版，第362页。

其为财务清算报告，理由有三。

第一，股东退股是万铨布号进行财务清算的主要原因。据文字记录可以看出，万铨布号的股东有四位，分别是吴辑记、胡振记、胡禹记和韩宝记。其中，胡振记、胡禹记各出"正本纹六百两正"，吴辑记"正本纹四百五十两九钱六分二"，韩宝记"正本纹六十九两八钱正"，合计总资本为1720.942两。不难看出，万铨布号为四位股东合伙经营的商号。但是，光绪二年（1876），万铨布号的股东出现了变动，"今胡振记、韩宝记两姓出股"，退出了布号经营，改由吴辑记、胡禹记两家股东"接开"，继续经营。至于胡振记、韩宝记退股、撤资的原因不明，然而账簿文中的字里行间似乎透露出若干信息：

振记 令剐过支 交出纹一百四十两正。

六股半分派，每股得文（纹）二十一两五钱三分二。

上述140两纹银应是吴辑记、胡禹记等股东勒令胡振记交出，然后由股东按照"六股半"比例进行分配。"令""剐""交出"等口气之严厉，说明胡振记可能存在私藏这笔钱财的嫌疑，故而引起了其他股东的不满。正因为股东之间存在矛盾，无法继续合伙经营，因此需要对万铨布号的利润、货物、财产等进行清理、核算，以便将这些财物按照股份分割给四位股东。这也可以解释账簿的立簿时间是四月十日，而不是商号正常的盘点时间，如年底或年初正月。

第二，股本的清算，以及本金退还股东，是万铨布号进行财产清算的重要证据。万铨布号列出了经营期间内曾经支付给四位股东的货款及现金账目：

付辑记用过货并现洋银钱，共纹六十九两一钱五分三。
付振记仝，共纹五十一两八钱五分一。
付禹记仝，共纹三十六两三钱六分三。
付宝记仝，共纹一两一钱三分九。

上述款项系四位股东在万铨布号的开支，因此必须从股东投资布号的资本金中扣除。各位股东的资本金数量、扣除数额和余额如下：

一、辑记正本纹四百五十两九钱六分二，除上用过文（纹），仍实文（纹）三百八十一两八钱九厘。

一、振记正本纹六百两正，仍实纹五百四十八两一钱四分九。

一、禹记正本纹六百两正，仍实纹五百六十两六钱三分七（厘）。

一、宝记正本纹六十九两八钱正，仍实纹六十八两六钱六分一。

至此，四位股东的股本及开支全部清算、清退完毕，这一过程十分具体地反映了万铨布号进行了资产清算和处理。

第三，余存棉布商品的阄分，是万铨布号财物清算、处理的又一重要证据。由于万铨布号财务清算的时间为"光绪丙子年（1876）四月初十日"，因此清算的对象应是光绪二年（1876）四月十日之前商业经营中所形成的债权、债务。从清算报告可以看出，截至四月十日为止，万铨布号仍余存一定数量的棉布绸缎等商品，"存现货纹二千二百三十一两三钱九分七"，当是该批余存商品的总值。既然进行财物清算，这笔余存商品自然也在清算之列。因此，四位股东按照股份大小比例，将这批余存商品分割为四份进行了阄分，阄分情况如下：

振记得福字阄货纹六百八十七两九分半。

辑记得禄字阄货纹六百八十八两六钱七分六厘。

禹记得寿字阄货纹六百八十七两九钱八分半。

宝记得喜字阄货纹一百六十七两六钱四分一厘。

四位股东分到的货物总值共计2231两3钱9分7厘，与上述"存现货纹"金额一致，说明余存商品完成了清算，并进行了分配处理。从中还可以看出，胡禹记在阄分中，抽到了"寿"字阄，货值687两9钱8分5厘。而第1—8页所列商品及其总值，"共计货纹六百八十七两九钱八分五"，两者金额一致，因此这些棉布绸缎实际上就是胡禹记阄分所得的商品。结合前文所述，簿面上写有"寿""禹"两字，基本可以确定该册清算报告系胡禹记所持有的文书档案。从一般惯例来看，万铨布号财务清算报告应按照福、禄、寿、喜顺序抄录四份，分别送交胡振记、胡禹记、吴辑记和韩宝记四位股东手执。

基于上述的分析，笔者认为，《万铨布号盘簿》应改为《万铨布号清晰事产簿》较为适合。

二、万铨布号的财务清算与处理

万铨布号财务清算主要分为如下几个步骤：

第一步是对万铨布号现有资产的清理、汇总，汇总的结果如下：

> 一存现货纹二千二百三十一两三钱九分七。
> 一存旧盘现纹八十六两二钱六分；
>> 现洋钱三十七元，七三扣文（纹），二十七两一分；
>> 现钱三十八千三百八十文，五四扣文（纹），二十两七钱二分半。
> 一存新售并收账纹一百十三两八钱半；
>> 洋钱六十二元，七三扣文（纹），四十五两二钱八分；
>> 钱拾千一百十一文，五四扣文（纹），五两四钱六分。

万铨布号现有的资产主要有三项：一是"新售"，即目前的营业现金收入，计纹银164.59两。二是"旧盘现纹"，即上年度余存现金收入，计纹银133.995两。从营业收入和余存现金的数据看，万铨布号不仅能够正常经营，而且经营效益也较为可观。三是"存现货"，即万铨布号现存的棉布绸缎等货物，均按进货价格折算为纹银2231.397两。合计纹银2529.982两。

第二步是清偿万铨布号的债务以及员工的工资，清偿结果如下：

支付禹计副本款纹一百四十三两六钱六分。

支付还六吉号纹七十两正。

支付还郭并补色纹七两二钱七分。

支付还店纹十两一钱三分七厘，还生甡、万益、莹盛三号。

支付纹十九两七钱一分二，伙支用过。

　　除支实存曹纹二千二百七十九两一钱三分四厘。

　　所谓"副本"，也称附本，它是商人将其闲余资金存入商号以谋取利息的资本。副本只领取利息，不参加利润的分配。可以看出，万铨布号的副本系股东胡禹记存入。支付给六吉号，以及生甡、万益、莹盛三家商号的纹银，当是对万铨布号债务的清偿。而19.712两纹银则是支付给伙计、雇员的工资。上述债务及员工工资清偿之后，万铨布号的资产余额为2279.134两。

　　第三步是对股东的债务、资本金进行清理、结算，在此基础上计算出万铨布号剩余资产，形成资产分配方案。

　　上文已述，万铨布号共有四位股东，分别是吴辑记、胡振记、胡禹记和韩宝记。四位股东均在万铨布号内借支有一定数额的现金，故而需要将这些借支从股东的资本金中扣除。股东的资本金、借贷资金，以及扣除借贷资金后的资本金余额如表4-4-1。

表4-4-1　万铨布号股东资本、债务及余存资金简表

单位：两

股东	资本金	借贷资金	资本金余额
吴辑记	450.962	69.153	381.809
胡振记	600	51.851	548.149
胡禹记	600	36.363	563.637
韩宝记	69.80	1.139	68.661
总计			1562.256

资料来源：《万铨布号盘簿》，原件藏于安徽省档案馆，档号：46.158.1。

　　在第二步的清算中，已知万铨布号的剩余资产为2279.134两。再从剩

余资产中清退股东资本金余额1562.256两，"仍实余货厚纹七百十六两八钱八分三（厘）"，即万铨布号的净资产为716.883两。

由于万铨布号共有四位股东，因此上述716.883两净资产必须在四位股东中进行分配。从文中内容看，四位股东似进行了协商，达成了一致意见，按照股本金的比例进行分配，即按照"六股半派，每股分得纹一百十两二钱九分"。从表4-4-1可知，胡振记、胡禹记的股本分别为600两、吴辑记的股本为450.962两，为大股东，而韩宝记仅有69.80两股本，当是小股东。下文的分配方案中，明确记载韩宝记仅按"半股"分配，因此胡振记、胡禹记和吴辑记三位大股东均按二股比例参与分配。

依照这一分配原则，形成了初步的分配方案，各位股东所分资产金额如下：

辑记并货厚实分得纹六百零二两三钱八分四。

振记仝，得纹七百六十八两七钱式分。

禹记仝，得纹七百八十四两二钱一分七厘。

宝记仝，半股，得纹一百二十三两八钱六厘。

合上实纹二千二百七十九两一钱三分四厘。

在上述分配方案中，四位股东所分的资产金额实为二次计算的结果，即包括了股东资本金余额和净资产按股分配所得两个部分。为了便于理解，兹将上述分配方案细化为表4-4-1。

表4-4-2 万铨布号股东资产分配简表

单位：两

股东名	资本金余额	净资产分入	合计
吴辑记	381.809	110.29×2股=220.58	602.384
胡振记	548.149	110.29×2股=220.58	768.729
胡禹记	563.637	110.29×2股=220.58	784.217
韩宝记	68.661	110.29×0.5股=55.145	123.806
总计	1 562.256	716.883	2 279.134

资料来源：《万铨布号盘簿》，原件藏于安徽省档案馆，档号：46.158.1。

表4-4-2中四位股东所分得的收入，系本次万铨布号财务决算的最终结果。但是，资本金余额系万铨布号退还给股东的股本，本质上仍是股东所有的资产，由于退股本享有资本所有权，因此必须如数归还。然而净资产所得收入则有所不同，它是股东资本投入布号经营过程中所产生的经济效益，因此股东享有收益权。但是，股东资本金数额不一，故而需要按照资本所占比例进行分配。

第四步，执行阶段。表4-4-2所见，四位股东从万铨布号共分得2279.134两的资产，但是这些资产中又包含了价值2231.397两的棉布绸缎商品。因此，在执行阶段，必须要将这些商品抵充四位股东应得资产。文中可以看出，股东们将这些商品分成四份，以福、禄、寿、喜为序号，由四位股东阄分这批货物，阄分结果如表4-4-3。

表4-4-3 万铨布号股东应得资产与阄分货物简表

单位：两

股东姓名	应得资产	阄分货物总值	差额
胡振记	768.729	687.095	81.634
吴辑记	602.384	688.676	−86.676
胡禹记	784.217	687.985	96.232
韩宝记	123.806	167.641	−43.835

资料来源：《万铨布号盘簿》，原件藏于安徽省档案馆，档号：46.158.1。

从表4-4-3可以看出，胡振记、胡禹记两位股东所得货物价值低于其应得资产，而吴辑记、韩宝记两位股东所得货物价值超过了其应得资产。因此，不足与超出部分，必须以相应的现金补偿给股东。

第五步，找补与最终清算阶段。

在找补阶段又出现了新的情况，一是发现了股东似有藏匿布号资金的情况，故而要求胡振记"令剐过支，交出纹一百四十两正"。这批现金按照"六股半分派，每股得文（纹）二十一两五钱三分二"。即胡振记、吴辑记、胡禹记均按二股分配，各得纹银43.064两，韩宝记按半股分配得银10.766两。二是找出了此前未做统计的"旧账"收入和"新账"收入，因此这两笔收入也要重新进行分配。

表4-4-4 万铨布号股东财产清算决算简表

单位：两

股东姓名	收进		支出		总计
	收进金额	收进事由	支出金额	支出事由	
胡振记	43.064	分得叔记等过支纹	2.31	宝记造边屋后屋费	201.942
	92.31	收分得旧账	26.6	认出今收旧账	
	153.844	收分得新账			
	81.634	收分得福字阁货欠纹			
吴辑记	43.064	分得叔记等过支纹	2.31	派兑宝记屋费	
胡禹记	43.064	分得叔记等过支纹	2.31	分派兑宝记屋费	
韩宝记	10.766	分得叔记等过支纹	43.835	付分货多得纹	35.401
	6.93	分得边后屋价，振、辑、禹记三人派出。			
	23.08	收分得旧账			
	38.46	收分得新账			

资料来源：《万铨布号盘簿》，原件藏于安徽省档案馆，档号：46.158.1。

表4-4-4所见，收进事项中，四位股东均"收分得叔记等过支纹"，其中胡振记、吴辑记、胡禹记各自收到43.064两，而韩宝记仅得10.766两，显然这是上述胡振记"令剀过支"140两纹银按照"六股半"比例分配的结果。"收分得旧账""收分得新账"，应是"该店新旧店底账目，凭中折扣"的结果，但是其金额似也是按照"六股半分"比例分配的结果。例如，韩宝记"收分得旧账" 23.08两、"收分得新账" 38.46两，与胡振记收分得旧账92.31两、收分得新账153.844两，其比例正是所谓的"六股半分派"。但是，吴辑记、胡禹记未见分得旧账和分得新账收入，可能与股东的退出与留店继续经营有关。因为"今胡振记、韩宝记两姓出股"，故而两位股东"应得店底银两"必须如数清偿，而万铨布店则由"吴辑记、胡禹记接开"，继续经营，因此"应分店底不及备载"，已无需记录在案的必要。

总之，从万铨布号财产清算的过程中可以看出，"六股半分派"是股东分配、处理布号财产的基本依据。无独有偶，同治八年（1869）正月项耀唐、郑辉秀、聂兴琼、余寿仁四位股东在清算其合伙经营的正昌布店过

程中，也是按照股份比例来结算、处理商号资产，所立清晰分拆字据内容
如下：

　　　　立清晰分拆字人项耀唐、郑辉秀、聂兴琮、余寿仁，缘因咸丰七
年同在塘坡湾中街合开正昌店，布匹杂货纸张生理。其店四股，其合
同乃立于咸丰六年腊月是也。今因四人股内有志于上达者，公同嘀
议，自情愿将店业分开，所存店内银钱、布匹纸张、预租等物，及存
巴河贵邑纸物，四股照分均匀，各人亲手一并领去明白。又于同治元
年分创吉昌日，在正昌捡货去售，所有历岁获利及存银钱布货等物，
一概归还正昌四人分领清讫矣。至于吉昌店底家伙作七十钱粮一百五
十千文并招牌在内归聂兴琮名下受领，而正昌店底家伙作七十钱粮四
百五十千文并招牌在内归项耀唐、郑辉秀、余寿仁三人名下受领。吉
店归一人，正店归三人，足征秉公分拆，并无公私相逼，日后无得异
言。所分是实，立此清晰分拆字存据。
　　　　再批。于咸丰六年立有合墨四张，各执一张，未销缴毁，日后捡
出，不得行用，以做故纸。又及正昌、吉昌两店历年清估簿并一切往
来账簿亦未缴毁，日后不能为凭，永远作为废簿，又照。
　　　　　　立清晰分拆字人项耀唐（押）
　　　　　　　　郑辉秀（押）
　　　　　　　　聂兴琮（押）
　　　　　　　　余寿仁（押）
　　　　　　依口代笔人　余启林（押）
　　　　同治八年正月　　日　立①

　　从清晰分拆字据的内容可以看出，项耀唐、郑辉秀、聂兴琮、余寿仁
四位股东在咸丰六年（1856）达成了合伙经营正昌布店的意愿，并立有合
墨、合同，正昌布店也于咸丰七年（1857）开张营业，经营布匹杂货纸
张。同治八年（1869），"今因四人股内有志于上达者，公同嘀议，自情愿

----

　　①原件藏于黄山学院图书馆。

将店业分开"。在个别股东要求撤资、退股，独自经营的情况下，股东同意对正昌布店进行财产清算，并进行财物的处理。其结果是正昌布店所存店内的银钱、布匹、纸张、预租等物，及存巴河贵邑纸物，"四股照分均匀，各人亲手一并领去明白"。即正昌布店所有资产均按照四股均匀。与此同时，同治元年（1862）创立的吉昌日分号，由于其货源来自正昌布店，因此吉昌日分号的历年营业收入、余存的商品和现金等，"一概归还正昌四人分领清讫矣"，由四位股东按股分配。但是，正昌布店和吉昌分号的"店底家伙"即不动产，则由股东进行了估价，吉昌店底家伙折算为一百五十千文，由"聂兴琼名下受领"，而正昌店底家伙折算为四百五十千文，由"项耀唐、郑辉秀、余寿仁三人名下受领"。可以看出，"店底家伙"等不动产的处理，也还是遵循着按股分配的原则，只不过聂兴琼领取了一股，而项耀唐、郑辉秀、余寿仁三人则领取了三股而已。

万铨布号和正昌布店财产清算文书档案均表明，股东退股、撤资，是棉布字号进行财务清算的主要原因；财产清算过程中，商号的现钱、余存商品，以及招牌和家具等动产与不动产，均需纳入财物清算范围之内，并以股份大小比例为原则，分配清算之后的剩余财物，以体现合伙经营收益共享、风险共担的基本理念。

第五章　近代徽州布商纺织企业经营

第一节　近代徽州布商经营纺织企业的三个阶段

一、徽州布商经营纺织企业的起步

使用动力纺纱织布是纺织生产历史上的第二次飞跃。这次飞跃最早开始于18世纪的欧洲，以后逐步推向世界各地[①]。到18世纪末，英国率先实现了第二次飞跃，其纺织品迅速垄断了当时的世界市场。英国依靠纺织业积累了大量的资金和技术，并对冶金、机械制造和煤炭等行业进行了类似的改革，成为世界上首例因产业革命成功而大大富强起来的国家。马克思说："织布业是工场手工业的第一个行业。"[②]它对国民经济的近代化至关重要。正因如此，中国史学界将19世纪末国内纺织企业的创办，视为中国近代化起步的主要标志之一。

光绪二十六年（1900）之后，由于清政府奖励设厂政策的出台，中国出现了投资纺织企业的第一波浪潮。在这一波浪潮中，徽州布商较为活跃，在徽州本土相继创办了三家纺织企业，开了徽州近代化的先河。时任

---

① 中国近代纺织史编委会编著：《中国近代纺织史》上卷，中国纺织出版社1996年版，第3页。

② 马克思、恩格斯：《马克思恩格斯全集》第三卷（中共中央马克思、恩格斯、列宁、斯大林著作编译局译），人民出版社1960年版，第62页。

安徽巡抚冯煦所修政书《皖政辑要》记载了徽州最早的三家纺织企业的大致情况，如表5-1-1。

表5-1-1　徽州地区早期纺织企业简表

名称	创办人	时间
歙县织布公司	绅办	光绪三十年（1904）正月
休宁大盛织布厂	施天锦	光绪三十四年（1908）四月
婺源大济纺织局	董晋璧	光绪三十一年（1905）正月

资料来源：冯煦主修、陈师礼总纂：《皖政辑要》，黄山书社2005年版，第838页。

由于《皖政辑要》对上述三家企业的记载较为简略，故而企业资本、机器设备、产量等内容均不详。表5-1-1中纺织局、绅办等内容与清政府奖励设厂政策有关。光绪二十一年（1895）十二月循御史王鹏运的奏请，通饬各省督抚分别在省会筹设商务局，"官为设局，一切仍听商办。……由各商公举一般实稳练素有声望之绅商，派充局董，驻局办事。……再由各府州县于水陆通衢设立通商公所，各举分董，以联指臂"[1]。是为其后各省商务局办理各种实业的源起。因此，三家纺织企业之所以登录于《皖政辑要》政书之中，乃是为了体现安徽巡抚在倡导、鼓励举办实业方面的政绩。不过，也由此可以确定三家纺织企业均为商人创办。

又据《徽州地区简志》《休宁县志》等文献资料记载，休宁大盛织布厂由余显谟在光绪三十一年（1905）创设[2]，所记休宁大盛织布厂开设时间和投资人姓名与《皖政辑要》略有不同，其原因可能与投资人变动、推迟登记有关。不过，休宁大盛织布厂初期投资资本仅有银元3 400元，资本规模较小。但反映了棉布市场利润丰厚，只要存在设厂经营的条件，商人即有投资的意愿。

在徽州本土之外，徽商在上海、南京等地也投资开办了近代纺织企业。如清末民初，休宁人程敦裕等人在南京开办源茂染织布厂，成为南京

---

[1] 朱寿朋：《东华续录》（光绪朝）卷一百三十一，清宣统元年（1909）上海集成图书公司本。
[2] 安徽省徽州地区地方志编纂委员会编：《徽州地区简志》，黄山书社1989年版，第115页；休宁县地方志编纂委员会编：《休宁县志》，安徽教育出版社1990年版，第20页。

城西染织业大厂家之一①。黄吉文于清末在上海创办美文绸厂，到民国时又陆续创建了安裕丝厂、裕丰丝厂、惠文丝厂、泰丰丝厂，组建了美亚丝绸局②。总之，上述徽商投资纺织企业之举，反映了第一波投资设厂浪潮下，徽商近代转型与实业化发展的新方向。但是，此阶段徽商投资纺织实业，多与地方政府的劝导有关，而且基本处于工场手工业阶段，因此只能称其为起步阶段。

二、"黄金年代"徽州布商的纺织业经营

民国成立后，由于社会制度的转型以及第一次世界大战爆发等内外多种因素，徽商举办的纺织企业呈现出快速发展的势头。上海、汉口以及九江、江阴等大中型城市均出现了徽商开办的纺织企业，如胡秀钟将开办的长丰染织厂改成与他人合伙经营的长丰机织印染股份有限公司，并出任副经理③。从中可以看出，徽商开办的纺织企业已经越过了手工工场阶段，进入了近代企业经营管理的阶段。又如民国初年黟县人孙志堂在汉口开办裕华纱厂④。民国成立后，歙县人吴干臣鉴于第一次世界大战期间洋布进口受阻的市场变化，主动在江苏江阴开办缦云染织厂，生产天官赐福牌府绸及花布，获利颇丰⑤。也有不少商人鉴于纺织企业大量出现后的市场竞争，转而改变经营思路，生产经营针织品。例如，民国十四年（1925），歙县人王鸿禧和其兄王鸿源等在上海南市张家浜创办大丰袜厂，生产棉袜⑥。民国二十三年（1934），休宁人汪松亮在上海创办泰丰毛巾厂⑦。纺

---

① 汪顺生、余坚：《休宁徽商老字号名录》，载黄山市徽州文化研究院编：《徽州文化研究》第三辑，黄山书社2004年版，第473页。

② 张恺：《歙县徽商名录》，载黄山市徽州文化研究院编：《徽州文化研究》第三辑，黄山书社2004年版，第340页。

③ 黟县徽文化研究所、黟县档案馆辑：《黟县徽商老字号名录》，载黄山市徽州文化研究院编：《徽州文化研究》第三辑，黄山书社2004年版，第599页。

④ 胡时滨、吴卫华：《黟县徽商名录》，载黄山市徽州文化研究院编：《徽州文化研究》第三辑，黄山书社2004年版，第572—573页。

⑤ 歙县地方志编纂委员会编纂：《歙县志》，中华书局1995年版，第746页。

⑥ 张恺：《歙县徽商名录》，载黄山市徽州文化研究院编：《徽州文化研究》第三辑，黄山书社2004年版，第343页。

⑦ 余坚、汪顺生：《休宁徽商名录》，载黄山市徽州文化研究院编：《徽州文化研究》第三辑，黄山书社2004年版，第451页。

纱织布属于纺织业的初加工，而徽商从织布业向针织品行业的转向，实际上反映了徽商向深加工方向的发展，提高了产品附加值，具有积极意义。

这一时期，徽商不仅在大中型城市开办纺织企业，也在徽州本地创办纺织企业。据资料记载，民国元年（1912），胡振朝在休宁县万安镇开办大生织布厂，从业人员八人，资本 2 500 元，年产布 520 匹。民国三年（1914），程梅香在县城中门开办中门织布厂，从业人员八人，资本 200 元，年产布 520 匹①。歙县一地，在民国二十五年（1936）之前，仅县城内纺织企业就达到了 48 家，从业人员 151 人②。不难看出，动力机器如铁木织机、木织机的大量配置，以及雇佣工人的规模均超过了前一阶段的水平，反映了徽州本土纺织业出现了质的变化，其所表现出的以乡村为据点，以区域市场为依托的发展方向，对于中国乡村工业的发展具有重要的参考价值。下文还将就此问题展开具体的讨论。

从上述文献资料的记载中可以看出，民国初期的 20 多年，徽州布商经营近代纺织企业不仅数量明显增多，而且设厂间隔时间较短，连续不断地有新的企业出现，出现了数量上的飞跃，因此这个 20 多年应是徽商纺织企业的快速发展时期。徽州布商经营的纺织企业之所以能够快速发展，与此时期中国棉纺织市场出现的变化紧密相关。第一次世界大战爆发后，英国等西方出口洋布渠道受阻，于是洋布进口数量锐减，使得中国纱布市价突飞猛涨。布价的上涨，又使得国内纺织厂商销路顺畅，赚获厚利。纺织厂商获利丰厚，刺激了商人大量投资办厂，遂出现了又一波办厂的浪潮。可以说，棉纺织市场的变动，为中国纺织业的发展提供了极为难得的好机会③。此后的 20 多年时间，中国纺织业呈现出空前繁荣的局面，不仅开办企业的数量上出现了飞跃，而且产量增长显著，弥补了进口空缺，甚至机纱得到大量出口。据日本学者森时彦的研究，民国十六年（1927）中国机纱出口量超过了进口量，由机纱绝对进口国成为出口国。1930 年代，中国

---

① 汪顺生、余坚：《休宁徽商老字号名录》，载黄山市徽州文化研究院编：《徽州文化研究》第三辑，黄山书社 2004 年版，第 461 页。
② 歙县地方志编纂委员会编纂：《歙县志》，中华书局 1995 年版，第 216 页。
③ 严中平：《中国棉纺织史稿》，科学出版社 1955 年版，第 185 页。

棉纺织业的纱锭达500万锭，列意大利之后，排名世界第九位①。因此，史学界将民国初期的20多年称为中国民族工业的"黄金时期"、纺织业的"黄金年代"②。可以说，此一阶段徽州布商经营纺织企业飞跃、快速发展的现象，既是"黄金年代"纺织业发展的组成部分，也是"黄金年代"的具体表现和微观缩影。

三、近代徽州布商经营纺织企业的余波

民国二十六年（1937），日本发动全面侵华战争，打断了中国近代化的进程，徽商经营的纺织企业或关门歇业，或陷入艰难经营的惨淡阶段。抗日战争结束后，徽商所办纺织企业在前期发展的基础上逐渐恢复，但其数量、规模均不及"黄金年代"的水平，因此我们认为战后纺织企业的短暂繁荣，只是"黄金年代"的余波而已。由于此一阶段已经超出了本文所论范围，故而仅就战后徽商经营纺织企业的动态进行粗线条地描述，以便从总体上把握近代徽州布商经营纺织企业发展的进程。

据战后重新登记的上海市徽宁十二县旅沪同乡会档案资料记载，会员代表中即有部分徽商经营纺织企业的代表，从名单中可以窥见战后恢复时期经营于上海的徽州布商的大体情况。

表5-1-2　战后上海市徽商经营纺织企业简表

姓名	年龄	籍贯	学历	经历	住址
方炜平	49	歙县	中学	万丰染厂经理	金陵路吉如里1号
俞钧衡	50	休宁	法政大学	中原内衣厂经理	北京西路联珠里42号
许文喻	45	绩溪	中学	大新袜厂经理	西藏路大新袜厂
胡福庭	67	绩溪	中学	鸿福（织造）厂经理	浙江北路鸿福厂

资料来源：《徽宁十二县旅沪同乡会本届会员代表候选人名单》，载《上海市社会局关于徽宁十二县旅沪同乡会申请登记文件》，上海市档案馆藏，档号：Q6-5-964。

---

① ［日］森时彦：《中国近代棉纺织业史研究》（袁广泉译），社会科学文献出版社2010年版，第119页。

② 许涤新、吴承明主编：《中国资本主义发展史 第二卷 旧民主主义革命时期的中国资本主义》，人民出版社2003年版，第937页。

从表5-1-2可以看出，战后恢复重建时，徽商经营的纺织企业仅有四家。此时的徽宁会馆重新选举了董事会董事，据其名单记载，董事会中有二名徽商经营纺织企业董事，分别是经营统益袜厂的洪仲生、鸿福织造厂的胡福庭。胡福庭已见于表5-1-2，二者合计也只有五家纺织企业，其发展态势难以与"黄金年代"相比，因此这些企业的恢复生产大体上可以看做是"黄金年代"纺织业发展的余波。

徽州本土战后也在一定程度上延续着上一阶段纺织业发展的余波，出现了短暂的繁荣。例如休宁县，1946年8月永大棉织厂开办，1947年5月家庭织布厂开办，1948年8月益联染织厂开办，均生产白布和条布。不过，与"黄金年代"相比，这些新办纺织企业的资本规模略小，如益联染织厂即由12人合伙经营①，可以想见资金筹措的艰难。

总之，20世纪的上半期，近代徽州布商经营纺织企业的发展，大体经历了起步阶段、快速发展的"黄金年代"和抗日战争之后的余波三个阶段。三个阶段中，起步阶段设厂数量较少，大多处于工场手工业水准。第一次世界大战爆发后的20多年，是徽州布商经营纺织企业的"黄金年代"，不仅设厂数量多，而且经营制度出现了新的变化，其典型如培本有限公司，进入了工厂化管理阶段。抗日战争胜利后，徽商经营纺织企业虽有短暂的繁荣，但仅为"黄金年代"的余波而已。

第二节 近代徽州布商纺织企业的经营管理
——以培本有限公司为例

近代徽州布商经营纺织企业的发展经历了三个阶段，其中民国初期的20多年属于"黄金年代"，不仅设厂数量多，而且间隔时间较短，甚至出现了历史性的飞跃，进入了近代工厂化经营管理阶段②。可以说，工厂化经营管理是近代徽商质的飞跃、重要变化，需要审慎而具体地探讨。为

---

① 汪顺生、余坚：《休宁徽商老字号名录》，载黄山市徽州文化研究院编：《徽州文化研究》第三辑，黄山书社2004年版，第462页。

② 1929年《工厂法》规定，使用发动机器并雇工30人以上者为工厂。吴承明将10人以上而不足工厂标准者定义为工场手工业。参见吴承明：《中国的现代化：市场与社会》，生活·读书·新知三联书店2001年版，第71页。

此，本书选择培本有限公司作为考察对象，试图从微观、具体的研究中揭示出近代徽商的新变化。

之所以选择培本有限公司作为考察对象，有如下两个理由：

其一，培本有限公司开办、经营于"黄金年代"的顶峰时期。严中平指出，由于投资人集议筹备、国外购进机器交通运输均需要相当的时日，故而"黄金年代"建厂风潮要到民国十年（1921）至民国十一年（1922）才达到顶点①。培本有限公司创办于民国十二年（1923），民国二十六年（1937）因日本发动全面侵华战争而关门歇业。可以看出，培本有限公司不仅开办于建厂风潮的顶峰时期，而且其经营发展历程与"黄金年代"时间段基本吻合。因此，培本有限公司作为"黄金年代"纺织企业之一，解剖其经营管理的具体形态，对于深入了解这一时期纺织企业的经营状态具有积极意义。

其二，培本有限公司资料较为完整。就文献资料而言，民国初期徽州布商经营纺织企业的史料多零星散见于有关方志和若干回忆文章之中，由于缺乏系统性、完整性，难以总体、动态地把握近代徽州布商对纺织企业的经营和发展变化。而培本有限公司遗存账簿数量多达二十六册，类型多样，内容丰富，详细地记录了生产、销售等具体内容，在一定程度上反映了"黄金年代"徽州布商经营纺织企业的实际形态。因此，账簿资料的系统性、完整性，是选择培本有限公司作为考察对象的主要原因之一。

一、培本有限公司账簿概述

培本有限公司账簿凡二十六册，2006年购于安徽省黄山市屯溪，现藏于黄山学院图书馆。该系列账簿，时限始自民国十三年（1924），迄于民国十六年（1927），详细记录了培本有限公司进货、销售、开支、结算等经营实态。这些账簿大多保存完好，簿面记录了立簿企业名称、时间和账簿类型。簿面自右向左分为三行，右行写有"培本有限公司"等字样，用以表示企业名称；中行写有"民国××年吉立"等字样，用以表示账簿设

---

① 严中平：《中国棉纺织史稿》，科学出版社1955年版，第186页。

立时间；左行写有"银钱总""批发"或"批发誊清"等字样，用以表示账簿类型。遗存培本有限公司账簿类型多样，主要有银钱总簿、日生簿、批发簿、织工簿、进货簿和杂支簿等。为更全面地了解账簿文书情况，现将培本有限公司账簿资料按不同类型分述如下：

银钱总簿三册，分别为《培本有限公司民国甲子年立银钱总附乙丑年银钱草》《培本有限公司民国乙丑年吉立银钱总》和《培本有限公司民国丙寅年春王月吉立银洋总》。账簿的记账格式为，顶格记收入事由及金额，降格记录支钱金额和商号名称。根据银钱总簿账册的记载可以了解培本有限公司的股东构成、股本金额以及"日生"①收入等内容。

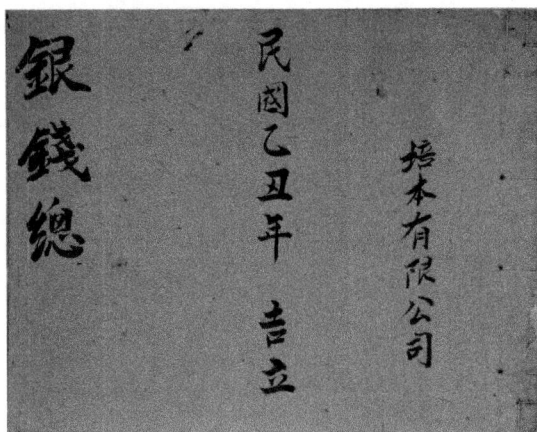

图 5-2-1　培本有限公司银钱总簿封面

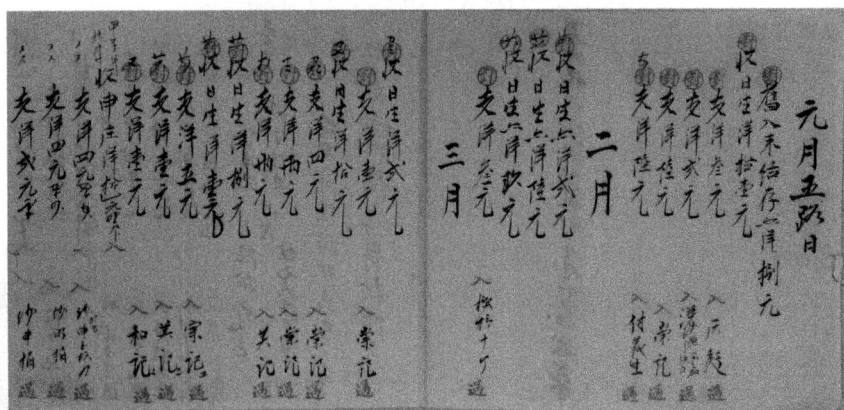

图 5-2-2　培本有限公司银钱总簿内页之一

---

① "日生"即营业额。

批发账簿五册，分别为《培本有限公司民国甲子年立批发誊清》《培本有限公司民国乙丑年吉立批发》和《培本有限公司民国十五年岁次丙寅年春王吉立批发誊清》等。批发账簿按照商号名称进行分类记录，在商号名称之下记载了批发布匹名称、数量及金额。根据批发账簿记载的地名和批发商数量，可以分析培本有限公司的销售网络和销售市场。

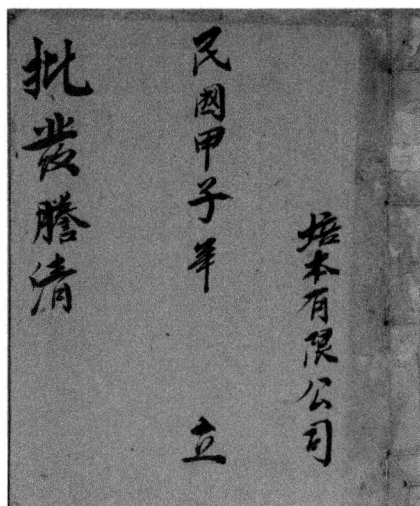

图5-2-3　培本有限公司批发誊清簿封面

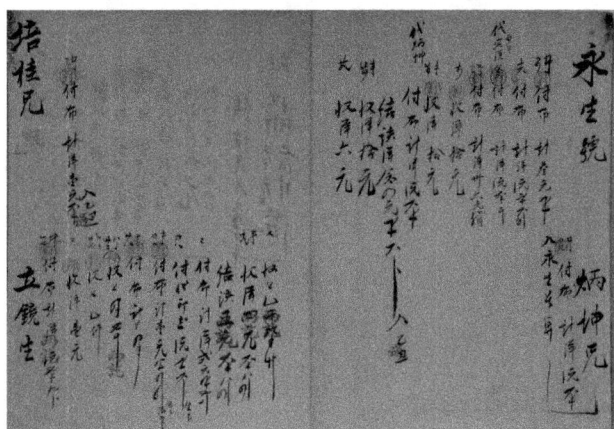

图5-2-4　培本有限公司批发誊清簿内页之一

棉纱、色布和白布账簿四册，分别为《培本有限公司民国甲子年立纱布总附乙丑年棉纱、色布总》《培本有限公司丙寅年正月立棉纱、色布总》二册和《培本有限公司民国乙丑年立白布总》《培本有限公司丙寅年元月吉立白布总》二册。所谓色布即花色布，故而《培本有限公司丙寅年正月立棉纱、色布总》账簿记录了购进棉纱、生产色布的种类和数额。而《培本有限公司民国乙丑年立白布总》账簿只记录了白布生产的种类和数量。依据这些账簿，可以了解培本有限公司生产布匹产品的具体种类及数额。

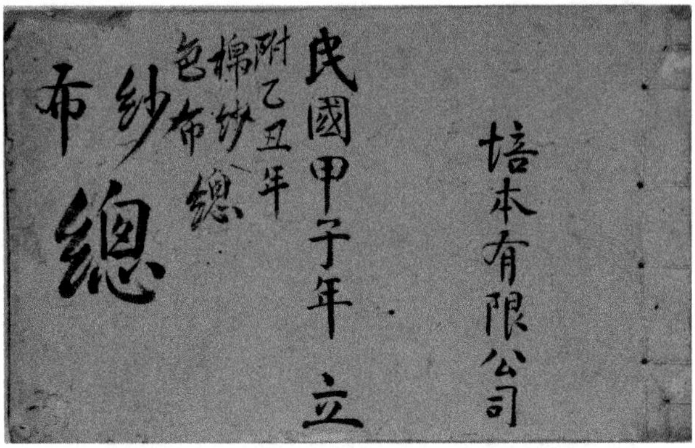

图5-2-5　培本有限公司棉纱、色布总簿封面

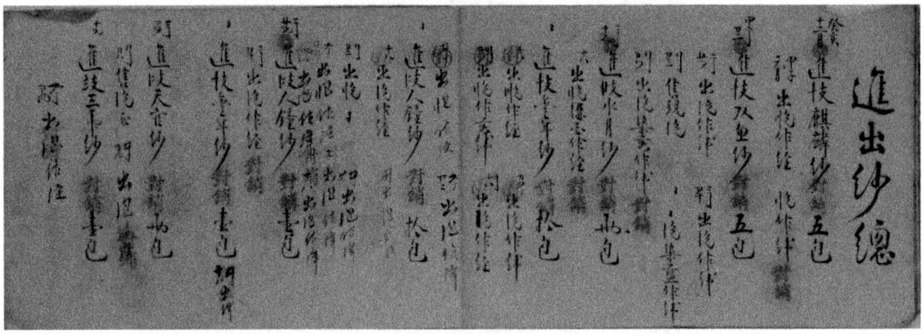

图5-2-6　培本有限公司进出纱总簿内页之一

织工、绕纱工账簿六册，分别为《培本有限公司甲子年立各工收支》《培本有限公司甲子年正月立织工》《培本有限公司乙丑年立织工》等织工账簿四册和《培本有限公司乙丑年立绕纱工元册》等绕纱工账簿二册。所谓绕纱，为织布的第一道工序，工人将棉纱均匀地分配在织纱盘上，确保每根纱线不交叉、不混乱、平行前进。账簿按人名分类立账，记录了绕棉纱名称、织布名称和数量。根据这些账簿的记载，可以统计培本有限公司的工人数量、工资等，进而可以分析工人的生产和管理等。

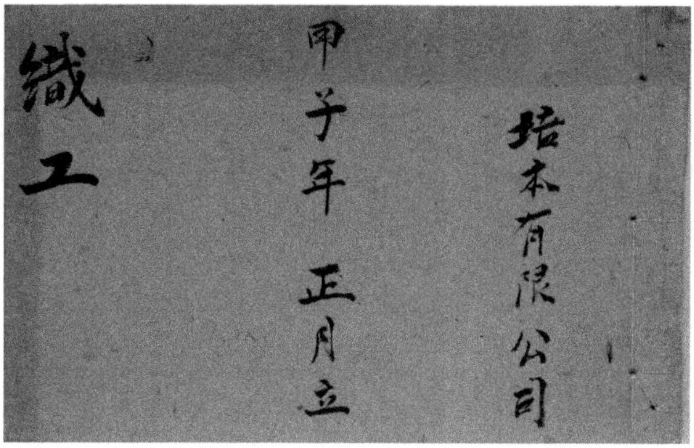

图5-2-7　培本有限公司织工簿封面

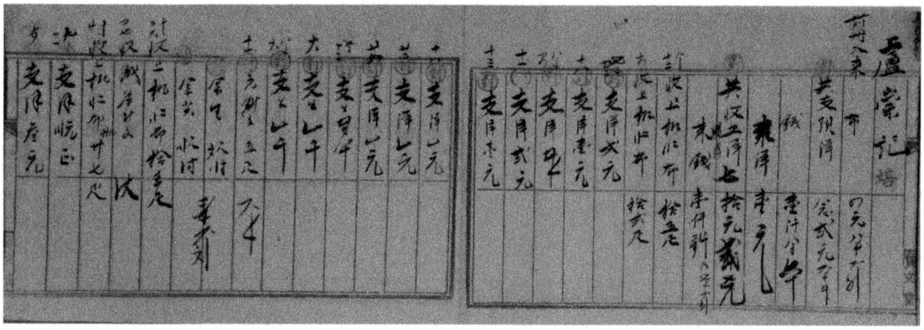

图5-2-8　培本有限公司织工簿内页之一

日生账簿二册，分别为《培本有限公司甲子年立日生》和《培本有限公司乙丑年立日生》。日生账簿详细记载了历年销售布匹的名称、数量和金额。根据日生账簿可以计算出培本有限公司的年营业额，进而可以分析其经营规模和发展趋势。

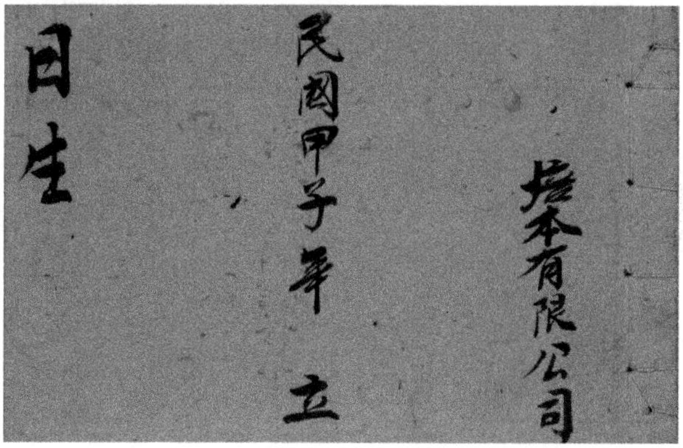

图5-2-9　培本有限公司日生簿封面

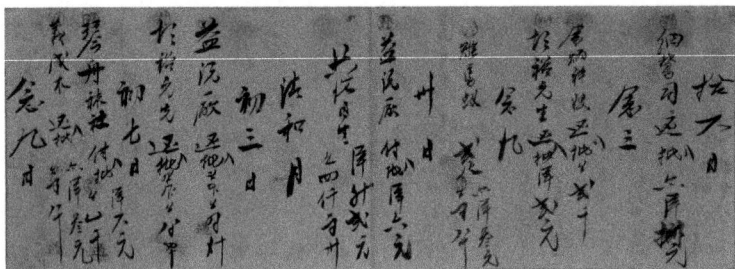

图5-2-10 培本有限公司日生簿内页之一

　　杂支账簿四册，分别为《培本有限公司甲子年立杂支、货力》《培本有限公司甲子年立杂支草、发信底、收料后附木工簿》和《培本有限公司甲子年立生财材料》等。杂支账簿记录了购买铁条、机头布、牛皮条、运输机器等项开支的事由和金额。尤其是《培本有限公司甲子年立杂支货力》和《培本有限公司甲子年立生财材料》账簿记载了"甲子年誊癸亥杂支""甲子年誊癸亥年账"等内容，为考证培本有限公司的创办时间提供了有价值的线索。

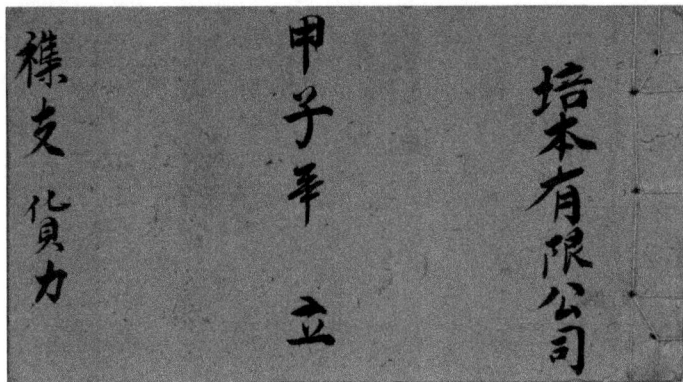

图5-2-11 培本有限公司杂支、货力簿封面

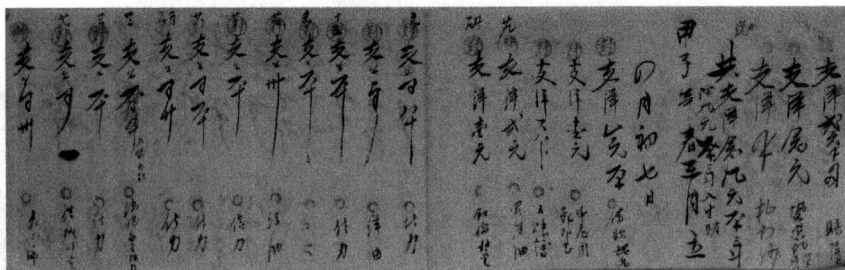

图5-2-12 培本有限公司杂支、货力簿内页之一

各路进货账簿一册，为《培本有限公司甲子年立各路进货附开货》。账册按商号名称分类记录，详细记载了购进棉纱的名称及数量。账册中另记有"各路发信日期"和书信草稿一则（详见下文），从中可见培本有限公司与货源市场的关系。

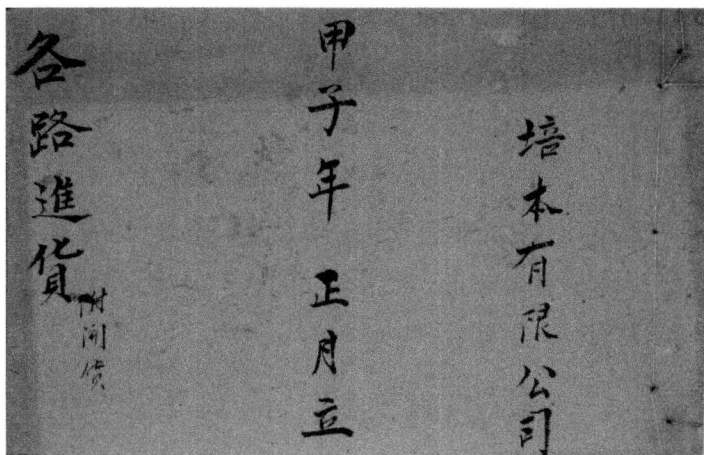

图5-2-13 培本有限公司各路进货簿封面

图5-2-14 培本有限公司各路进货簿内页之一

各路往来账簿一册，为《培本有限公司甲子年正月吉立各路往来附乙丑年》。账册按商号名称分类记载，分别记录了收支事由和金额，最后是双方的结算情况。其中有关资金往来的记载十分具体，不仅有收进钱款数额的记载，还有借款时间和支付利息的详细记载，为民国初年徽州借贷利率的研究提供了第一手资料。

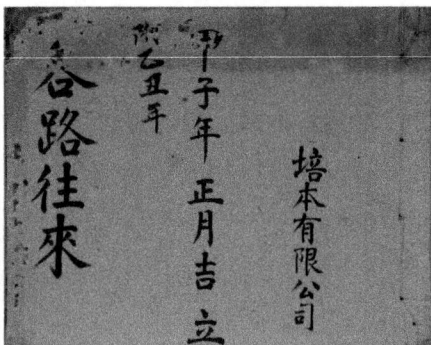

图5-2-15　培本有限公司各路往来簿封面

总之，培本有限公司的账簿文书类型多样、系统完整、内容丰富，是研究民国初年徽州乡村工业生产经营活动的珍贵资料，以此为切入点，可以考察民国初期徽商经营与地方市场的若干层面。

二、培本有限公司基本情况考证

《黟县志》记载了培本有限公司生产经营的具体情况，从中可以了解培本有限公司创立、发展与变迁的过程。

根据方志记载，培本有限公司创办于民国十四年（1925），使用木机织布。民国十九年（1930）增资至4 000元，使用铁木织机6台、木织机20台，有70人从业，购进沪产棉纱，每日可产匹长20码、30码白布和花色布30余匹，销售于屯溪和邻县。民国二十六年（1937），抗日战争全面爆发，纱源断绝而停产。民国三十四年（1945），抗战胜利，恢复生产，改名为平民布厂。民国三十六年（1947），迁厂到屯溪①。

由方志记载可知，培本有限公司经历了民国十四年（1925）创办、民国十九年（1930）扩展、民国二十六年（1937）停产和民国三十六年（1947）迁厂等四个阶段。结合前述账簿文书的介绍，本书所论之二十六册账簿为培本有限公司创办时期的账簿，它反映了培本有限公司早期的经营活动。因此，根据账簿文书和方志资料，可以考证培本有限公司创立与早期阶段的经营情况。

---

① 黟县地方志编纂委员会主编：《黟县志》，光明日报出版社1989年版，第222页。

第一，创立时间。《黟县志》认为培本有限公司的创立时间是民国十四年（1925）。根据账簿内容的考证，培本有限公司的创立时间应为民国十二年（1923），县志的记载似不准确。由《培本有限公司民国甲子年立银钱总附乙丑年银钱草》账簿可见，账簿的第一页记有"民国甲子年誊癸亥年清账于下"类目。"甲子年"即民国十三年（1924），该年账簿在年初记账时，誊录了上一年度"癸亥年"即民国十二年（1923）的经营性银钱收支和结存情况。由此推断，培本有限公司至少在民国十二年（1923）已经成立，比方志记载的时间早两年。有关培本有限公司在民国十二年（1923）的经营活动，《培本有限公司甲子年立杂支、货力》中"甲子年誊癸亥杂支"、《培本有限公司甲子年立生财材料》中"甲子年誊癸亥年账"类目的记载，均可以见到该年度购买生产材料以及"杂支"等活动。账簿记载表明，民国十二年（1923）培本有限公司已经存在经营活动，所以培本有限公司最迟在这一年创立。

第二，经营业务和产品。培本有限公司以纺织布匹为主要业务。首先，账簿中留存有多枚印章，依据印文内容大致可以推断培本有限公司的经营内容。《培本有限公司甲子年立纱号、□纱、绕纱工》账簿封底存有"培本染织有限公司信缄"印刷体字样，并钤盖了两枚1.8cm×1cm椭圆形印章，印文为"培本布厂"。《培本有限公司民国甲子年立纱布总附乙丑年棉纱色布总》账簿的第二页也钤盖了两枚同类印章，印文为"卢村培本织厂出品"。由此可断定培本有限公司为纺织企业。

其次，《棉纱色布总》和《白布总》等账簿记载了培本有限公司产品生产的具体类目，所记产品全部为色布和白布，也证实了培本有限公司为纺织企业。如民国十四年（1925）生产的白布种类和数量：

通年共织表

织元字巴二百七十三匹。

织贞利字巴一百零七匹。

织享字巴十二匹正。

织元兰条巴九十三匹。

织享字蔴城三百五十四匹。

织廿石细斜三匹半。

……

共计八百五十四匹半①。

培本有限公司除生产白布外，还生产色布（花色布）、条布。账簿均记载有所产色布、条布的种类和产量，如民国十四年（1925）蓝布86匹半、蚂蚁布93匹、斜文布总4匹8丈等②；民国十五年（1926）条布总69匹、色布19匹、染色布74匹等③。这些记载表明，培本有限公司以生产白布、花色布和条布为主要产品，为典型的乡村纺织企业。

第三，机器设备与技术水平。由上述方志文献可见培本有限公司的机器设备情况，民国十四年（1925）使用木机织布，民国十九年（1930）使用铁木织机和木织机。在纺织技术上，中国传统纺织业长期使用木制纺纱机和织布机，结构十分简单④。清末民初，纺织业开始引进新式织机，或改良旧机，并逐渐向铁木机过渡。铁木机即铁轮机，系铁木合制的机器，其主要传动部件是铁制机件，安装在木制机架上，通过织工的双脚踩动踏板驱动，生产效率比传统织机有很大提高。纺织业发达的江苏南通、海门等地直到1930年代才有使用铁木机的记载⑤。因此，培本有限公司从使用木织机到铁木织机，正与这样的背景相吻合。但是，从机器设备的构成看，民国十九年（1930）"铁木织机6台，木织机20台"，铁木织机的数量有限，主要还是木织机。因此，在机器设备和技术水平上，培本有限公司乃至于徽州乡村手工业尚处于由木织机向铁木机过渡的时代。

第四，经营规模。上述方志资料已经具体地记载了培本有限公司雇用

---

① 《培本有限公司民国乙丑年立白布总》。

② 《培本有限公司民国甲子年立纱布总附乙丑年棉纱色布总》。

③ 《培本有限公司丙寅年正月吉立棉纱色布总》。

④ 彭南生：《半工业化：近代中国乡村手工业的发展与社会变迁》，中华书局2007年版，第212页。

⑤ 史建云：《第一次世界大战后十年间中国手工业的转型》，载中国社会科学院近代史研究所民国史研究室、四川师范大学历史文化学院编：《一九二〇年代的中国》，社会科学文献出版社2005年版，第234页。

"70人从业"，可见其规模不小。然而，依据账簿内容还可以进一步推断出培本有限公司分为总厂和分厂。《培本有限公司甲子年正月立各路进货附开货》账簿中存有一封卢崇卿写给"子坚叔"的信函底稿，信中谈到培本有限公司日常生产情况，"侄意欲分厂与总厂共开廿部机，每天可出十五疋布，极少可出十疋布"。从信中内容可以看出，培本有限公司设有分厂和总厂两套机构。众多账簿中存有一册《培本第二厂丙寅年立织工》账簿，记载了第二厂24名织工织布数量以及开支的工钱，可见织工人数也有一定的规模。第二厂的生产能力在《培本有限公司丙寅年元月吉立白布总》等账簿中有详细的记载，例如民国十五年（1926）记载：

　　　二月份，收总厂十二四。
　　　　　收二厂四十二四。
　　　三月份，收总厂提机。
　　　　　收二厂一百卅四①。

上述记载不仅说明培本有限公司确实设有总厂和分厂两套机构，而且分厂的织布数量、生产能力并不低于总厂。

第五，经办人与经营地点。根据地方文献记载，培本有限公司的创办人为卢崇卿。

　　　1925年，黟县第一个民营工业——黟县培本布厂在十都宏村创办了。创办人卢崇卿，十一都卢村人，少年时曾到上海经商学艺，后研究织布技术，于是回到家乡创办织布厂。……生产厂址当时租用了宏村三座大祠堂②。

由上可知，培本有限公司的创办人为卢崇卿，籍贯安徽黟县卢村。账

---

① 《培本有限公司丙寅年元月吉立白布总》，"享字城庄"。
② 周光庭：《黟县第一个民营工业》，载《黟县文史》首辑，中国人民政治协商会议安徽省黄山市黟县委员会文史资料委员会1997年内刊本，第126页。

簿有关卢崇卿家乡的记载也与文献记载相吻合，如《培本有限公司民国甲子年立纱布总附乙丑年棉纱色布总》账簿的第二页除印章外，还留有部分文字，内容为"家，安徽黟县北乡卢村"。

上述文献资料说明，卢崇卿之所以选择在徽州黟县宏村办厂，主要是宏村存在大量空闲的祠堂，可以满足设厂所需的厂房。三座祠堂用作工厂的厂房，也说明民国初年宏村的宗族制度已经式微。另一原因是宏村与卢村为临近村落，分别为黟县十都和十一都，相隔只有两公里①，空间距离较近，容易得到卢氏家族的支持。上述史料还进一步表明，培本有限公司是在卢崇卿掌握织布技术的基础上创立的新型实业，不同于传统手工纺织业近代转型的发展模式。又由于黟县位于皖南山区，故而培本有限公司是山区乡村工业发展的典型案例。

三、培本有限公司与近代地方市场

根据培本有限公司的账簿资料，以下对培本有限公司的资本构成、进货、生产、销售等经营环节进行初步的考察，在此基础上，对培本有限公司与地方市场试作初步的分析。

（一）股本构成与地方资本市场

资本金是公司设立的首要条件。账簿记载了培本有限公司的股东、股本金额，以及投资时间，较为具体地反映了培本有限公司股本的构成情况，从中可见徽州地方资本市场融资的基本状况。如：

> 收圣记股本洋五十元正。癸三月底。
>
> 收胡仲记股本洋五十元正。癸六月初十。
>
> 收俞玉记股本洋五十元正。癸七月初二。
>
> 收卢映记股本洋五十元正。癸腊月十八。
>
> 收卢子记股本洋五十元正。癸腊月十八。
>
> 收卢继记股本洋三十元正。癸腊月十八。

---

① 《"江南第一木雕楼"卢村》，载程必定、汪建设等主编：《徽州五千村：黟县卷》，黄山书社2004年版，第92页。

收丁霭记股本洋五十元正。甲二月初四。

收吴寿记股本洋五十元正。甲二月十四[①]。

收崇记股本，洋二百元（癸亥年）[②]。

由上可知，民国十二年（1923）合计股本280元，加上卢象山200元股本[③]，合计480元。从股东构成看，股东共七人，卢姓五人[④]，约占71%比例，俞姓和胡姓各一人，约占29%比例。民国十三年（1924）初有丁霭记、吴寿记两名新股东入股，股本100元，此时外姓股东约占股东人数的44%，比例略有增加。年中又有新股东和股东增资的情况，该年银钱总簿记载：

三月初三，收卢静记股本洋五十元正。

收沈志记股本洋二十元正。

收不列名记股本洋三十元正。

六月朔日，收卢继记股本洋七十元正[⑤]。

因卢继记"六月朔日"为追加投资，故培本有限公司股东人数共十二人，资本总额750元，其中卢姓股东六人，其他姓氏股东六人，分别各占50%的比例。从股本金额看，卢姓股本500元，为股本总额的67%，他姓股本250元，只占33%的比例。从股东及股本的比例构成可以清楚地看出，培本有限公司已经吸纳了一定比例的外姓股东，尽管比例不高，但显示出民国初年徽商逐步摆脱传统徽商家族合资经营的模式。

股东资本的投入自然追求回报，对此，培本有限公司账簿记载了偿还股本的时间、数额及回报的利息，例如：

---

① 《培本有限公司民国甲子年立银钱总附乙丑年银钱草》，"民国十三年岁次甲子银洋总"。

② 《培本有限公司民国甲子年立银钱总附乙丑年银钱草》，"民国甲子年誊癸亥年清账于下"。

③ 《培本有限公司甲子年正月立各路往来附乙丑年》，"卢象记申庄"。

④ 卢姓股东五人中含"圣记"。"圣记"为卢子坚经营，事见《培本有限公司甲子年正月立各路进货附开货》所附书信底稿。

⑤ 《培本有限公司民国甲子年立银钱总附乙丑年银钱草》。

二百七十天，十三元五角。三月三十，付亦洋五十元正。圣记过。

二百天，十元。六月初十，付亦洋五十元正。仲记过。

一百七十八天，八元九角。七月初二，付亦洋五十元正。玉记过。

一百一十天，五元四角三分九。九月初九，付洋四十元正。里过用。

十二月十八，付洋四十元正。宜过用。

十二天，一元九角二分。又，付亦洋一百元正。映子记过。

又，付亦洋三十元正。继记过。①

文中"洋""亦洋"为墨西哥鹰洋的简称和别称。圣记、仲记、玉记等均为民国十二年（1923）入股的股东，其股本在使用270天、200天、178天等后按日息1厘收取回报，因此可知，股东资本的回报是以天数计算的。若转换为月利率，则利率为3分。这在关于其他股东的记载中得到了印证，例如：

三百二十六天，十六元三角。二月初四，付亦洋五十元正，霭记过。

三百一十天，二十四元八角。二月廿，付亦洋五十元正，寿记过。

二百九十一天，二十九元七角。三月初三，付亦洋一百元正，静、志、不记过。

一百六十五天，八元二角五分。七月十日，付亦洋五十元正，付里用。

一百三十天，二元八角，八月，付亦洋五十元正，宜记过②。

<hr>

① 《培本有限公司甲子年正月立各路往来附乙丑年》，"卢象记申庄"。
② 《培本有限公司甲子年正月立各路往来附乙丑年》，"卢象记申庄"。

霭记、寿记、静记等均为民国十三年（1924）入股的股东，其资本的回报也是月利3分。从时间上看，资本使用时间最长的326天，最短的12天，表明公司对股东的约束力不强，股东可以随时抽回自己的资金。因此，培本有限公司并不是严格意义上的"有限公司"，因为它在一定程度上具有传统合伙制的特点。

培本有限公司在创建和经营中得到了卢象山的支持，如方志资料记载：

> 办厂初期因资金缺乏，只置了数十台木机，只是织些小白布……培本布厂经过数十年的经营，规模逐步扩大，同时得到外出经商的卢村人卢象山先生的投资帮助[①]。

卢象山生平情况不详，从方志记载中仅知其与卢崇卿同为黟县卢村人。培本有限公司的账簿中专门列出"卢象记申庄"类目，记载了二者之间的经济往来，这些记载反映了卢象山向培本有限公司放贷时间、金额以及收回的利息，其债权人身份不言而喻。这些借贷的记载，为研究地方金融市场的利率提供了第一手资料。如民国十二年（1923）、民国十三年（1924）的记载：

> 癸年六月初四，收亦洋七元（办元粉）。付息毛子，二百零六天，一元四角二分。
>
> 五月初八，收亦洋一元七角，办看布镜。二百三十二天，三角九分四。
>
> 十二月初九，收洋二十元正，由义生汇来。二十一天，四角二分。
>
> 甲子年元月廿二日，收亦洋一百元正，又屯汇来。二十八天，二元八角。

---

① 周光庭：《黟县第一个民营工业》，载《黟县文史》首辑，中国人民政治协商会议安徽省黄山市黟县委员会文史资料委员会1997年内刊本，第126页。

二月十二，收亦洋十五元，过付办货，三百一十八天，四元七角七分。

二百九十七天，二十九元七角。三月初三，付亦洋一百元正，静、志、不过。

三月初十，收亦洋十元正，过付办庄，二百九十七天，二元九角。

四月十九，收亦洋一百十五元七角一分，办纱庄，二百五十一天，二十九元四分三。

七月初二，收亦洋四十八元三分，纱庄，一百七十八天，八元五角四分六。

一百六十五天，八元二角五分。七月十四日，付亦洋五十元，付里用。

一百三十天，六元五角。八月付亦洋五十元，宜记过。

十月六，收洋二百六十五元六角一分八，付售庄，八十二天，二十一元七角八。

二十二天，一角。十一月二十九，付亦洋五十元，里用①。

上述关于借款金额、时间及利息的记载十分清晰，从中可见其月利率为3分。而同时期长江中下游乡村的高利贷利率，仅为2分左右②。显然，徽州的利率略高于长江中下游地区。

由上述考察可见，培本有限公司在黟县地方资本市场进行了融资，由于企业具有良好的发展前景，所以能够吸纳950元的资本入股，成为经营资金的主要来源，股东也获得了月利率3分的投资回报。与此同时，因为周转和营运的需要，培本有限公司也有借贷。偏高的利率反映了地方金融市场借贷的部分特点。

---

① 《培本有限公司甲子年正月立各路往来附乙丑年》，"卢象记申庄"。
② 郭爱民：《民国前期长江三角洲农村高利贷问题与土地的流转》，《安徽史学》2009年第2期。

（二）市场供求与市场空间结构

企业在进货市场和销售市场的经济行为，在一定程度上反映了企业与市场的联系程度，而市场空间的构成则又反映了企业的属性。对培本有限公司市场空间的考察，可以从进货市场和销售市场两个方面入手。

从记载进货的《培本有限公司甲子年正月立各路进货附开货》账簿看，公司购进的商品主要是水月纱等织布所需的棉纱。进货是公司生产的第一个环节，但徽州地区并不出产棉纱，故而培本有限公司只能从外地市场求购棉纱。账簿记载了培本有限公司通过信件询问纱价、办纱、催办纱等情节，从中可见其与货源市场的紧密联系。《培本有限公司甲子年立杂支草发信底收料后附木工簿》内有"发信日期"类目，自正月初五至十二月初二，共发出29通信件，寄达地点分别是杭州、屯溪、芜湖、九江、蕲水、上海等地。其中将发给卢象山的信件编为一号、二号、三号等，并简要注明信函内容，如"四月初四，六号申一封。问纱价"。《培本有限公司甲子年正月立各路进货附开货》账簿也有"各路发信日期"类目，自元月至十二月，共发出信件14通，每封信件编有号码，如"元号申信一函""二号申信一函"等，寄送地点分别为上海、溪口等地，并有简短的说明，如"四月初一，三号申信一封。改办纱""八月二十六，六号申信一函。催办纱"。由上述地名来看，进货市场主要是上海、浙江等地，培本有限公司与这些市场均保持着密切的联系。

账簿的最后存有一封写给"子坚叔父"的书信底稿。由于棉纱是织布的基本原材料，故而卢崇卿信中主要讨论从何种途径购买棉纱。从信中内容可知，培本有限公司棉纱需求量较大，"每月用纱须要两件，极少要一件半"。正是因为棉纱的短缺，卢崇卿购买棉纱的心情十分迫切，希望在叔父们的帮助下，能够由大通或者杭州购买棉纱。从卢崇卿购买棉纱的信函中，我们可以发现，培本有限公司依靠的是浙江、江苏、上海等地的货源市场，货源市场与公司生产地完全分离。故而从货源市场的角度看，培本有限公司与区域外市场保持着紧密的联系，说明近代徽州乡村工业已经被卷入到市场经济的大潮中，成为其中的一分子。

产品只有在市场完成销售，才能实现生产的价值。毫无疑问，培本有限公司生产的布匹也需要进行市场销售，而销售市场空间大小在一定程度上能够反映出培本有限公司的性质。培本有限公司在销售方式上，采取以批发为主，兼及零售的模式，"批发"账簿反映了这种销售方式。《培本有限公司民国甲子年立批发誊清》记载了永生号、和丰号等30家批发布匹的商号，也就是说，布匹销售采用批发销售的方式。《培本有限公司民国乙丑年批发誊清》在记载批发商号批售情况之外，还立有"各乡誊清"类目，详细记载了德兴嫂、连寿嫂等46人购买布匹的时间和金额。而德兴嫂、连寿嫂等人都是黟县乡村市场的农户。《培本有限公司民国十五年岁次丙寅年春王吉立批发誊清》在记载批发商号名称的同时，还详细记录了批发商所处的地理位置，如黟城德裕号、西山永茂号、际村光兴恒号、际村和丰号等。根据《黟县志》记载，这些地名均位于黟县境内。由此可知，培本有限公司的销售市场基本位于黟县境内，市场空间不大，是以本地市场为主体的纺织企业。

尽管培本有限公司以本地市场为主体，但其销售业绩呈现了良好的态势。"日生""银钱总录"账簿记载了销售业绩的这一态势：

（民国十三年）日生洋四百九十元九角九分八[1]。钱六万四千三百，入洋三十三角五分[2]。
（民国十四年）通年钱洋两总结共记日生一千二百零二元八分[3]。
（民国十五年）全年钱洋两共日生一千七百零五元[4]。

从上述三年的销售业绩看，培本有限公司的销售营业额呈逐步上升，民国十四年（1925）的日生销售额1 202元8分，是上一年度的两倍多，增长幅度达到59%；民国十五年（1926）日生销售额1 705元，其增长幅度达到41%。由此可见，培本有限公司早期阶段的生产、销售状态基本良

---

[1] 《培本有限公司民国甲子年立银钱总附乙丑年银钱草》，"民国十三年岁次甲子银洋总"。
[2] 《培本有限公司民国甲子年立银钱总附乙丑年银钱草》，"民国十三年岁次甲子钱总"。
[3] 《培本有限公司民国乙丑年吉立银钱总》。
[4] 《培本有限公司民国丙寅年春正月吉立银钱总》。

好，保持着稳定的增长率，反映出黟县地方市场对工业产品存在较强的购买意愿，也折射出徽商只有实现近代转型才能获得新的生机。

（三）织工与劳动力要素市场

工人管理制度体现着企业的性质。培本有限公司账簿关于织工管理制度的记载，显示出该公司雇佣劳动关系的基本形态，揭示了其与地方劳动力市场的关系。

首先，在雇佣工人的构成上，以村落周边的村民或外地人员为主。"织工"账簿具体记载了工人的姓名，如忠荫嫂、慎修嫂、祖同嫂、忠和娘等①，如上文所述，这些织工均为黟县卢村周围的村民。同时，也雇用了外地人员，如"细英，太邑人"②，太邑即临近的太平县。从周边劳动力市场雇用村民及外地人员从事工业生产，表明培本有限公司已经突破了传统徽商家庭、家族经营的局限。

其次，织工生产管理上，突出了质量和效率。由于布匹销售价格取决于布匹的质量，因此布匹的质地决定了企业的业绩。培本有限公司在织工生产管理上，将织工所织布匹分为甲、乙、丙、丁四个等级，如织工"老静"自五月初一至十一日共生产"甲等十八匹一丈五尺，计洋2元4分7"③；同时期，"老月女士"共生产"乙等五匹一尺，7角4厘"④；"老保"生产"丙等十二匹一丈一尺，计洋1元4角5分4"⑤；而织工"老彩"则是"丁等，六匹四尺"⑥。培本有限公司依据织工所织布匹等级计算工钱，对于提前完成的织工则给予一定的奖励。

为生产更多的布匹，培本有限公司实行奖励制度，鼓励织工超时完成任务。其账簿记载了奖励的办法：

五月廿八，甲等十九匹，计洋二元九分。

---

① 《培本有限公司民国甲子年正月立织工》。
② 《培本有限公司乙丑年立绕纱工元册》。
③ 《培本第二厂丙寅年立织工》，"老静"。
④ 《培本第二厂丙寅年立织工》，"老月女士"。
⑤ 《培本第二厂丙寅年立织工》，"老保"。
⑥ 《培本第二厂丙寅年立织工》，"老彩"。

收奖励洋二分。

　　七月初八，甲等，收奖励洋四分，超先二天。

　　　　甲等共织十三匹二丈一尺，并奖励洋一元五角六分四。

　　廿九，本月共织城布四匹，六角四分。

　　　　巴布十三匹二丈一尺，一元五角二分四。

　　　　收奖励洋四分，共计二元二角四厘。

　　十月卅，本月共织布十六匹二丈，二元三角一。

　　　　收奖励洋二角五分。

　　冬月卅，本月共织城布三十五匹半，四元九角七分。

　　　　收奖励洋一元。

　　腊月十一，共织布十八匹一丈八尺，二元五角八分三。

　　　　收奖励洋二角五分①。

　　由上述记载可知，七月八日织工"老静"所织布匹仅为13匹2丈1尺，总数低于五月二十八日的19匹，但因为完成任务时间"超先二天"，故能获得"奖励洋4分"，高于五月二十八日2分的奖励洋。同样，十二月十一日所织布匹为18匹1丈8尺，数量多于十月三十日的16匹2丈，但奖励洋均为2角5分，这就说明，虽然两次织布数量不同，但由于完成任务的时间相同，故而奖励金额相同。此外，账簿还有"老巧"等织工所得"奖励洋"的记载，其奖励办法与"老静"相同。显然，时间效率成为发放奖励的主要依据。

　　当然，也有部分织工不能按时完成任务。对于延时织工，其工钱明显低于普通织工。例如：

　　七月廿六，过期廿天，丙等。共织七匹三丈八尺。计洋八角②。
　　六月廿四，过期一月三天，丁等。六匹四尺。计洋六角一分。③

---

① 《培本第二厂丙寅年立织工》，"老静"。
② 《培本第二厂丙寅年立织工》，"珍眉"。
③ 《培本第二厂丙寅年立织工》，"老彩"。

织工"珍眉""老彩"由于完成时间超过了20天、一个月零三天，故所织布匹为丙等和丁等，其工钱仅为每匹洋钱一角，低于平均每匹一角四分的工资。由此可见，质量和效率原则在培本有限公司织工管理中反映的较为突出，也具体地说明了培本有限公司雇佣劳动的性质。

四、几个问题的讨论

从上述考察中可以发现，培本有限公司在资本市场、销售市场，以及劳动力要素市场上表现出新的变化。这些变化反映了近代徽商与传统徽商的不同，显示了近代徽商转型之后的生产、经营的具体形态。因此，培本有限公司个案资料具有较高的研究价值，从中可揭示出徽州乡村工业与近代徽商、地方市场等若干重大问题。

第一，发展路径问题。长期以来，学术界普遍认为，鸦片战争之前中国手工业内部已经孕育着资本主义萌芽，中国传统手工业和资本主义现代工业之间有着内在的、前后相承的关系。早在20世纪60年代，戴逸先生指出："中国封建社会末期社会经济和手工业生产所达到的水平，是中国近代机器工业由以产生的出发点和内在根据。离开了这个出发点和内在根据，近代机器工业的出现就会成为不可理解的事情。"[①]徽州为内地山区，经济欠发达，人们以外出经商为传统，几乎不存在类似资本主义萌芽形态的手工业。从培本有限公司创立的社会经济条件看，徽州地区没有任何工业基础和转型的社会条件，而是创办人卢崇卿在上海经商，并学习和掌握了织布技术之后，回到家乡创办的企业。因此，近代徽州乡村工业的创建并不是传统手工作坊近代转型的结果，而是在"振兴实业"热潮的影响下，拥有技术条件和社会阅历的"地方能人"发挥了关键作用。从这个角度看，徽州乡村工业的出现是外在因素作用的结果，这与江南和华北乡村工业的发展路径略有不同。

---

① 戴逸：《中国近代工业和旧式手工业的关系》，《人民日报》1965年8月20日。

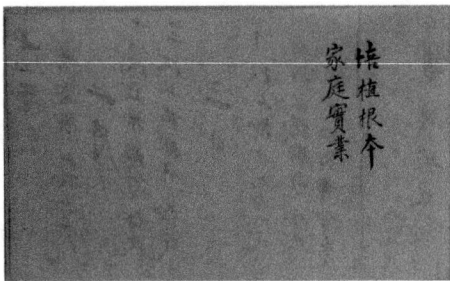

图5-2-16　培本有限公司甲子年立各工收支簿首页

第二，近代化道路问题。学术界认为乡村工厂大多设立于以集镇为中心的农村社区[①]，而培本有限公司的生产经营地点却是位于徽州黟县宏村偏僻的山村，并不是"以集镇为中心的农村社区"，且以本地剩余劳动力为雇佣工人，以县域地方市场为棉布商品销售市场，呈现出比较独特的乡村工业发展模式。类似培本有限公司的发展模式，早在20世纪30年代即受到著名经济学家方显廷的肯定，认为中国的工业化道路，必须根据中国国情，优先发展乡村工业，以就地利利用资料和劳动力，降低运输成本，且众擎易举[②]。吴承明先生也认为，利用农村资料和劳动力，用现代化方法进行加工，是一条适合中国国情、城乡结合、工农结合的工业化道路[③]。这条道路是民间或民族资本家在外国资本、大口岸经济的压力下，从"地利""人和"上下功夫，创出的一条道路[④]。

第三，企业经营管理制度与中国传统资源问题。众所周知，企业经营管理模式移植于海外，它在中国扎根、成长过程中，与中国传统产业之间形成的关系，"理应承认其具有重要意义"。日本学者森时彦注意到了此问题的重要性，并指出，应该从历史的角度深入分析和探讨外来移植工业与中国传统产业之间曾经有过怎样的相互冲突和吸收，这种冲突和吸收又对

[①]彭南生：《半工业化：近代中国乡村手工业的发展与社会变迁》，中华书局2007年版，第290页。

[②]方显廷：《中国之工业化与乡村工业》，载《中国经济研究》，商务印书馆1938年版。转引自吴承明：《市场·近代化·经济史论》，云南大学出版社1996年版，第158页。

[③]吴承明：《中国的现代化：市场与社会》，生活·读书·新知三联书店2001年版，第369页。

[④]吴承明：《市场·近代化·经济史论》，云南大学出版社1996年版，第158页。

中国移植工业的特性及传统产业的重组发挥了怎样的影响①。其实，这种冲突和吸收，在培本有限公司也得到了具体地体现。培本有限公司的"有限公司"本就是移植的结果，其织工的奖励制度亦是移植、吸收的结果。从经营过程看，培本有限公司面临的最大难题是棉纱采购问题。由于徽州本是山区，更不是棉纱产地，所以无法提供培本有限公司扩大再生产的基本原材料棉纱，故而只能依赖江苏南通、浙江杭州等原材料产地。因此，培本有限公司所遇问题，较为典型地反映了近代纺、织分离所带来的困境。卢崇卿的进货渠道，以及解决问题的手段，则是依靠同宗同族的卢象山的上海申庄。前文已述，卢象记申庄是徽商在上海较为著名的申庄，卢象山也跻身于徽宁会馆董事会董事之一。显然，卢崇卿利用了徽商商业贸易网络资源，解决了其企业经营的货源问题。又如前文已述，培本有限公司资本组合采用合伙制。从账簿记载可见，合伙入股进出均较为随意，几乎没有任何限制，与传统徽商合伙制几无区别。这里暂且不论是否符合有限公司的规定，但是至少说明卢崇卿利用了传统合伙制的制度资源，解决了公司的融资问题。

最后，社会环境与企业变迁。前文已述，培本有限公司的经营和生产呈现出年年上升的势头。但好景不长，全面抗日战争爆发后，培本有限公司由于纱源市场断绝而被迫停产，直到抗战胜利后才恢复生产。因此，中国乡村工业的发展，不仅取决于内部因素，而且更大程度上取决于外部市场环境。培本有限公司从开工到停产、恢复生产过程体现着这样的环境变动，生动地反映了中国乡村工业发展与市场的历史变迁。

---

① ［日］森时彦：《中国近代棉纺织业史研究》（袁广泉译），社会科学文献出版社2010年版，第87页。

第六章　近代徽州布商的历史地位和作用

第一节　近代徽州布商的历史作用

棉布为民生用品，又是完全的工艺品，构成纺、织、染完整体系，它的生产与社会经济发展密切相关。棉布生产和销售，不仅能够引起一个国家社会经济制度的改变，甚至也能影响世界格局的变化。西方最早的资本主义国家，以致近代某些新兴的资本主义国家，就是用纺织品打开民族市场和世界市场的。因此，棉布贸易的发展水平，是观察一个国家社会经济发展的重要指标之一。棉布贸易商作为棉布贸易的重要环节，是棉布生产者与消费者联系的桥梁，其自身所承载的大量市场经济信息，自然就成为考察棉布市场发展的重要依据，正因如此，对棉布贸易商的研究具有重要的理论意义。

中国棉纺织业始于宋元，明清时期获得较大发展。由于中国非棉、非布地区颇多，因此棉布商品的市场需求较为旺盛，成为市场上流通量最大的商品之一。棉布贸易既是明清徽商经营的主要行业之一，也是近代徽商经营的主要领域之一，徽州布商的经营活动自然也就成为中国棉布市场发育、发展过程中不可分割的组成部分。毫无疑问，近代徽州布商的变迁，也在一定程度上反映了近代中国棉布市场的变迁。中国近代棉布市场自1840年以后，因国门洞开，市场变化之快，影响之大，前所未有。进入近代以后的徽州布商，首先面对的即是一个"千年未有之变局"的棉布市场，这无疑是一种不同于以往任何时候的新环境。

通过本文的分析可以看出，在新的市场环境下，近代徽州布商适时地进行了经营策略的调整和变化，这些调整和变化具有鲜明的时代特点，对于棉布市场，乃至于中国社会经济发展产生了一定的积极影响。

第一，促进了棉布市场的扩大。近代以后，棉布批发贸易取代了长途贩运，出现了批发与零售经营并举的局面。明清徽州布商虽然在棉布收购、染色加工等环节均有表现，但是棉布的长途贩运是其最主要的业务，成为业盐之外的第二个主要职业。自嘉庆之后长途贩运逐步衰退，至近代基本停止。代之而起的棉布批发商，既注重品牌建设，也关注市场消费者的需求，市场意识更为强烈，甚至出现了以祥泰为代表的棉布批发大型商号，左右了上海棉布收购市场和东北等地的销售市场。棉布批发商以中心城市如上海为据点，或以次级市场、中型城市如浙江杭州、江西九江和景德镇等地为分销基地。而棉布零售商，尤其是经营于中小城镇和农村集镇的零售商承接由批发商转输的商品，销往内地城乡市场。两者合力的结果，扩大了棉布商品的销售量，使之成为近代中国市场上流通量位居第一的商品。毫无疑问，棉布成为市场流通量最大的商品，是徽州布商以及各地棉布贸易商共同努力的结果，可以说，棉布贸易商发挥了重要作用。自然，棉布商品向农村市场的推进过程，不仅促进了农村商品经济的发展，也沟通了农村市场与城市市场的联系，有利于全国市场的发育、发展。

第二，促进了纺织技术的改新。鸦片战争后，棉布市场首先迎来的即是洋布洋货的冲击。徽州布商将洋布从上海销售至内地城市、乡村市场，并在经营中创设了拆货批发经营模式。这些洋布及随后销售的国产机制布，不仅冲击了土布市场，还对中国社会经济、思想观念产生了重大影响。一是迫使农村织户改用洋纱织布，放弃了纺纱织布的传统，从而导致了中国纺织业纺、织分离，对于"男耕女织"自然经济的解体产生了决定性的影响，促进了农村经济的商品化进程。二是迫使土布商改变经营理念，从拒绝收购机纱布，改为主动依据销售地市场信息，劝导织户进行土布改良，生产宽幅棉布。进而导致了织布技术的改进，手拉机和铁轮机的运用，不仅提高了织布产量，也为织布厂的大兴奠定了客观条件。三是徽州布商的洋布销售，不仅引起了衣着风尚的变化，也导致了人们思想观念的转变。洋布销售的丰厚利润，令商人乃至政府官员侧目。李鸿章、张之洞之所以积极主动地兴办织布企业，正是从徽州布商以及其他棉布商的洋布销售中，看到了机器所织棉布的庞大市场，以及所获丰厚利润，故而积极仿效，设立了纺织企业。如果说洋务派是在战场上认识到西方船坚炮利，由此而举办近代军事工业，那么，洋务派举办纺织等民用工业，又何尝不是从市场中认识到机制布的价值所在。而这个市场，恰恰是众多的徽州布商以及其他棉布商共同推动、开拓的结果。学界多将洋务派所举办之民用工业视为中国近代工业的开端、近代化进程的开始，仅从此角度而言，徽州布商等众多棉布商的洋布销售，导致了人们思想观念的改变，甚至诱发了中国最早的产业革命。反过来，洋务纺织企业所产机制布，仍然需要商人进行市场销售和市场开拓，徽州布商账簿所见销售的机制布正是这一历史事实的反映。毫无疑问，徽州布商对国产机制布的销售，有利于洋务纺织企业扩大生产、增加产能。

第三，对具有中国特色的近代工业化的有益探索。棉布市场的需求以及丰厚的利润，吸引徽商向棉布产品的上游织布企业发展。总体看来，近代徽州布商经营纺织企业经历了三个发展阶段。自光绪三十年（1904）始，徽州地区相继出现了由徽商举办的歙县纺织公司、休宁大盛织布厂和婺源大济纺织局，标志着徽商从棉布贸易领域进入织造行业，意味着徽商实业化经营的开始。不过，起步阶段的纺织公司、织布厂，资本不多，规模较小，多处于工场手工业阶段。第一次世界大战之后，徽商迎来了纺织企业发展的"黄金时代"，不仅设厂数量增多，资本规模增大，甚至出现了由棉布生产向针织行业、深加工方向发展的趋势。

"黄金时代"徽州布商经营的纺织企业中，以民国十二年（1923）开设的培本有限公司最为典型。从该公司遗存的大量账簿文书资料中可以看出，铁轮机、手拉木机已成为公司棉布生产的机器设备，雇佣工人达到70多人，且实行工资奖励制度，反映了"黄金时代"徽州纺织企业进入了工厂化发展阶段。此外，培本有限公司的发展模式具有重要的理论意义。其一，近代化道路的有益探索。培本有限公司开设于黟县宏村，其生产的棉布产品就地销售，供应本县及周边地区。这种以乡村为据点，以服务县域市场为目标的发展方向，被经济学、社会学界称为是一条适合中国国情、城乡结合、工农结合的工业化道路。这一道路是民间或民族资本家在外国资本、大口岸经济压力下，从"地利""人和"上下功夫，创出的一条道路①。遗憾的是，这种工业化进程为随后爆发的日本全面侵华战争所打断。其二，吸收了徽商商业资源，并将其融入有限公司经营体制之中，解决了公司经营中遇到的难题。培本有限公司生产地点黟县宏村，为山区农村，也不是棉纱产地，所以生产原材料棉纱只能依赖江苏南通、浙江杭州等原材料产地。卢崇卿依靠同宗同族卢象山的上海申庄，解决了其企业经营的货源问题，较好地利用了徽商的商业资源。又如前文所述，培本有限公司的资本组合采用合伙制。从账簿记载可见，合伙入股进出均较为随意，几乎没有任何限制，与传统徽商合伙制几无区别。这里暂且不论是否符合有限公司的规定，但是至少说明卢崇卿利用了传统合伙制的制度资源，解决了公司的融资问题。

总之，通过对近代徽州布商经营活动的梳理，可以看出，近代徽州布商在"千年未有之变局"下，出现了近代所特有的变化，无论是经营方式的变化，还是经营内容的变化，对近代棉布市场，以及社会经济生活均产生了积极作用。

第二节　近代徽州布商发展的制约因素

近代徽州布商在发展和变化的过程中，也存在诸多的制约因素。从商业账簿等文书资料来看，主要表现为如下几个方面。

一、商业规费与封建政权的层层盘剥

规费，俗称陋规，是清代吏治一大纰政，广泛存在于各级衙门官僚和

---

① 吴承明：《市场·近代化·经济史论》，云南大学出版社1996年版，第158页。

吏、役之间，可以说，无所不在①。陋规的盛行，标志着清代吏治的严重败坏②。商业账簿所见，徽州布商上缴的商业规费主要有两类：一是基层差役的规费，二是官僚机构的规费。

（一）基层差役的规费

清代基层行政组织实行保甲制。按照保甲制度，基层行政组织设置牌长、甲长、保长。故而，基层差役的商业规费主要表现为保长所收的规费。

保长又称地保。在清朝权力结构体系中，保长位于末端，社会身份和地位低下，甚至被视为贱役。但徽州布商不得不向保长上缴规费，如志成号账簿记载：

咸丰三年十二月卅日，支钱一千二百文，保长三节礼③。

咸丰四年四月廿五日，支钱二百文，保长支节礼。

十一月廿七日，支钱一百六十文，贺北门保长做生（日）。

二月卅日，支钱一千二百文，保长三节礼④。

咸丰五年五月初四日，支钱四百文，彭公远保长端午节礼。

八月十四日，支钱四百文，公远先（生）中秋节礼。

十二月廿九日，支钱四百文，彭公远保长年规⑤。

咸丰六年五月初三日，支钱四百文，彭公远节礼。

十四日，支钱四百文，保长节礼。

十一月初一日，支钱一百六十文，东隅保长做生（日）⑥。

从送礼的过程可以看出，布商每逢端午、中秋、过年等三节，都要向本保保长送上"节礼""年规"，每节礼钱400文，一年共1 200文。对于邻

---

① 韦庆远：《论清代官场的陋规》，载《明清史新析》，中国社会科学出版社1995年版，第242页。
② 冯尔康：《生活在清朝的人们：清代社会生活图记》，中华书局2005年版，第38页。
③《志成号咸丰三年癸丑岁次新正月吉立公和誊清伙食门差杂用总》，"门差"。
④《志成号咸丰四年甲寅公和誊清杂用总》，"门差"。
⑤《志成咸丰五年乙卯正月吉立公和誊清伙食门差杂用总》，"门差"。
⑥《志成咸丰六年丙辰正月吉立公和誊清伙食门差杂用总》，"门差"。

保保长生日等节庆，也要备礼祝贺，每次礼钱为160文。连续多年的记载表明，商家上缴保长规费已经形成了固定模式，以三节为时间点，上缴固定金额的商业规费。徽州布商之所以被迫"主动"向保长上缴规费，与保长职责有关。

清代保长的主要职责是约束乡民、稽查举报违法行为，诸如"盗窃、邪教、赌博、窝逃、奸拐、私铸私销（制钱）、私盐、踩曲、贩卖硝磺"，以及"私立名色敛财、聚会等及面生可疑行迹诡秘之徒，责令专司查报"。为加强这一职能，清政府多次下令实行连坐法，外地来人，须保长、甲长等出具联名互保甘结。若所保之人是作奸犯科者或逃犯，出具者按律连坐①。因此，保长虽然处于权力体系的低端，但其职责"几乎包括治安、征税、司法、编户、杂差及教化等所有方面"②，这些权力对于所辖地区普通商号的商业经营具有决定性的影响。但是，权力制度设计的漏洞，以及权力的滥用，即使是微末小吏也会产生腐败。虽然保长权力职责庞杂，但保长社会地位低微，没有任何薪酬回报，必然出现保长利用手中权力寻租的现象。如文献所载，保长"不领工食，仰给于铺户年规，及受人任使之，酬值颇足资以为生。而衙役辄向索陋规以窘之，自好者每不屑为。及悬缺而名为管区之衙役，又促耆业报充恫吓以为利，此其弊也"③。

可以看出，徽州布商之所以"主动"上缴保长的规费，根本原因在于清代制度设计的缺失。保长在无薪酬的条件下，不得不向商家索收"规费"。徽商志成号离开徽州原籍，经营于江西乐平县，无论是徽商经营人员，还是上门购物交易的客户，都在当地保长的监视之下，保长完全可以凭借上述职责内任一理由，阻止商号经营、堵截客户上门。显然，徽州布商在保长主动索收"规费"面前，必须要有回应。布商回应保长的唯一途径只能是由上缴"节礼""年规"等礼金陋规。不难看出，徽州布商上缴规费，实质上是利益的交换。商家向保长赠送礼金，保长承诺商家经营所需的社会环境。官商之间达成一致，各得其所。

---

① 光绪《大清会典事例》卷一百五十八《户口·保甲》。

② 赵秀玲：《中国乡里制度》，社会科学文献出版社2002年版，第120页。

③ 宣统《太仓州志》卷七《赋役》，民国八年（1919）刻本。

（二）官僚机构的规费

县衙为政府基层正式机构，徽州布商也必须缴纳规费，如账簿记载：

咸丰九年二月十三，付钱四百文，四公禁钱。

廿二，付钱四百文，胡二公上任。

三月十，付钱三百文，委员禁钱。

七月廿九，付钱八百文，高公做生。

八月五，付钱三百文，沈四公代理粮厅。

十二，付钱三百文，送节礼①。

咸丰十年二月十二，付钱四百文，四公禁钱。

五月三，付钱六百文，四公节礼并赏龙舟。

八月十二，付钱三百文，中秋节礼。

十一月二，付钱一千三百文，二公上任及探信②。

咸丰十一年二月七，付钱二百文，四公禁钱礼。

五月廿五，付钱五百文，四公禁钱礼。

八月十九，付钱三百文，节礼。

九月一，付钱三百四十文，二公上任礼。

十一月五，付钱五百文，禁钱礼③。

二公、四公即二衙、四衙的文官，这在万隆号账簿中得到了印证。万
隆号同治元年（1862）、同治二年（1863）经营于江西乐平县，与志成号
同一地点、相近时间，其账簿记载了送二衙、四衙的年礼：

同治元年巧月初六日，支钱七十五文，四衙上任④。

---

① 《志成号咸丰九年己未正月吉立本城誊清》，"永和众"。
② 《志成号咸丰十年庚申正月吉立本城誊清》，"汪永和众"。
③ 《志成号咸丰十一年辛酉正月吉立本城誊清》，"汪永和众"。
④ 《同治元年春王月吉立钱总》。

同治二年小阳月廿五日，支钱一百六十三文，四公上任。

冬月十三日，支钱二百文，四衙生日。

腊月初五日，支钱七百五十文，二、四衙年礼①。

从上可以看出，二衙、四衙是乐平县对县衙文官的简称。清制，县是地方行政制度中的基层，设知县一人。知县佐属官员有县丞、主簿、典史。在地方社会中，人们以办公之所代称县府文官，乐平县称知县为正厅；县丞称二衙，又称粮厅；主簿称三衙，又称主簿厅；典史称四衙，又称捕厅②。故而二衙、四衙是为乐平县丞和典史。从上述记载可以看出，徽州布号所纳规费以二衙、四衙为重点。之所以如此，是与他们手中掌握的权力有关。县丞协助知县佐理诸务，又掌管钱粮税收等重要职责。典史掌管治安、缉捕等职。仔细分析徽商所送二衙、四衙的礼钱结构，还可以看出，在县丞和典史两衙中，送四衙典史的礼金次数和金额多于二衙县丞。这进一步表明，典史是徽商重点结交对象中的重点，其次是县丞。而从典史和县丞的职掌来看，治安是徽商关注的重点，因为商家需要获得市场经营和发展所需的相对的安全环境。

二、厘金、捐税等苛杂之害

厘金、捐税等苛杂之害，近代以来批评言论颇多。就纺织业而言，据估计，仅棉花厘金一项，约占货价的5%乃至20%③，实则厘金之害固在于关卡税率之重，而尤在于收税吏敲诈中饱之无厌。举办纺织企业多年的张謇于光绪三十二年（1906）致书张之洞说："士大夫习闻人言厘捐病民也……故尝以为过捐卡而不思叛其上者非人情，见人之酷于捐卡而非人之欲叛其上者非人理。"④在当时清政府体制内，张謇对张之洞埋怨厘卡之酷而至谈到"叛上"，其怨毒之深，可以想见。

① 《同治二年春王月吉立钱总》。

② 汪滢：《旧社会乐平的县衙门和县政府》，载《乐平文史资料》第四辑，中国人民政治协商会议乐平县委员会文史工作组1988年编印，第73—74页。

③ ［日］高柳松一郎：《中国关税制度论》（李达译），商务印书馆1933年版，第13页。转引自严中平：《中国棉纺织史稿》，科学出版社1955年版，第124页。

④ 张謇：《答南皮尚书条陈兴商务、改厘捐、开银行、用人材、变习气要旨》，载《张季子九录·实业录》第四卷，中华书局1931年版，第5页。

厘金、捐税等苛杂之害，徽州布商亦不能免除。民国十四年（1925）
汪宽也去世后，上海布商立纪念碑于上海布业公所，纪念汪宽也出任总董
期间为布业发展所做出的贡献。其中，近一半的内容记述了汪宽也总董为
废除厘金、捐税做出的努力及其成效，从其努力过程之中可以看出厘金、
捐税等苛杂对布业之害。

> 总董汪公，讳声洪，字宽也，皖休宁人，祥泰号经理。……有清
> 之季，供贡布未罢，官责布商任运输费，名曰津贴，公曰苛政。丁未
> （1907）春，合王书田……诸君，禀请督抚咨部撤销。积年秕政一旦
> 豁出，同业咸称快。……民国纪元（1912），公以布捐由榷局散征，
> 苦苛扰，不若由同业分认汇解，节省繁费。……海关布税率每担向征
> 银两半，丙辰（1916），公力与赖税司争，得减至一两。翌年春，公
> 念布市之敝，不□轻担负，无以言发展，创议请免税厘，全国布商闻
> 风兴起。戊午奉免三年……①

从碑文中可以看出，经营于上海的徽州布商及其同业商号，需要忍受
贡布及运输费之剥削，还有布捐、高额关税、税厘等繁重负担，这些"苛
政"乃是"布市之敝"的原因所在。正因如此，汪宽也认为不废除这些
"苛政"，棉布业就"无以言发展"，因此汪宽也的努力得到了全国棉布商
业界的认同，"同业咸称快"。而棉布商业界的认同，则反映了厘金、捐税
对布业发展之害，为商界所痛恨。

三、时局动荡与布业经营的起伏

近代中国，战事不断。历年战争均冲击了徽州布商的经营地或销售市
场，对徽商经营的市场环境造成了破坏性影响，商号命运可谓跌宕起伏。
太平军与清军持续十多年的战争，主要战场为长江流域。而长江流域恰为
徽州布商棉布销售的主要市场，徽州布商在此市场内可谓惨淡经营，如江

---

① "上海市工商联档案"，上海市档案馆藏，档号 S232-1-14。

西战场，经营于江西乐平县的志成号自咸丰三年（1853）始，棉布销售额直线下降，最后在同治二年（1863）被迫关门歇业。徽州地区也是两军反复争夺的拉锯战场，经营于徽州屯溪镇的同和号，咸丰年间几乎不能盈利，股东相继退出经营，最后被迫重新改组。华北和东北地区，是棉布批发贸易的主要市场。义和团运动，以及随之而来的八国联军入侵，阻断了商路，使市面萧条，银根收紧，导致了祥泰等徽州布商商号无法收购棉布。日俄战争时期，虽然一度出现了棉布销售大盛的局面，但那是军方采购的结果，并非真正的市场需求旺盛。待日本在东北立足之后，及至民国二十年（1931）整个东北被夺取，国产棉布悉数被驱出东北市场。

民国年间的军阀混战，以及随后出现的匪患，同样也给徽州布商的经营造成致命的影响。例如，民国十三年（1924）直皖军阀的江浙战争，导致上海等地徽州商号纷纷关门歇业，即使是上海规模最大的祥泰布号也无可避免。祥泰甚至到了无货可运，也无顾客上门买布，每日仅有一小时营业时间的危急时刻，不得不将"旧年账簿及铁柜契据装成三皮小箱，又大皮箱一只，即时运此，寄存汇济典铁柜内"[1]。民国十四年（1925），祥泰最终停业，持续经营近70年的徽州最大棉布商号在战乱中没能避免倒闭的命运。军阀混战的结果，导致民国年间出现了严重的匪患问题，对地方社会造成极大的危害。例如，民国十八年（1929）四月六日，号称"天下第一军"的朱老五部百余人攻入屯溪等地，将屯溪东镇、西镇、河街三大商业中心付之一炬，商界损失惨重。四月七日窜入婺源，纵火焚毁下溪口村，130多家受灾，接着又焚烧龙湾盐栈三家，商号10多家[2]。而民国二十六年（1937）日本发动的全面侵华战争，更是给中华民族造成深重的灾难，民族和国家安全都无法保障的情形下，何以有商业的发展，类似培本有限公司等大批企业纷纷关门停业。

在经济学看来，商业规费、厘金和税捐等，均属于社会经济运行过程中的制度交易成本。从上面的分析可以看出，布商所承受的制度交易成本可谓名目多样、花样百出，几无限制，表明这样的社会经济制度已经难以

---

① "祥泰布庄至汪宽也书信"，现藏于黄山市寻根博物馆吴琳先生处。
② 休宁县地方志编纂委员会编：《休宁县志》，安徽教育出版社1990年版，第414—415页。

适应商业发展的需要。而历来战乱不断，亦说明国家政权对社会掌控能力的下降，因此难以维护商人及民众的安全。反观英国等西方国家的近代化历程，不仅出现了经济、法律制度的变革，保护商人利益，甚至以其船坚炮利为后盾，为棉布商人开拓远东市场保驾护航。东西方棉布商人的差异及其结局，不能不令人感慨。

第三节　近代徽商进一步研究的思考

近代徽商研究一直被视为徽商研究领域的难题。之所以被称为难题，一是有关近代徽商的历史文献资料较少，二是已经形成了近代徽商衰落的思维定式。本书在研究过程中深深体会到，近代徽州商业文书的深入发掘和研究，应是推进近代徽商研究的重要突破口，以商业文书为中心，结合相关文献资料，一定能够在近代徽商研究领域取得新的成果。其次，研究视角的转换极为重要。著名经济史学家吴承明先生曾经对典籍文献中屡屡出现的明清徽商盐、典、木、茶四大经营领域有过精彩的点评。吴先生认为，盐、典、木、茶，是指其声势最显赫者而言，不是指商品流通量多少①。其中，棉布的流通量仅次于盐，是第二位商品，所以文献中也出现了"吾乡贾者首鱼盐，次布帛"②的记载。近代以后，棉布、棉纱等工业品更是一跃成为市场中流通量第一位的商品，成为市场销售的主要产品，而盐却下降为第二十位的商品。吴先生的评论给我们以极大的启示，从市场变化的角度观察徽商经营，可能会更接近徽商的历史本来面目。徽商作为明清以来市场交易主体之一，不能不反映商品市场结构的变化，不能不遵循市场规律。因此，近代徽州盐商的衰退，实为市场规律的必然表现。只不过我们更多地去关注文献所描述的显赫声势，以为四大行业在近代市场地位的下降，就是徽商的衰退。其实，近代市场中还存在我们没有看到的另外一面，凡是与民生用品有关的行业，徽商一直在持续经营，晚清如此，民国亦如此，其中茶叶贸易至今仍然持续，只不过没有那么显赫罢

① 吴承明：《中国资本主义与国内市场》，中国社会科学出版社1985年版，第240页。
② （汪道昆：《太函集》卷五十四，明万历刻本。

了。棉布作为民生用品，与民众日常生活紧密相关，不仅市场需求较大，而且布商不像盐商、典商那样与政府存在较多的瓜葛，布号开设较为简便，只要稍有资本即可开办，这就不难理解为何近代徽州布商能够长期经营。此外，如若从市场角度去观察近代徽商的变化，还会发现一个长期不解的历史问题。就布商而言，近代布商多按市场销路分帮，例如北帮、广帮、本帮、客帮等。其中，祥泰布号为北帮的大户，余源茂布号为广帮典型户，均不见其称为徽帮。而近代徽州会馆功能已不同于明清徽州会馆，市场管理和信息交流的功能已转向布业公所、商会，业缘关系逐渐替代了地缘关系。业缘替代地缘是社会进步的表现，因此文献资料中更多的是关注同业同行的动态，不自觉中淡化了商人的地缘色彩。但是，不能因为徽商名称的弱化或消褪，就断然认为徽州布商退出了历史舞台。

参考文献

一、历史文献

（一）文书档案类

1. 《布经》，原件藏于安徽省图书馆。

2. 道光《绮藻堂布业公所同业牌号簿》，上海市档案馆藏，档号S232-1-3。

3. 光绪《绮藻堂土布公所同业牌号簿》，上海市档案馆藏，档号S232-1-4。

4. 光绪《清代上海县府关于禁止本业布商冒牌短尺掺杂作假等经营作风的谕文和布告》，上海市档案馆藏，档号S232-1-7。

5. 《光绪年间徽州布号盘存账簿》，原件藏于安徽省图书馆。

6. 《恒足布号账单》，原件藏于安徽大学徽学研究中心。

7. 《绩溪县工商联档案全宗1949年永久卷》，原件藏于绩溪县档案馆。

8. 《景镇成记抄照孙靖生扎存单》，原件藏于安徽大学徽学研究中心。

9. 《聚源号账簿》，原件藏于黄山学院图书馆。

10. 《康熙五十九年休宁陈姓阄书》，原件藏于中国社会科学院经济研究所。

11. 民国《上海市棉布商业同业公会"修建振华堂洋布公所并创事务所记"碑拓本》，上海市档案馆藏，档案号S232-1-2。

12. 民国《上海绮藻堂布公所百年来事迹》，上海市档案馆藏，档号S232-1-14。

13. 民国《上海市土布商业同业公会前身绮藻堂土布公所的历史沿

革》，上海市档案馆藏，档号S232-1-14-1。

14. 民国《上海市土布业商业同业公会土布公所前总董汪宽也先生纪念像》，上海市档案馆藏，档号S232-1-14-4。

15. 《民国程永和布号书信》，原件藏于黄山学院图书馆。

16. 《民国年间歙县□氏商业流水账簿》，原件藏于中国社会科学院历史研究所。

17. 《民国十二年歙县张广芬商业账单》，原件藏于中国社会科学院历史研究所。

18. 《培本有限公司账簿》，原件藏于黄山学院图书馆。

19. 《祁门县工商联档案全宗1949年永久卷》，原件藏于祁门县档案馆。

20. 《乾隆广丰布店账簿》，原件藏于中国社会科学院历史研究所。

21. 《清中后期彭永顺抄照同成德号账单》，原件藏于安徽大学徽学研究中心。

22. 《庆丰号账簿》，原件藏于黄山学院图书馆。

23. 《邱集德堂椒字号阄书》，原件藏于安徽大学徽学研究中心。

24. 《邱应书立遗嘱》，原件藏于安徽大学徽学研究中心。

25. 《上海市社会局徽宁会馆注册登记等文件》，上海市档案馆藏，档号Q6-9-110。

26. 《顺治洪氏阄书》，原件藏于中国社会科学院经济研究所。

27. 《顺治汪氏阄书》，原件藏于安徽师范大学图书馆。

28. 《泰和号账簿》，原件藏于黄山学院图书馆。

29. 《同和布号账簿、文书》，原件藏于安徽大学徽学研究中心。

30. 《同顺洋货号账簿》，原件藏于安徽大学徽学研究中心。

31. 同治《上海市土布商业"绮藻堂布业公所"供应清朝官家布匹及协处同业纠纷与县府的往来文书》，上海市档案馆藏，档号S232-1-6。

32. 同治《上海市土布商业同业公会公所公议条款》，上海市档案馆藏，档号S232-1-1。

33.《屯溪工商联档案全宗1949年永久卷》，原件藏于屯溪档案馆。

34.《万历程氏染店查算账簿》，原件藏于中国社会科学院历史研究所。

35.《万隆号账簿》，原件藏于黄山学院图书馆。

36.《万铨布号账簿》，原件藏于安徽省档案馆。

37.《汪焕记历年浔店用账账簿》，原件藏于安徽大学徽学研究中心。

38.《汪宽也书信》，原件藏于黄山市寻根博物馆吴琳处。

39.《歙县工商联档案全宗1949年永久卷》，原件藏于歙县档案馆。

40.《休宁汪姓誊契簿》，原件藏于中国社会科学院经济研究所。

41.《休宁县工商联档案全宗1949年永久卷》，原件藏于休宁县档案馆。

42.《亦升号账簿、文书》，原件藏于安徽大学徽学研究中心。

43.《雍正年间徽州布号盘存账簿》，原件藏于安徽省图书馆。

44.《永美布号账簿》，原件藏于安徽省档案馆。

45.《余殿成布号账簿》，原件藏于安徽大学徽学研究中心。

46.《兆成布号账簿》，原件藏于安徽大学徽学研究中心。

47.《志成布号账簿》，原件藏于黄山学院图书馆。

（二）方志、文献类

1. 安徽省徽州地区地方志编纂委员会编：《徽州地区简志》，黄山书社1989年版。

2. 褚华：《木棉谱》，清嘉庆艺海珠尘本。

3. 道光《休宁县志》，清道光三年（1823）刻本。

4. 方显廷：《中国之工业化与乡村工业》，载《中国经济研究》，商务印书馆1938年版。

5. 冯煦主修、陈师礼总纂：《皖政辑要》，黄山书社2005年版。

6. 光绪《婺源县志》，清光绪九年（1883）刻本。

7. 弘治《徽州府志》，明弘治十五年（1502）刻本。

8. 胡存庆：《黟县乡土地理》，民国十四年（1925）铅印本。

9. 胡在渭纂辑：《徽难哀音》，民国十三年（1924）油印本。

10. 华东军政委员会土地改革委员会编：《安徽省农村调查》，1952年内部印行。

11. 黄廷金修、萧浚兰等纂：《瑞州府志》，同治十二年（1873）刊本。

12. 嘉靖《徽州府志》，明嘉靖四十五年（1566）刻本。

13. 嘉庆《绩溪县志》，清嘉庆十五年（1810）刻本。

14. 贾健：《四川巴县兴隆乡农场大小与农家生活程度调查》，《四川经济季刊》1945年第二卷第三期。

15. 江登云：《橙阳散志》，清乾隆四十年（1775）刻本。

16. 康熙《徽州府志》，清康熙三十八年（1699）刻本。

17. 康熙《休宁县志》，清康熙三十二年（1693）刻本。

18. 康熙《黟县志》，清康熙二十二年（1683）抄本。

19. 乐平县志编纂委员会编：《乐平县志》，上海古籍出版社1987年版。

20. 刘汝骥：《陶甓公牍》，《官箴书集成》第十册，黄山书社1997年版。

21. 孟天培、甘博：《二十五年来北京之物价工资及生活程度》（李景汉译），国立北京大学出版部1926年版。

22. 宓公干：《典当论》，商务印书馆1936年版。

23. 民国《上海县续志》，民国十七年（1928）刻本。

24. 民国《上海县志》，民国二十四年（1935）铅印本。

25. 民国《婺源县志》，民国十四年（1925）刻本。

26. 民国《歙县志》，民国二十六年（1937）石印本。

27. 民国《黟县四志》，民国十二年（1923）刻本。

28. 民国北洋政府《司法公报》第232、242期。

29. 祁门县地方志编纂委员会办公室编：《祁门县志》，安徽人民出版社1990年版。

30. 秦山僧：《九江指南》，九江指南社1932年编印。

31. 上海市松江县地方史志编纂委员会编著：《松江县志》，上海人民出版社1991年版。

32. 佘华瑞：《岩镇志草》，清雍正十二年（1734）稿本。

33. 施沛生等编：《中国民事习惯大全》，上海广益书局1924年版。

34. 同治《祁门县志》，清同治十二年（1873）刻本。

35. 屯溪市地方志编纂委员会主编：《屯溪市志》，安徽教育出版社
   1990年版。

36. 万历《祁门县志》，明万历二十八年（1600）刻本。

37. 万历《歙志》，明万历三十七年（1609）刻本。

38. 万历《休宁县志》，明万历三十五年（1607）刻本。

39. 汪道昆：《太函集》，明万历刻本。

40. 王炳森：《徽河零货捐小史》，民国十一年（1922）铅印本。

41. 吴吉祐：《丰南志》，安徽省图书馆1981年抄本。

42. 婺源县志编纂委员会：《婺源县志》，档案出版社1993年版。

43. 歙县地方志编纂委员会编纂：《歙县志》，中华书局1995年版。

44. 谢肇淛：《五杂俎》，明万历四十四年（1616）刻本。

45. 休宁县地方志编纂委员会编：《休宁县志》，安徽教育出版社1990
   年版。

46. 徐光启：《农政全书》，明崇祯平露堂本。

47. 徐珂编撰：《清稗类钞》，中华书局1984年版。

48. 许承尧：《歙事闲谭》，黄山书社2001年版。

49. 黟县地方志编纂委员会主编：《黟县志》，光明日报出版社1989
   年版。

50. 佚名：《黟县乡土志》，清同治年间抄本。

51. 张之洞：《张文襄公奏议》，民国刻张文襄公全集本。

52. 赵吉士辑撰：《寄园寄所寄》，清康熙二十五年（1686）刻本。

53. 郑观应：《盛世危言新编》，光绪二十三年（1897）刻本。

54. 《上海对外经济贸易志》编纂委员会编：《上海对外经济贸易
   志》，上海社会科学院出版社2001年版。

55. 《上海工商社团志》编纂委员会编：《上海工商社团志》，上海社
   会科学院出版社2001年版。

二、今人论著

（一）专著

1. ［德］马克思、恩格斯：《马克思恩格斯全集》（中共中央马克思、恩格斯、列宁、斯大林著作编译局译），人民出版社1960年版。

2. ［日］森时彦：《中国近代棉纺织业史研究》（袁广泉译），社会科学文献出版社2010年版。

3. 卞利：《明清徽州社会研究》，安徽大学出版社2004年版。

4. 程必定、汪建设等主编：《徽州五千村》，黄山书社2004年版。

5. 范金民：《明清江南商业的发展》，南京大学出版社1998年版。

6. 方行主编：《中国经济通史·清代经济卷》，经济日报出版社1999年版。

7. 冯尔康：《生活在清朝的人们：清代社会生活图记》，中华书局2005年版。

8. 傅衣凌：《明清时代商人及商业资本》，人民出版社1956年版。

9. 高治宇：《中国会计发展简史》，河南人民出版社1985年版。

10. 郭道扬：《会计发展史纲》，中央广播电视大学出版社1984年版。

11. 郭道扬：《会计史研究》第一、二卷，中国财政经济出版社1999年版。

12. 郭道扬编著：《中国会计史稿》上册，中国财政经济出版社1982年版。

13. 郭道扬编著：《中国会计史稿》下册，中国财政经济出版社1988年版。

14. 韩启桐编纂：《中国埠际贸易统计1936—1940》，中国科学院1951年印行。

15. 行龙：《走向田野与社会》，生活·读书·新知三联书店2007年版。

16. 李宝震、王建忠编著：《中国会计简史》，经济科学出版社1989年版。

17. 李琳琦：《徽商与明清徽州教育》，湖北教育出版社2001年版。

18. 李向阳：《企业信誉、企业行为与市场机制——日本企业制度模式研究》，经济科学出版社1999年版。

19. 梁启超：《梁启超论清学史二种》（朱维铮校注），复旦大学出版社1985年版。

20. 刘常青：《中国会计思想发展史》，西南财经大学出版社2005年版。

21. 彭南生：《半工业化：近代中国乡村手工业的发展与社会变迁》，中华书局2007年版。

22. 区季鸾编述：《广东之典当业》，上海书店1934年版。

23. 任放：《明清长江中游市镇经济研究》，武汉大学出版社2003年版。

24. 上海市工商行政管理局、上海市纺织品公司棉布商业史料组编、中国社会科学院经济研究所主编：《上海市棉布商业》，中华书局1979年版。

25. 隋英杰编著：《资产负债表与损益表的编制》，经济管理出版社2001年版。

26. 唐力行：《商人与文化的双重变奏——徽商与宗族社会的历史考察》，华中理工大学出版社1997年版。

27. 唐力行：《商人与中国近世社会》，浙江人民出版社1993年版。

28. 王海民主编：《会计思想史探索》，世界图书出版公司1998年版。

29. 王廷元、王世华：《徽商》，安徽人民出版社2005年版。

30. 王裕明：《明清徽州典商研究》，人民出版社2012年版。

31. 韦庆远：《明清史新析》，中国社会科学出版社1995年版。

32. 吴承明：《市场·近代化·经济史论》，云南大学出版社1996年版。

33. 吴承明：《中国的现代化：市场与社会》，生活·读书·新知三联书店2001年版。

34. 吴承明：《中国资本主义与国内市场》，中国社会科学出版社1985年版。

35. 徐新吾主编：《江南土布史》，上海社会科学院出版社1992年版。

36. 许涤新、吴承明主编：《中国资本主义发展史 第二卷 旧民主主义革命时期的中国资本主义》，人民出版社2003年版。

37. 严桂夫、王国健：《徽州文书档案》，安徽人民出版社2005年版。

38. 严中平：《中国棉纺织史稿》，科学出版社1955年版。

39. 言行一：《近代徽商汪宽也》，陕西师范大学出版总社有限公司2012年版。

40. 叶显恩：《明清徽州农村社会与佃仆制》，安徽人民出版社1983年版。

41. 叶显恩主编：《清代区域社会经济研究》下册，中华书局1992年版。

42. 张海鹏、王廷元主编：《徽商研究》，安徽人民出版社1995年版。

43. 张正明：《晋商兴衰史》，山西古籍出版社2001年版。

44. 张仲礼主编：《东南沿海城市与中国近代化》，上海人民出版社1996年版。

45. 章有义编著：《明清及近代农业史论集》，中国农业出版社1997年版。

46. 赵秀玲：《中国乡里制度》，社会科学文献出版社2002年版。

47. 赵友良：《中国古代会计审计史》，立信会计图书用品社1992年版。

48. 赵友良：《中国近代会计审计史》，上海财经大学出版社1996年版。

49. 中国近代纺织史编委会编著：《中国近代纺织史》上卷，中国纺织出版社1996年版。

50. 中国人民政治协商会议安徽省黄山市委员会文史资料委员会编：《近代商人》，黄山书社1996年版。

51. 周晓光、李琳琦：《徽商与经营文化》，上海世界图书出版公司1998年版。

52. 《九江百年》，政协九江市第十一届文史委员会1999年编印。

（二）历史资料汇编

1. 安徽省博物馆编：《明清徽州社会经济资料丛编》第一集，中国社会科学出版社1988年版。

2. 黄山市徽州文化研究院编：《徽州文化研究》第三辑，黄山书社2004年版。

3. 江苏省博物馆编：《江苏省明清以来碑刻资料选集》，生活·读书·新知三联书店1959年版。

4. 江西省社会科学院历史研究所、江西省图书馆选编：《江西近代贸易史资料》，江西人民出版社1988年版。

5. 李华编：《明清以来北京工商会馆碑刻选编》，文物出版社1980年版。

6. 李文治编：《中国近代农业史资料》，生活·读书·新知三联书店1957年版。

7. 刘伯山主编：《徽州文书》第一辑，广西师范大学出版社2005年版。

8. 刘伯山主编：《徽州文书》第二辑，广西师范大学出版社2006年版。

9. 刘伯山主编：《徽州文书》第三辑，广西师范大学出版社2009年版。

10. 刘伯山主编：《徽州文书》第四辑，广西师范大学出版社2010年版。

11. 穆雯瑛主编：《晋商史料研究》，山西人民出版社2001年版。

12. 彭泽益编：《中国近代手工业史资料》第一、二、三、四卷，中华书局1962年版。

13. 上海博物馆图书资料室编：《上海碑刻资料选辑》，上海人民出版社1980年版。

14. 上海市工商业联合会、复旦大学历史系编：《上海总商会组织史资料汇编》，上海古籍出版社2004年版。

15. 上海市文史馆、上海市人民政府参事室文史资料工作委员会编：《上海地方史资料（三）》，上海社会科学院出版社1984年版。

16. 苏州博物馆、江苏师范学院历史系、南京大学明清史研究室合编：《明清苏州工商业碑刻集》，江苏人民出版社1981年版。

17. 汪敬虞编：《中国近代工业史资料 第二辑 1895—1914年》上、下册，科学出版社1957年版。

18. 王国平、唐力行主编：《明清以来苏州社会史碑刻集》，苏州大学出版社1998年版。

19. 姚贤镐编：《中国近代对外贸易史资料 1840—1895》全三册，中华书局1962年版。

20. 张传玺主编：《中国历代契约会编考释》上、下册，北京大学出版社1995年版。

21. 张海鹏、王廷元主编：《明清徽商资料选编》，黄山书社1985年版。

22. 中国科学院经济研究所、中央工商行政管理局资本主义经济改造研究室编：《北京瑞蚨祥》，生活・读书・新知三联书店1959年版。

23. 中国人民银行上海市分行编：《上海钱庄史料》，上海人民出版社1960年版。

24. 中国人民银行总行参事室金融史料组编：《中国近代货币史料》第一辑《清政府统治时期（1840—1911）》，中华书局1964年版。

25. 中国人民政治协商会议上海市委员会文史资料工作委员会编：《上海文史资料选辑 第六十四辑 旧上海的房地产经营》，上海人民出版社1990年版。

26. 中国人民政治协商会议上海市委员会文史资料工作委员会编：《上海文史资料选辑 第五十六辑 旧上海的外商与买办》，上海人民出版社1987年版。

27. 中国社会科学院历史研究所徽州文契整理组编：《明清徽州社会经济资料丛编》第二辑，中国社会科学出版社1990年版。

28. 中国社会科学院历史研究所收藏整理：《徽州千年契约文书：清・民国卷》，花山文艺出版社1991年版。

29. 中国社会科学院历史研究所收藏整理：《徽州千年契约文书：宋・元・明卷》，花山文艺出版社1993年版。

30. 周向华编：《安徽师范大学馆藏徽州文书》，安徽人民出版社2009年版。

31. 《景德镇文史资料》第九辑《景德镇徽帮》，中国人民政治协商会议景德镇市委员会文史资料委员会1993年编印。

32. 《九江文史资料选辑》第五辑《九江近现代经济史料》，中国人民政治协商会议九江市委员会文史资料研究委员会1989年编印。

33. 《乐平文史资料》第四辑，中国人民政治协商会议乐平县委员会文史工作组 1988 年编印。

34.《皖南区经济概况》，中国人民银行皖南分行 1950 年内部印行。

35.《歙县文史资料》第三辑，歙县政协文史资料工作委员会 1989 年编印。

36.《黟县文史》首辑，中国人民政治协商会议安徽省黄山市黟县委员会文史资料委员会 1997 年内刊本。

（三）论文

1. ［日］松浦章：《徽商汪宽也与上海棉布》（程菲菲译），《中国社会经济史研究》2000 年第 4 期。

2. 宾长初、汪崇篔：《清代徽商资本诸问题探析——以〈徽州文书〉第一辑为依据》，《广西师范大学学报》（哲学社会科学版）2008 年第 1 期。

3. 陈晓鸣：《中心与边缘：九江近代转型的双重变奏（1858—1938）》，上海师范大学 2004 年博士学位论文。

4. 戴逸：《中国近代工业和旧式手工业的关系》，《人民日报》1965 年 8 月 20 日。

5. 范植清：《鸦片战争前汉口镇商业资本的发展》，《中南民族学院学报》（哲学社会科学版）1982 年第 2 期。

6. 范金民：《明代徽商染店的一个实例》，《安徽史学》2001 年第 3 期。

7. 范金民：《清代江南棉布字号探析》，《历史研究》2002 年第 1 期；

8. 范金民、罗晓翔：《清代江南棉布字号的竞争应对之术》，《安徽史学》2009 年第 2 期。

9. 郭道扬：《帐（账）的应用考析》，《会计研究》1998 年第 11 期。

10. 郭爱民：《民国前期长江三角洲农村高利贷问题与土地的流转》，《安徽史学》2009 年第 2 期。

11. 康均：《中国古代民间会计的发展》，《财会学习》2006 年第 11 期。

12. 刘秋根：《明代徽商合伙制店铺融资形态分析——以万历程氏染店账本为例》，《河北大学学报》（哲学社会科学版）2003 年第 3 期。

13. 刘秀生：《清代棉布市场的变迁与江南棉布生产的衰落》，《中国社会经济史研究》1990年第2期。

14. 刘秋根、谢秀丽：《明清徽商工商业铺店合伙制形态——三种徽商账簿的表面分析》，《中国经济史研究》2005年第3期。

15. 卢忠民：《也谈商业账簿与经济史研究——以近代旅京冀州商帮所营之万和成及其联号五金商铺账簿为中心》，《中国经济史研究》2011年第4期。

16. 马文静：《小的却是全面的：一个普通山西商号的账册分析（1893—1935年）》，山西大学2006年硕士学位论文。

17. 彭凯翔：《近代北京货币行用与价格变化管窥——兼读火神会账本（1835—1926）》，《中国经济史研究》2010年第3期。

18. 阮明道：《吴氏经商账簿研究》，《四川师范学院学报》（哲学社会科学版）1996年第6期。

19. 史建云：《第一次世界大战后十年间中国手工业的转型》，中国社会科学院近代史研究所民国史研究室、四川师范大学历史文化学院编：《一九二〇年代的中国》，社会科学文献出版社2005年版。

20. 眭红明：《清末民初民商事习惯调查之研究》，南京师范大学2004年博士学位论文。

21. 王廷元：《明清徽商与江南棉织业》，《安徽师大学报》（哲学社会科学版）1991年第1期。

22. 王廷元：《论明清时期江南棉织业的劳动收益及其经营形态》，《中国经济史研究》1993年第2期。

23. 王裕明：《清末民初典当业当簿剖析》，《中国社会经济史研究》1999年第3期。

24. 王裕明：《光绪振成典钱洋实存簿浅析》，《江海学刊》1999年第4期。

25. 王裕明：《晚清上海德安押当票探析》，《安徽史学》2003年第6期。

26. 王裕明：《近代典当业质铺的经营特点——光绪皖南黟城用和质个案报告》，《学海》2004年第3期。

27. 汪崇筼：《清代徽商合墨及盘、账单——以〈徽州文书〉第一辑为中心》,《中国社会经济史研究》2006年第4期。

28. 王裕明:《明代商业经营中的官利制》,《中国经济史研究》2010年第3期。

29. 夏维中、王裕明:《南京大学历史系所藏徽州文书评介》,《中国社会经济史研究》2000年第4期。

30. 袁为鹏、马德斌:《商业账簿与经济史研究——以统泰升号商业账簿为中心(1798—1850)》,《中国经济史研究》2010年第2期。

31. 周绍泉:《徽州文书与徽学》,《历史研究》2000年第1期。

32. 张忠民:《略论明清时期"合伙"经济中的两种不同实现》,《上海社会科学院学术季刊》2001年第4期。

33. 《徽学丛刊》第九辑,安徽省徽学学会2012年编印。

34. 《江淮论坛》编辑部编:《徽商研究论文集》,安徽人民出版社1985年版。

后　记

拙著是在我的博士学位论文基础上，略做补充修改而成的。借拙著出版的机会，向指导、提携和帮助我的各位导师和师友，谨致衷心的谢意。

我要特别感谢我的导师李琳琦教授。2010年9月，我有幸考入安徽师范大学历史与社会学院，在李琳琦教授的指导下，攻读博士学位。入学之初，李老师即给我量身定制了一套学习方案，并一再强调多做文献阅读的训练，努力做到文献资料与文书资料的有机结合。现在看来，距离这个目标，我还有较大的差距。平时的习作中，李老师不仅悉心指导，还就文中的表述、数据等内容仔细审阅、修改，他严谨的学风，使我深深体会到，学术研究必须扎扎实实，认认真真，不能存在任何侥幸心理。在博士论文酝酿和写作阶段，从论文选题的确定，到研究提纲的拟定，乃至研究框架的形成、文字的润色，李老师都付出了很多辛劳。其间的多次交流和讨论，使我获益匪浅，不仅快速地进入写作角色，还能及时地对论文的结构进行了调整和修改。

感谢导师组王世华教授、裘士京教授、周晓光教授、肖建新教授、庄华峰教授、马陵合教授的指导和帮助。无论是课内学习，还是课外的交流中，老师们的点拨，使我受益良多，开阔了视野。习作发表中，肖老师"少点文书介绍，多点研究力度"的建议，更是改变了我的论文写作风格。开题报告会上，导师们提出了许多建设性意见，激发了我对论文进行了更深层次的思考。

读博期间，得到了安徽师范大学历史与社会学院徐彬教授、刘道胜教授、梁仁志副教授、董家魁副研究馆员，江苏省社会科学院历史研究所王裕明研究员等的关心和帮助。论文酝酿阶段，梁仁志副教授毫无保留地贡献了诸多参考意见，我的同事冯剑辉博士、刘芳正博士无私地提供了研究资料，俞乃华研究员和徽学资料中心的诸位同事还为我的资料查阅提供了诸多方便。

我还要感谢中国社会科学院历史研究所栾成显研究员和香港大学亚洲研究中心官文娜教授。我从初识徽州文书，进而踏上研究徽州文书之路，始终得到了栾成显研究员的关心、鼓励和指导。官老师是我本科时代的老师，长于日本家族企业史研究。读博期间仍然得到了她的关心和鼓励，与其有关中、日两国历史问题的讨论，拓展了我的研究思路。

本书的出版，得到了教育部人文社会科学规划项目（项目编号13YJA-ZH064）、国家社会科学基金重大项目（项目编号13&ZD088）、安徽省学术和技术带头人及后备人选学术科研活动资助项目（项目编号2015D050）、2016年安徽省高校学科（专业）拔尖人才学术资助重点项目（项目编号gxbjZD2016080）的资助。黄山学院国资处、科研处、财务处诸位领导和同事，为本书的出版付出了很多辛劳。安徽师范大学出版社孙新文主任、崔龙健博士严格把关，精心编辑，为本书增色不少。

最后，感谢我的妻子张英和所有家人的理解、支持。

是为记。

马勇虎
二〇一七年八月

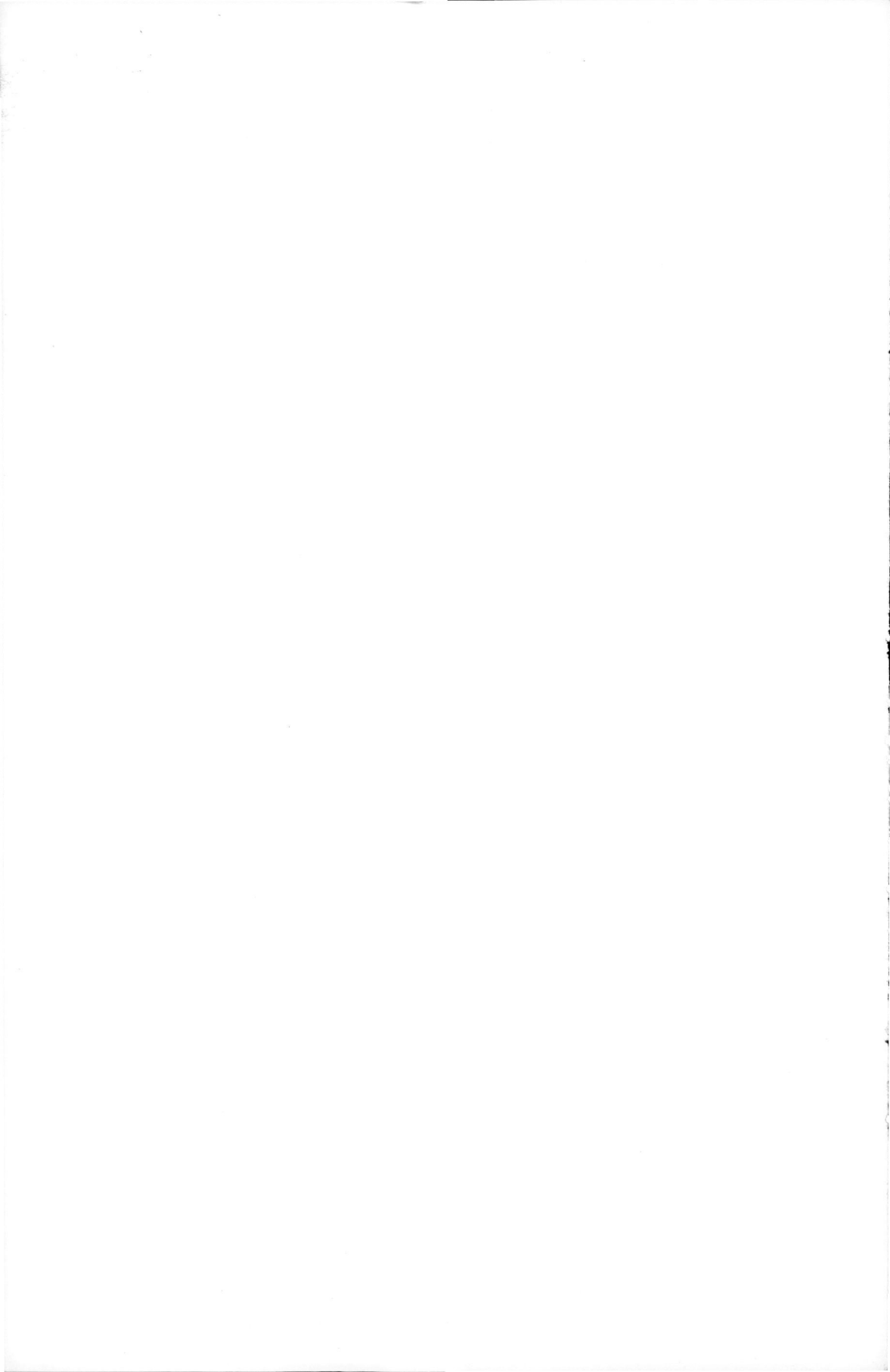